Murad Wilfried HOFMANN

DEN ISLAM VERSTEHEN

Vorträge 1996 - 2006 -

ÇAĞRI YAYINLARI
Divanyolu Cad., Işık Sok. No: 10
34122 Sultanahmet - İSTANBUL - TÜRKİYE
Tel: (+90-212) 516 20 80-81 Fax: (+90-212) 516 20 82
e-mail: cagri@cagri.com.tr
www.cagri.com.tr

Çağrı Yayınları: 132
Konferanslar : 2

ISBN: 978-975-454-125-0
Sertifika No: 0107-34-006481

Sayfa Tasarım: Sevim KURT
Kapak Tasarım: Rümeysa ARSLAN
Baskı: Enes Ofset 2007 İstanbul

INHALT

Islam und Politik

Islam in Deutschland

VORWORT

Am 11. Februar 2006 stellte Dietrich Alexander in der Tageszeitung "Die Welt" die Faszination des Islam für westliche Denker dar. Er kam zu dem Schluß, daß Murad Wilfried Hofmann, geboren 1931 in Aschaffenburg, Jurist und Diplomat, Autor von Sachbüchern zum Thema Islam und Bearbeiter einer Koranübersetzung, wohl "der bekannteste deutsche Konvertit" sei.

Wenn dieses von vielen geteilte Urteil zutrifft, beruht es nicht nur auf den genannten Veröffentlichungen Hofmanns und seiner Tätigkeit als Beirat des *Zentralrats der Muslime in Deutschland,* sondern ganz maßgeblich auch auf seiner Vortragstätigkeit im In- und Ausland; hat er doch nach seiner Pensionierung von 1996 bis 2006 rund 500 Vorträge gehalten, ohne sich dabei je zu wiederholen. Kein anderer war so häufig *fi-s-sabil Allah* - auf Gottes Pfad - unterwegs.

Die vorliegende Anthologie macht einen wichtigen Teil seiner auf deutsch gehaltenen Vorträge zugänglich; die Veröffentlichung von Hofmanns Vortragsmanuskripten in englischer und französischer Sprache ist geplant.

Istanbul, im September 2006
Şaban KURT

DER VERKANNTE GLAUBEN

ISLAM: DER VERKANNTE GLAUBEN[1]

I.

Alle Religionen wollen das Gleiche: Den Menschen in seinem Erdendasein orientieren. Sie versuchen dies nicht nur durch ethische Anweisungen - dies ist zweitrangig - sondern vor allem durch Sinngebung: Antworten auf die unstillbare Frage nach dem Sinn des Hier-Seins, So-Seins und nicht anders Seins. Man täusche sich nicht: Diese Frage beschäftigt früher oder später jeden von uns, auch in unserer ach so rationalen, allem Transzendenten abholden Überflußgesellschaft.

Im Gegensatz zu Ideologien gehen fast alle Religionen davon aus, daß sich die angesprochene Sinnfrage nach dem Woher? Weshalb? und Wohin? nur dann glaubwürdig beantworten läßt, wenn das Da-Sein eines absoluten, ewigen und personalen Gottes angenommen wird, Der als außerhalb von Raum und Zeit stehende Erstursache Schöpfer und Erhalter aller Dinge ist:

Eine Wesenheit, die weder sinnlich noch begrifflich erfaßt und allenfalls negativ definiert werden kann.

Den religiösen Menschen macht seine Bezogenheit auf Gott aus. Er versucht, Gottes unfaßbare Wirklichkeit zu seiner persönlich faßbaren Wirklichkeit werden zu lassen. Gott ist für den religiösen Menschen von dramatischer, alles andere letztlich verdrängender Relevanz. Gottes Existenz ist für ihn die wichtigste Tatsache. Der Gläubige lebt auf Gott ausgerichtet, Ihm anheimgegeben, Ihm im Gehorsam hingegeben.

---

1. Vortrag im Goethe-Institut in Istanbul-Beyoğlu.

Ein solcher gottbezogener Mensch wie Abraham, Moses, Jesus und Muhammad ist Muslim im ursprünglichen Sinne. Es ist kein triumphalistischer Inklusivismus, wenn der Qur`an insbesondere Abraham und Jesus als Muslime kennzeichnet.

Muslim im Sinne der förmlichen Zugehörigkeit zur historisch gewachsenen Religion des Islam wird man allerdings erst durch das zweiteilige Glaubensbekenntnis: "Es gibt keine Gottheit außer Allah, und Muhammad ist Allahs Gesandter". Beide Aussagen müssen geglaubt werden; denn weder die Existenz Gottes, noch das Prophetentum Muhammads sind naturwissenschaftlich beweisbar.

Es ist zwar auch nach naturwissenschaftlichen Kriterien in höchstem Maße unwahrscheinlich, daß Gott nicht existiert.[2] Auch daß der Analphabet Muhammad Empfänger göttlicher Offenbarung war, ist angesichts dessen, was er als Qur`an überliefert hat, zwar höchst plausibel, doch unbeweisbar.

So rational der Islam ist: Um die Bezeugung des Glaubens an Gott und die Mission Muhammads kommt kein Muslim herum.

II.

Alle Religionen müssen die Frage nach der Kommunikation zwischen Gott und Mensch beantworten - nach deren Notwendigkeit und Möglichkeit.

Offenbarungsreligionen wie das Judentum, Christentum und der Islam gehen jedenfalls davon aus, daß wir aufgrund bloßer Naturbetrachtung nicht fähig sind, das richtige Verhältnis zu uns selbst, unserer Umwelt und Gott zu finden. Wer die gescheiterten Bemühungen um die Entwicklung eines Naturrechts kennt, von der Philosophiegeschichte

2. Richard Swinburn, Die Existenz Gottes (1979), Reclam Nr. 8434 [6], Stuttgart 1987.

ganz zu schweigen, wird dem zustimmen. Selbst der von der Aufklärung genährte Glauben an die Rationalität des Menschen hat in der Postmoderne Schaden genommen.

Die Religionen bejahen jedoch nicht nur die Notwendigkeit, sondern auch die existentielle Möglichkeit göttlicher Intervention, d.h. Offenbarung. Alle drei genannten Konfessionen glauben, daß sich Gott tatsächlich wiederholt geoffenbart hat, um die Menschen über Dinge zu belehren, die sich der Perzeption entziehen.

Das Besondere am Islam in dieser Hinsicht ist lediglich seine Lehre, daß auch Jesus ein Prophet in der Kette der jüdischen Propheten war und daß Gottes abschließende Anleitung zum richtigen Verständnis der Welt und des Handelns in ihr im 7. Jahrhundert Muhammad zuteil wurde - in Form eines Textes, des Qur`an, der die früheren Offenbarungen bestätigt, ergänzt und - soweit inzwischen verfälscht - richtigstellt.

Der Islam sieht sich also weder als jüngste, noch als eine neue Religion und schon garnicht als Gegensatz zu Juden- und Christentum, sondern als Wiederherstellung der Urreligion Gottes, des reinen Monotheismus in der Tradition des gemeinsamen Stammvaters Abraham.

Dieser spielt im Islam, vor allem in der Riten der Mekka-Pilgerschaft, eine womöglich noch größere Rolle als im mosaischen Glauben. Das höchste islamische Fest, das Opferfest, geht ebenso auf die Geschichte von Abraham und seiner Nebenfrau Hajjar zurück wie das Ritual des Gottesdienstes in der Moschee von Mekka.

Dies ist der theologische Hintergrund für das logische Toleranzgebot des Islam, das jede zwangsweise Bekehrung untersagt: "Kein Zwang im Glauben" (la ikraha fi-d-din).[3]

Dies ist auch der Hintergrund der oft verkannten Tatsache, daß sich der Islam nicht als "alleinseligmachend" im Sinne der Formel Cyprians - extra ecclesiam nulla salus -

3. Qur`an 2: 256.

versteht.[4] Der Islam sieht sich, ganz im Gegenteil, zu einem friedlichen pluralistischen Wettbewerb mit anderen Religionen aufgerufen. Der Qur`an verleiht diesen sogar eine Bestandsgarantie und sagt keineswegs eine Art Endsieg des Islam voraus: "Und wenn Allah gewollt hätte, hätte Er euch zu einer einzigen Gemeinde gemacht... So aber sollt ihr um die guten Dinge wetteifern..." (5: 48).

III.

Gleichwohl sind die Muslime in der Verteidigung ihres Gottesbildes - eines Monotheismus ohne wenn und aber - kompromißlos. Deshalb gilt ihnen jedes Abhängigsein von etwas anderem als Gott als Vielgötterei, darunter Suchtverhalten wie die physische Abhängigkeit von Nikotin, aber auch die Hörigkeit zwischen Mann und Frau.

Dementsprechend besteht ein fundamentaler Gegensatz zwischen Islam und Judentum wegen der jüdischen Vorstellung, einem von Gott "auserwählten Volk" anzugehören, zumal aufgrund eines quasi-vertraglichen "Bundes" mit Gott, mit gegenseitigen Rechten und Ansprüchen. Diese Vorstellungen halten Muslime als unvereinbar mit ihrem Bild eines über alles erhabenen Gottes.

Ebenso fundamental ist der muslimische Gegensatz zur spätchristlichen Auffassung - seit dem 1. Ökumenischen Konzil von Nizäa (325) - daß Jesus "untrennbar" Gott und Mensch sei, eine mit Gottvater "wesensgleiche" göttliche Person innerhalb einer Trinität. Gleichwohl soll Jesus - soweit Mensch - von Gott "gezeugt und nicht geschaffen" sein. Die so üblich gewordene Bezeichnung Marias als "Mutter Gottes" gilt Muslimen als blasphemisch.

---

4. Die katholische Kirche hat diese Formel während des 2. Vatikanischen Konzils (1962-1965) relativiert.

In Nizäa wurde das theologische Tischtuch zwischen Juden und Christen sowie zwischen Muslimen und Christen zerschnitten. Von nun an gab es in Form des Inkarnationsdogmas einen unüberwindlichen Graben zwischen Orient und Okzident. Die Natur Jesu war nicht mehr negotiabel und stand somit bisher jeder wahren Annähreung der drei Buchreligionen im Wege.

Folgen davon waren nicht nur innerchristlich Abspaltungen - so von Kopten, Armeniern und Nestorianern -, sondern - im Außenverhältnis - u.a. die Kreuzzüge. Doch mit den allerschlimmsten Folgen haben wir es erst heute, 1670 Sonnenjahre nach Nizäa, zu tun. Muhammad Asad hat als erster darauf aufmerksam gemacht, daß auch der heutige Massenabfall von jedem Glauben, der grassierende Agnostizismus und Atheismus, eine Spätfolge von Nizäa ist.[5] Denn die Dogmen von Trinität und Inkarnation haben die Kirchen für viele denkende Menschen in einem solchen Ausmaße unglaubwürdig gemacht, daß sie mit diesen Dogmen zugleich jeden Glauben an Gott verwarfen; das rationale islamische Gottesbild war ihnen ja nicht vertraut.

Man erinnert sich an Nizäa mit besonderer Bitterkeit, wenn man weiß, daß dieses entscheidendste Konzil der Kirchengeschichte nicht vom Papst in seine Kathedrale einberufen worden war, sondern vom ungetauften, heidnischen Kaiser Konstantin in seine Sommerresidenz. Er, der Laie, führte den Vorsitz in Abwesenheit des Papstes und fast der gesamten, arianisch gestimmten Westkirche und boxte die Nizäische Glaubensformel mit allen Mitteln durch: nicht aus theologischem, sondern politischem Interesse.[6]

War es eine Komödie oder eine Tragödie?

Die Muslime - wie vor ihnen die Judenchristen und die Arianer - waren von Anfang an der im Qur`an verankerten

---

5. Islam at the Crossroads (Islam am Scheideweg), Lahore 1935.
6. Aus dem Westen konnten nur fünf Prälaten, darunter der Bischof von Cordoba, teilnehmen.

Überzeugung, daß das Konzil von Nizäa und die darauf aufbauenden Konzilien das Christentum ebenso stark verfälschten wie es bereits von Paulus verfälscht worden war, nämlich von seiner Lehre von der Erbsünde, aus welcher bereits die Notwendigekeit einer Erlösung der Menschen durch Jesu Opfertod abgeleitet worden war.

Die Theologie des Qur`an kennt weder eine von Adam und Eva verursachte vererbliche Kollektivschuld noch den Sühnetot eines Gottes am Kreuz - auch diese Vorstellung ist aus islamischer Sicht Blasphemie.

Hingegen weist der Qur`an eine Christologie auf, die durchweg der Interpretation von Jesus Natur durch die Apostel und andere Zeitzeugen entspricht.

Der Qur`an leitet zur Hochachtung vor Jesus an, der zwar als von einer Jungfrau geboren, aber doch von Gott geschaffen dargestelt wird: ein wundertätiger jüdischer Reform-Prophet, der gemäß seiner Selbstauffassung weder göttlicher Natur war noch wirklich am Kreuz gestorben ist.

Damit räumen die Muslime Jesus einen Status ein, den er in weiten Kreisen der modernen Christenheit leider nicht mehr genießt. Immerhin bewegen sich viele zeitgenössische Christen inzwischen auf den islamischen Standpunkt zu, daß Jesus "nur" ein begnadeter, von Gott erwählter, in vieler Hinsicht vorbildlicher Mensch gewesen ist.

In unseren Tagen kann man geradezu dramatische Versuche christlicher Theologen aller Konfessionen beobachten, hinter das fatale Konzil von Nizäa zurückzugehen. Ein wichtiger Schritt war dabei die Bultmannsche Entmythologisierung des Neuen Testaments, getragen von der Einsicht, daß die prekäre Quellenlage eine verläßliche Rekonstruktion der Biographie von Jesus nicht zuläßt. Es gibt nun einmal trotz aller Suche nach einer "Q" genannten Urquelle kein "Evangelium nach Jesus". Selbst der Jesuit Karl Rahner räumte ein: "Wer... sagen würde, >Jesus ist der Mensch, der die einmalige absolute Selbsthingabe an Gott lebt<, könnte damit das Wesen Christi durchaus richtig in seiner Tiefe ausgesagt haben."[7]

Solche Korrekturen an Nizäa haben dazu geführt, daß heute im christlichen Bereich neben der orthoxen vor allem folgende drei Christologien angeboten werden:

* Die Lehre vom "kosmologischen Jesus", die vom ehemaligen amerikanischen Dominikaner Matthew Fox angesichts der Zweifel an der Historizität Jesu vertreten wird. Zu deutsch: Die Idee von Jesus ist so schön, daß man damit arbeiten sollte, auch wenn es Jesus nicht gegeben hätte.
* Die Lehre von Jesus als von Gott einzigartig erwähltem Menschen wie sie etwa von Hans Küng und Gerd Lüdemann, vielleicht auch von Eugen Drewermann vertreten wird. Diese Theologie bemüht sich nur noch darum, Jesus eine Vorrangstellung innerhalb der Propheten einzuräumen.
* Die Lehre vom Paradigmenwechsel im nachchristlichen Zeitalter - hin zu einer ökumenischen Einheit aller Religionen, einer "planetarischen Religion" im Sinne von Paul Schwarzenau und John Hick. Sie relativieren die christliche Sicht zu einer von vielen möglichen, gültigen Sichtweisen auf Gott.

Bemerkenswert ist daran, daß die Christologie des Islam nach über 1400 Mondjahren begonnen hat, sich durchzusetzen. Könnte das im Jahre 325 zerschnittene theologische Tischtuch im 21. Jahrhundert geflickt werden?

---

7. Karl Rahner, Theological Investigations, Vol. 1, Kap. 5, S. 172.

IV.

Die Religionen beantworten nicht nur die Frage nach der Notwendigkeit und Möglichkeit einer Kommunikation zwischen Gott und Mensch, sondern auch die entsprechenden Fragen nach einer Kommunikation zwischen Mensch und Gott.

Sie bejahen allesamt die Notwendigkeit, sich im Gebet an Gott zu wenden, nicht in erster Linie um zu bitten, sondern um Gott als Solchen anzuerkennen und mit Ihm in Dialog zu treten. Nur der Mensch ist dazu fähig. Ja, wie die Mystiker aller Religionen sieht der Muslim darin den Sinn und Zweck der Schöpfung des Menschen als reflektierendes Wesen. Im Qur`an wird der Mensch jedenfalls ständig aufgefordert, seinen Verstand zu gebrauchen.

(Er ist die einzige heilige Schrift, welche dies tut.)

Der Muslim ist gehalten, fünfmal täglich zu bestimmten Zeiten sich Gott zuzuwenden. Er benötigt dazu weder eine Kirche, noch ein Sakrament, weder Vorbeter noch Fürsprecher in Form von "Heiligen", sondern nur ein sauberes Plätzchen. Wenn er weiß, wo Mekka liegt, betet er in diese Richtung, in dem richtigen Gefühl, so ein Teil von über einer Milliarde Menschen zu sein.

Im Gebet steht der Muslim Gott alleine und unmittelbar gegenüber, als emanzipierter Gläubiger schlechthin. Das Vaterunser könnte auch sein Gebet sein. Ein Muslim, der nicht betet, ist jedenfalls kein Muslim.

V.

Alle Religionen besitzen sog. heilige Schriften. Allerdings gibt es zwischen diesen und dem Qur`an - abgesehen vom Inhalt - einen gewaltigen Unterschied.

So besteht das Alte Testament aus einer Anzahl von Einzelschriften, über deren Zusammensetzung zwischen Juden, orthodoxen Christen, Katholiken und Protestanten keine Einigkeit besteht. Über die Herkunft der einzelnen Bücher in einem Zeitraum von ca. 1500 Jahren ist wenig, oft garnichts, bekannt. In der Bibel gibt es Widersprüche, viel Ungereimtes und auch Unwürdiges.

Beim Neuen Testament steht es hinsichtslich der Quellenlage nicht besser.

Sie ist so schlecht, daß der Beweis der Historizität von Jesus als nicht erbringbar gilt. Wer die Evangelien geschrieben hat, ist unsicher. Gewiß waren es keine Augenzeugen. Vom Verfasser des Johannes-Evangeliums kann man immerhin sagen, daß er - wie auch der heiliggesprochene Pseudo-Dionysios Areopagita - in der Terminologie des Neoplatonismus bewandt war.

Die ältesten Teile des Neuen Testaments stammen mit Sicherheit von Paulus; doch dieser war ja Jesus nie begegnet.

Kurzum, es handelt sich beim Neuen Testament um eine Sammlung anonymer, später Aufzeichnungen, die uns sagen, was manche Menschen etwa im 2. Jahrhundert von Jesus hielten.

Schlimmer noch, die christliche Bibelforschung hat so viele Fälschungen, d.h. späte "fromme" Einschübe festgestellt, daß man eigentlich keinem Teil des Neuen Testaments volles Vertrauen schenken kann. Ein krasser Fall war die Einfügung eines Verses in das 5. Kapitel des 1. Johannes-Briefs, etwa im Jahre 380. Diese Fälschung lautet: "So sind es denn drei, die Zeugnis geben [im Himmel: der Vater, das Wort und der Heilige Geist, und diese drei sind Eins, und drei sind es, die Zeugnis geben auf Erden]..."

Überwiegend auf diese Fälschung wurde die Konstruktion der Dreifaltigkeit im 4. / 5. Jahrhundert gestützt. In meinem katholischen Neuen Testament steht der Vers in Klammern mit der köstlichen Fußnote, wonach er "eine zwar inhaltlich richtige, aber doch späte Ergänzung" sei. (Richtig, weil ergänzt?)

Im Vergleich dazu ist der Qur`an das gesichertste Schrifttum der Spätantike überhaupt. Sprachlich ist er aus einem Guß und einer einzigen kurzen Periode. Daß er von einem einzigen Autoren - und zwar nicht von Muhammad - stammt, konnte die Komputer-Sprachanalyse erhärten.

Textlich und organisatorisch lag der Qur`an im Todeszeitpunkt des Propheten fest. Tausende Muslime kannte ihn auswendig. Die Endredaktion fand kurz nach Muhammads Verscheiden statt. Die europäische Orientalistik des 19. und 20. Jahrhunderts kam bei ihren Versuchen, den Qur`an - wie zuvor die Bibel - entmythologisierend und textkritisch zu Fall zu bringen, immer wieder zu dem heute wissenschaftlich feststehenden Ergebnis, daß der heutige Text des Qur`an derjenige des 7. Jahrhunderts ist, Vers für Vers.

Fraglich kann daher nur sein, ob der Qur`an eine göttliche Offenbarung oder Menschenwerk ist. Die Entstehungsgeschichte, der Charakter Muhammads sowie die gewaltige sprachliche Kraft und Schönheit des arabischen Textes sprechen für göttliche Autorenschaft. Daß Muhammad als Autor nicht in Frage kommt, ergibt sich nicht nur aus seinem unterschiedlichen, in der Hadith - Literatur festgehaltenen Sprachprofil, sondern auch aus dem Umstand, daß der Prophet im Qur`an mehrfach hart kritisiert, ja gescholten wird.

Von seinem Inhalt her kann man dieses Buch als eine Gebrauchsanweisung Gottes für Seine Menschen sehen, deren Beachtung nicht für Ihn, aber für sie wichtig ist, zumal sie ihrer Natur entspricht. Der Qur`an behandelt denn auch Sünde wie eine Selbstverstümmelung bzw. Selbstbestrafung des Menschen.

Auch der Qur`an nutzt natürlich menschliche Sprache und ist daher nicht fähig, transzendentale - also per definitionem unsagbare - Aussagen zu machen. Im gesamten theologischen, metaphysischen, kosmologischen Bereich nutzt der Qur`an daher Allegorien und Parabeln, mit denen man schön polemisch gegen den Islam vorgehen kann, wenn man solche Passagen böswillig wörtlich nimmt.

Ein kleiner Teil des Qur`an, höchstens 200 Verse, ist das, was man Scharia ("Weg zur Tränke") nennt. Diese normativen Verse befassen sich mit praktischen Dingen wie Staat, Wirtschaft, Verteidigung, Vertrags-, Familien-, Erb-und Verfahrensrecht; nur ein winziger Teil der Scharia ist Strafrecht. All diese Normen sind unabänderlich, wohl aber interpretierbar. Wer das islamische Recht (al-fiqh) als primitiv einstuft, kennt es nicht. Es ist so hoch entwickelt wie das klassische römische und das zeitgenössische anglo-amerikanische Recht.

Einen größeren Teil des Qur`ans nehmen die sog. Fünf Säulen des Islam im Qur`an ein - neben dem Glaubensbekenntnis (schahada) das rituelle Gebet (salat), das Fasten im Monat Ramadan (saum), die Sozialabgabe (zakat) und die Pilgerfahrt nach Mekka (hadsch). Der sog. heilige Krieg gehört nicht zu diesen Säulen, schon deshalb, weil im Islam Gott allein heilig ist. Die Übersetzung von al-dschihad (Bemühung) als "heiliger Krieg" ist eine unzulässige Projizierung westlicher kirchenrechtlicher Vorstellungen (sacrum bellum; justum bellum) in den Islam hinein.

Wie alle Konfessionen ist auch der Islam neben Religion eine Zivilisation.

Letztere ist davon geprägt, daß der Islam auf der arabischen Halbinsel entstand und sich dann zunächst auf Nordafrika, den Iran und die Türkei ausgebreitet hat. Vieles am Verhalten ausländischer Muslime ist von ihrer Zivilisation stärker als vom Islam geprägt. Gleichwohl ist der Islam eine universelle, eine Weltreligion, deren Anhänger sich überall am gleichen Buch (dem Qur`an) und am gleichen Vorbild orientieren, der Überlieferung (Sunna) dessen, was der Propheten Muhammad gesagt, getan, verschmäht oder geduldet hat. In dieser authentischen Form ist der Islam für die westliche Welt eine Alternative in der vollen Bedeutung dieses Wortes.

VI.

Doch was erlebt man als Muslim? Man kann heute ohne Schwierigkeit sich "outen" als Atheist, Agnostiker, Anthroposoph à la Rudolf Steiner, Buddhist, Hare Krishna-Jünger, indianischer Schamane, Scientologe, Zeuge Jehovas Satanist oder Verehrer von Göttinnen. Nur eines kann man nicht werden, ohne Kopfschütteln, Angst oder Verachtunge auszulösen: Muslim.

Wie die Salman Rushdie-Affäre und 2006 die Auseinandersetzung um Muhammad-Karikaturen zeigten, ist die Diffamierung des Propheten Muhammad heute noch so populär wie bei Dante im tiefsten Mittelalter. Nichts, was über den Islam verbreitet wird, kann so falsch oder absurd sein, daß es nicht geglaubt würde. Daraus ist leider zu schließen, daß der Islam auch in seinem 15. Jahrhundert noch so verkannt ist wie zur Zeit seines Entstehens.

Ist es nicht höchste Zeit, sich mit dieser Weltreligion endlich ernsthaft und unvoreingenommen zu befassen?

ISLAMISCHES DENKEN IM WANDEL[1]

I.

Man geht gerne davon aus, daß der Islam monolithisch, also rigide und wandlungsunfähig sei. Dies ist eine falsche Vorstellung, die Angst macht - und es wohl auch soll - unterstellt sie doch eine grandiose Aktionseinheit der Muslime. Dabei wird zwangsläufig nahegelegt zu fragen, wie primitiv eine Religion wohl sei, die 1, 4 Milliarde Menschen unter ein- und derselben Fahne mobilisieren kann.

Doch dies ist ein Trugbild. Die sprachliche, ethnische, zivilisatorische und dogmatische Vielfalt des Islam ist keineswegs geringer als die der christlichen Szene.

Wir fällen kein negatives Urteil über das Christentum, nur weil es drei große Richtungen davon gibt, die katholische, evangelische und orthodoxe. Niemand sucht in Deutschland nach einem einzigen christlichen Ansprechpartner; niemand spricht Altkatholiken, Mormonen oder Zeugen Jehovas wegen ihrer kleinen Anhängerzahl die Fähigkeit ab, in Deutschland als Religionsgemeinschaft des öffentlichen Rechts anerkannt zu werden.

Nur bei den Muslimen besteht man darauf, daß einer von ihnen sie allesamt vertritt, Daß die deutschen Katholiken allenfalls die Hälfte der hiesigen Christen ausmachen, stört niemand. Doch muslimischen Organisationen wie dem Zentralrat der Muslime in Deutschland oder dem Islamrat verweigert man beständig eine Sprecherrolle, weil sie nicht 100% der lokalen Muslime vertreten. Auch dabei spielt die falsche Auffassung vom monolithischen Islam wohl die ausschlaggebende Rolle.

---

1. Symposium des Annemarie Schimmel-Forums in Bonn (2006).

Allerdings: Wo kein Feuer, da kein Rauch. Welche Umstände konnten denn zu dem verbreiteten Fehlurteil über den Islam als Monolith führen? Hier ist an erster Stelle die relative Unkompliziertheit des muslimischen Gaubensbekenntnisses zu nennen: der Glaube an die Existenz eines einzigen, transzendenten und immanenten Gottes sowie daran, daß Muhammad Sein letzter Prophet war, der Qur`an also die abschließende göttliche Offenbarung ist.

Dies sowie der Glaube an die Sendung der anderen Propheten, darunter Moses und Jesus, an die Engel und das Jüngste Gericht machen den Glauben aller Muslime aus. Niemand darf sich Muslim nennen, der - wie z.B. Aleviten, Ahmadis bzw. Qadianis oder Baha´i - auch nur einen dieser Glaubensartikel leugnet.

In der Tat sind die Muslime aller muslimischen Glaubensvarianten über die soeben aufgelisteten Bestandteile ihres Glaubens einig - ob Sunniten, jemenitische Zayiditen, ismaelitische 7er Schiiten, iranische 12er Schiiten oder omanische ´Ibaditen und auch die muslimischen Sufis aller Orden.

In dieser Hinsicht gibt es tatsächlich einen beachtlichen Unterschied zur christlichen Szene, innerhalb derer es die unterschiedlichsten Vorstellungen von Jesu Natur gibt. Man kann sich Christ nennen, ob man daran glaubt oder nicht, daß Jesus göttlicher Natur oder nur ein Sozialarbeiter war, ja selbst dann, wenn man annimmt, daß Jesus nur eine schön erdachte Legende sei.

Der Islam erlaubt eine derartige Bandbreite der Glaubensvorstellungen nicht; auch kann er auf eine Theologie verzichten, welche sich wie die christliche wesentlich mit der Natur Gottes, ja Seinem Innenleben, befaßt.

II.

Die soeben erwähnte innerislamische Vielfalt, die nicht nur als ein Problem, sondern als Reichtum empfunden wird, breitete sich bereits in der islamischen Frühzeit aus:

1. Die erste und folgenreichste Spaltung der muslimischen Umma begann schon am Todestag des Propheten Muhammad im Jahre 632 CE. Während sich die meisten Muslime in al-Madina um die engsten Prophetengefährten - ´Umar und Abu Bakr - scharten und letzteren zu seinem Nachfolger wählten, widmeten sich Muhammads Tochter Fatima und sein Cousin ´Ali, ihr mutiger, kenntnisreicher und frommer Mann, der Beerdigung. Darüber kam es zum Bruch. Als ´Ali 656 schließlich doch noch zum 4. der sogenannten "rechtgeleiteten Kalifen" wurde, war dies durch den Vorwurf vergällt, am Tod seines Vorgängers ´Uthman mitschuldig zu sein.

Daß die Intimfeindschaft zweier Frauen, Fatima und ´A`ischa, Muhammads jüngste Frau und Tochter des 1. Kalifen, bei all dem eine Rolle spielte, ist unübersehbar. Kurzum, aus einem Familienzwist wurde eine politische, dann sogar militärische[2] undschließlich dogmatische Auseinandersetzung. Nach und nach grenzte sich die Schia als "Partei" ´Alis und seiner Söhne Hasan und Hussein vom sunnitischen Mehrheitsislam ab und schlug vor allem im Iran, Libanon und dem ´Iraq Wurzeln als ein monarchistisch und klerikal gesinnter Zweig des Islam, der an die Blutsverwandtschaft mit Muhammad höhere Einsichtsfähigkeit in die esoterischen Aspekte der Religion knüpfte.

Letzten Endes führte diese Abspaltung nicht nur zu Besonderheiten beim rituellen Gebet[3], sondern auch zu einer spezifisch schiitischen Rechtsschule. Anders als die Sunniten erkennen Schiiten Rechtsinstitute wie die Zeitehe (al-muta´) an und erlauben die Verleugnung ihrer religiösen Überzeugungen (at-takiyya). Diese Auslegung des Islam heißt 12er Schia, weil sie insgesamt zwölf mit Muhammad blutsverwandte und daher angeblich göttlich inspirierte "Imame" anerkennt.

---

2. In der sogenannten Kamelschlacht bei Basra im Jahre 656 standen sich ´A`ischa und ´Ali gegenüber.

3. Schiiten lassen (wie Malikiten) beim Gebet die Arme herunterhängen, statt sie vor der Brust zu falten. Auch legen sie bei der Niederwerfung die Stirne auf ein Stück Ton aus einer der heiligen Stätten der Schia.

Die Schia unterscheidet sich auch atmosphärisch vom sunnitischen Islam.

Zu denken ist an den schiitischen Märtyrerkult, darunter die fortwährende, flagellantische Trauer um Hussein. In der Neuzeit haben sich diese Unterschiede vergrößert, seitdem Khomeini die frühere Staatsferne der Schiiten mittels einer völlig neuen theokratischen Staatstheorie - dem von Rechtsgelehrten geführten Gottesstaat - ablösen konnte.

2. In den ersten Jahrzehnten nach Muhammads Tod löste sich eine zweite Gruppe vom Mehrheitsislam, nämlich die basisdemokratisch gesinnten puritanischen Kharidschiten. Auch diese "Sezessionisten" sind bis heute wirksam geblieben, wo immer der Islam politisch instrumentalisiert wird.

Die Kharidschiten besitzen ebenfalls ihre eigene Kalifatstheorie. Als Nachfolger des Propheten kommt für sie weder der Kandidat der Mehrheit in Frage (: die sunnitische Haltung), noch eo ipso ein Blutsverwandter (: die schi-itische Haltung), sondern nur der frömmste, also gottgefälligste aller Muslime - gleich welcher Herkunft..

Diese Staatstheorie ist eminent unpraktisch; denn der jeweilige Führer der Muslime verlor aus kharidschitischer Sicht sein Amt automatisch, sobald er eine Sünde beging (und worüber sich jeder seine eigene Meinung bilden konnte).

´Ali wurde das erste Opfer dieser radikal-puritanischen Auffassung des Politischen. Als er 657 während der Schlacht von Siffin gegen den umayadischen Gegenkalifen Mu´awiya sich dem Urteil eines Schiedsgerichts unterwarf, wurde er von den Kharidschiten der Apostasie bezichtigt und 661 ermordet.

Ihr selbstgerechter Schlachtruf war *la hukma illa li`llah.* ("Das Urteil steht Gott alleine zu" - und wir kennen Sein Urteil...).

Seither zieht sich durch die gesamte muslimische Geschichte neben dem monarchistisch-schiitischen Strang ein verrechtlichter puritanischer Strang.

Heute findet man ihn unter den Mozabiten in Südalgerien (M`Zab), den ´Ibaditen von Oman und Sansibar sowie unter wahhabitischen Muslimen in Saudi Arabien. Typisch für diese Richtung ist es, den "moral high ground" für sich in Anspruch zu nehmen, eine Religionspolizei zu unterhalten und sich ausgesprochen mystikfeindlich zu geben. Wahhabiten gilt Mystik schlicht als eine unerlaubte Neuerung im Glauben (al-bida´)

3. Um so wichtiger ist es, die unschätzbare Rolle zu kennen, welche die islamische Mystik für die Entwicklung, Verteidigung und Überlebensfähigkeit des Islam unter atheistischer und kolonialistischer Herrschaft gespielt hat.

In den ersten Jahrhunderten äußerte sich die muslimische Sufik in Form einer intensiven Verinnerlichung der Religion, also im subjektiven Dialog mit Gott. Hier - wie bei Rabi´a ad-Adawiyya (gest. 801) - bildete sich erstmals eine islamische religiöse Liebeslyrik heraus. Weitere Höhepunkte waren der muslimische Märtyrer der Gottesliebe, Hussein ibn Mansur al-Halladsch (gest. 922) sowie der Sänger der muslimischen Lichtmystik, Suhrawardi Maqtul (gest. 1191).

Sie beide repräsentierten allerdings bereits die zweite Form der Sufik, den philosophisch-theosophischen Zweig, der - wie mit ihrem berühmtesten Vertreter Muhy ad-Din ibn ´Arabi (gest. 1240) - schon in den Verdacht pantheistischer Schwärmerei geriet. Dieser Shaykh al-akbar (Magister magnus) entzweit muslimische Intellektuelle bis heute mit seiner These von der "Einheit allen Seins" (al-wahdat al-wudschud). Orthodoxe Muslime fühlen sich jedenfalls besser mit der von ´Umar al-Suhrawardi (gest. 1234) in Indien entwickelten Gegenthese von der "Einheit der Perzeption" (al-wahdat asch-schuhud). Im Grunde geht es darum, sich als Teil der Schöpfung nicht selbst als göttlich zu empfinden, sondern sich einzugestehen, daß der Dualismus von Gott und Welt auch durch Kontempation nicht aufgehoben werden kann.

Bis heute sind hunderte von Sufi-Bruderschaften wirksam. Sie unterscheiden sich enorm in ihrer Methodik, worauf die Bezeichnung "Tanzende Derwische" für die Mevlevi in Konya und "Heulende Derwische" hinweisen mag.

Ohne Kenntnis der Nakschbandiyya bleibt beispielweise die post-kemalistische Entwicklung der Türkei unverständlich. Bei allen Sufi-Orden spielt allerdings die Autorität des Scheichs, die zum Personenkult führen kann, eine gemeinsam große Rolle. Bei Türken stehen Said Nursi, Süleyman Tunahan, Fethullah Gülen und Scheich Nazim beispielweise hoch im Kurs. Jede dieser Bruderschaften betont spezifische Aspekte des mystischen Pfads und betreibt damit ihre spezifische Islam-Exegese.

In diesen Rahmen gehören auch die in der muslimischen Welt von Zeit zu auftauchenden Mahdi-Figuren, Retterfiguren wie der Ende des 19. Jahrhunderts bei Khartoum aufgetretene Mahdi. Es würde niemand wundern, wenn ´Usama b. Laden eines Tages von einigen Muslimen ebenfalls zu einem Mahdi verklärt würde.

4. Wiederum andere Muslime, insgesamt wohl die Mehrheit, neigen eher dazu, ihre Religion mit der Schari´a, also dem juristische vorgezeichneten Weg gleichzusetzen.

Dies hat im Geschichtsverlauf zu einer Art Talmudisierung des Islam geführt.

Islamgelehrter und Rechtsgelehrter wurden dabei identisch. Der Islam, begriffen als umfassende Rechtsleitung für alle Lebensbereiche, entfaltete sich in Form von Rechtsschulen, von denen bis heute vier sunnitische weiterbestehen. Man ist Malikit, wenn man aus dem Maghrib kommt, als Türke Hanafit, in Ägypten Schafi´it und Hanbalit auf der arabischen Halbinsel.

Viele Muslime, vor allem unter den Türken in Deutschland, gehen noch immer davon aus, daß man kein Muslim sein könne, ohne sich einer bestimmten Rechtsschule anzuschließen. Seine Rechtsschule aufzugeben, ohne eine andere zu wählen, gilt ihnen als Abfall vom Glauben. Solche "Madhhabismus" genannte Auswüchse kann die Verrechtlichung des Islam zeitigen!

Eine fünfte sunnitische Rechtsschule, die auf Ibn Hazm in Andalusien zurückgehende zahiritische Schule, ist verschwunden; sie hatte jede kontextuelle oder analoge Auslegung des Qur`an abgelehnt, weil jede Auslegung letztlich nur ein Sprachspiel sei. (Ludwig Wittgenstein hätte dies als erster verstanden.) Hingegen scheint sich inzwischen eine neue fünfte Rechtsschule, die euroamerikanische, ztu entwickeln. Dafür spricht die Tätigkeit von Fatwa-Räten (muslimischen Gutachtergremien) sowohl in den USA wie in Europa, die sich früher als die muslimischen Kernlande mit Entwicklungen in der modernen Medizin und Bio-Chemie auseinandersetzen müssen und dies auch tun.

5. Die ultra-konservative Haltung der Rechtsschulen-Verteidiger konnte indessen nicht verhindern, daß es seit dem 19. Jahrhundert zu einer fast ausschließlich von Laien getragenen Zurück-zu-den Quellen-Bewegung im Islam gekommen ist. Dafür stehen Reformer wie al-Afghani, Muhammad Abdu, Raschid Rida, Hassan al-Banna, Abu-l-´Ala al-Maududi, Muhammad Iqbal, Muhammad Asad (Leopold Weiss), Malik Bennabi, Fazlur Rhman, Alija Izetbegović, Hasan at-Turabi, Khurram Murad, Khurschid Ahmad, Jafar Ishaq Ansari, ´Umar Chapra, Abu Bakr Bagader, Le Gai Eaton, Jeffrey Lang, Taha Jabir al-´Alwani, aber auch Sufis wie René Guénon, Martin Lings, Frithjof Schuon und Sayyid Hossein Nasr. Jeder von ihnen ein begnadeter, innovativer Denker, dessen Reformgedanken abendfüllend dargestellt werden könnte. So breit ist die Renaissance-Bewegung im zeitgenössischen Islam!

Diese intellektuell aufregende neo-rationalistische Bewegung versucht, den Islam durch bedingungslosen Rückgriff auf seine Urquellen, Qur`an und authentische Sunna des Propheten,

* für alle Aspekte der modernen Welt relevant zu machen;
* die Talmudisierung und Technologiefeindlichkeit der muslimischen Jurisprudenz zu überwinden;
* das demokratische und Menschenrechtspotenzial der islamischen Quellen zu erschließen;
* eine islamische Wirtschaftsordnung zu entwickeln;
* die muslimische Welt besser in die Moderne zu integrieren, ohne sie einer Assimilierung an den krass materialistischen Okzident auszusetzen.

Interessanterweise wird diese Erneuerung des Islam, von den Muslimen an-nahda (Wiederbelebung) bzw. al-islah (Reinigung) genannt, überwiegend von Laien getragen, darunter erstaunlich viele Ärzte und Naturwissenschaftler.

Auch die Führer der zeitgenössischen muslimischen Erweckungsbewegungen, wie etwa der Muslim-Bruderschaft (ikhwan al-muslimun), der indisch-pakistanischen Jama´at al-Islami, der algerischen FIS (Front islamique du salut), der tunesischen MTI (Mouvement de Tendance islamique) und der bengalischen Jama´at at-Tabligh waren keineswegs ausgebildete Islamgelehrte, sondern meist self-made Muslims, womit natürlich die Gefahr einer zu selektiven Nutzung der Quellen verbunden war und ist.

III.

Dies ist das besondere Problem der als fundamentalistisch empfundenen oder gar gewaltbereiten muslimischen Bewegungen unserer Tage. Auch sie haben geschichtliche Wurzeln. So hatte der ismailische Zweig der Schia, die besonders esoterischen 7er Schiiten, im Frühmittelalter im Nordirak das ""Assassinentum" begründet, nämlich den Einsatz von unter Haschisch-Einfluß stehenden Selbstmord-

Attentätern zur Beseitigung von unliebsamen Führerpersönlichkeiten wie Nizam al-Mulk und Salah ad-Din al-Ayubi, den Befreier Palästinas von den Kreuzfahrern.[4] Ähnlich militant geben sich heute muslimische Gruppen, welche im Kern Widerstandsbewegungen gegen die unrechtmäßige Besetzung von muslimisch besiedelten Ländern sind, wie Kaschmir, Tschetschenien und Palästina. Zu diesen Gruppen gehören die palästinensische Hamas, die in Jordanien gegründete, auf die Wiedererrichtung des Kalifats fixierte Hizb at-Tahrir und ihre Splittergruppe al-Muhadschirun sowie die ägyptische Al-Hidschra wa-t-Takfir - Organisation, aber auch die inzwischen berüchtigte, ursprünglich von der CIA geförderte, ausgebildete und finanzierte al-Qa´ida.

All diese Gruppen werden gerne als islamistisch bezeichnet, um anzudeuten, daß es sich dabei wesentlich um politisch motivierte Organisationen in islamischem Gewand handelt, also um Muslime, denen es in erster Linie um die Bekämpfung sozialer, wirtschaftlicher und politischer Mißstände geht.

Typisch ist für sie eine gewisse Bunkermentalität und konspiratives Vorgehen, beides Folgen der blutigen Verfolgung, der sie ausgesetzt sind. Aus ihrer Sicht setzen sie Gegenterror gegen den Staatsterror, den Muslimen an vielen Brennpunkten der Welt erleiden. In diesem Zusammenhang sehen sie die Vereinigten Staaten von Nordamerika nicht nur als Gehilfen, sondern als Mittäter von allem, was Palästinensern an Unrecht zugefügt wird.

IV.

Dieser Überblick hat ergeben, daß

* die Muslime viel pluralistischer und wandlungsfähiger sind als weithin angenommen wird, daß sie

4. Saladin überlebte den Anschlag.

* ihre Aufklärung keineswegs verschlafen haben, und daß sie
* die Entklerikalisierung und rationale Erschließung ihrer Religion von Anfang an bis heute eifrig betrieben haben

Das letzte Kapitel des "Islamischen Denkens im Wandel" ist jedenfalls noch nicht geschrieben.

THEOLOGISCH - SOZIOLOGISCHE BETRACHTUNG DES ISLAM

Das Thema scheint in sich selbst widersprüchlich zu sein; denn im Grunde schließen sich theologisches und soziologisches Herangehen an Religion gegenseitig aus.

Als ich 1950-51 am Union College im Staate New York empirische Soziologie als Hauptfach belegt hatte, erlebte ich jedenfalls, daß Soziologie es nicht mit ewigen Wahrheiten im ontologischen Sinne zu tun hat, sondern mit Gesetzmäßigkeiten unseres gesellschaftlichen Verhaltens. Religionssoziologie neigt daher dazu, nur nach den kulturanthropologischen Wurzeln einer Religion und ihrem sozialen Nutzen zu fragen, nicht aber nach ihrem zeitunabhängigen Wahrheitsgehalt.

Doch dann sagte ich mir, daß man viel vom Islam als Religion erfahren würde, selbst wenn man ihn nur durch die Brille eines Soziologen betrachtete.

Jedenfalls fand ich sechs Gesichtspunkte, die sich für eine theologisch-soziologische Betrachtung des Islam eignen:

I. Islam als monotheistische Endstufe

Man kann Religionsgeschichte mit der Kategorie "Fortschritt " betreiben, ohne die Idee einer göttlichen Heilsgeschichte aufzugeben. Der sich dabei abspielende soziologische Mechanismus ist offenkundig:

Von Gott so programmiert, also nach psychologischer Gesetzmäßigkeit, erkannten vorgeschichtliche Stämme unter dem Eindruck der Naturgewalten zunächst unterschiedliche Naturgötter, die es zu beschwichtigen oder instrumentieren galt.

Sobald jedoch ein Stamm einen anderen besiegte, entstand zwangsläufig eine Götterhierarchie, wobei der Gott des dominierenden Stammes zu einer Art Obergottheit wurde. So gab es auch im vorislamischen Arabien die vage Vorstellung von einem obersten Gott - al-ilah (der Gott). Näher standen den Arabern aber drei nachrangige Göttinnen, nämlich al-Lat, al-Uzza und Manat.

Auf diesem soziologischen Weg hin zum religiösen Monotheismus sieht sich der Islam als Endstufe einer über Judentum und Christentum führenden Entwicklung, weshalb Muhammad denn auch im Qur`an als "Siegel", d.h. Abschluß, des Prophetentums bezeichnet wird (5: 3).

Historisch ist unbestreitbar, daß die Kinder Israels dank Abraham eine dauerhaftere Eingott-Vorstellung entwickelten als die Ägypter unter Echnathon. Doch war dieser Glaube noch nicht mit der Vorstellung von einem Weiterleben nach dem Tode verknüpft. Wichtiger noch: Die Israeliten hatten die Idee entwickelt, ein auf Dauer von Gott auserwähltes, bevorzugtes und privilegiertes Volk zu sein, das in einer Bundesbeziehung mit Gott stehe - die vertragstypisch beide Seiten binde und verpflichte.

Um es vorwegzunehmen: Solche Auffassungen widersprechen dem Gottesbild der Muslime voll und ganz. Wenn es nur einen Gott gibt, kann er kein Stammesgott sein. Wenn Er der Gerechte ist, beurteilt er Menschen nicht nach Abstammung, sondern nach Verdienst. Wenn Er über alles erhaben ist, ist er zu keinem Handeln verpflichtet, auch wenn Er einseitige Versprechen entgegen genommen hat.

Insofern stellte das Urchristentum, soweit es noch auf Jesus zurückging, eine Korrektur, also einen Fortschritt dar, indem es den jüdischen Gott eindeutig zum Gott aller Menschen erklärte und allen Menschen gleiche Heilschancen einräumte.

Aber auch dieses Mal wurde der Monotheismus alsbald in Frage gestellt, nämlich durch die dem Christentum von

Paulus und Augustinus unterlegten dogmatischen Lehren: der fatalistischen Doktrin von der angeblich einen Sühnetod erfordernden Erbsünde, derentwegen Gott im Wege der Inkarnation einen Ihm wesensgleichen Sohn gezeugt habe. Wie bekannt, entwickelte sich daraus im 4. Jahrhundert das Dogma von der Dreifaltigkeit Gottes, der Trinität, an der bis heute festgehalten wird, obwohl der einzige eindeutige Hinweis darauf (1 Joh. 5: 7) von der protestantischen wie von der katholischen Theologie heute als eine späte Fälschung des Neuen Testaments behandelt wird.

Wie gegenüber dem Judentum betrachtet der Islam sich auch gegenüber offiziellen Interpretation des Christentums als notwendige Korrektur, indem er lehrt:

Ja, es gibt wirklich nur einen einzigen Gott - und keiner von uns Menschen ist je, wie auch immer, Gott gewesen.

Ja, dieser Gott ist für alle Menschen gleichermaßen da.

Ja, alle Menschen haben die gleichen Heilschancen.

In diesem Zusammenhang ist sexualsoziologisch von größter Bedeutung, daß der Qur`an im Gegensatz zur Bibelnicht davon ausgeht, daß Eva Adam zum Umgehorsam verführt habe. Noch hat der Islam die biblische Abwertung der Frau und die neutestamentarische Dämonisierung der Geschlechtlichkeit übernommen. Schlimme Nachwirkungen davon, wie die zur massenhaften Hexenverfolgung führende Hys'erie, waren denn auch auf die christlichen Welt beschränkt.

So wie ein metallurgischer "Fortschritt" über 24-karätiges Gold hinaus unmöglich ist, ist auch kein begrifflicher Fortschritt über den reinen, unqualifizierten Monotheismus des Islam denkbar. Allah ist ja genau derjenige Gott, den die Philosophen - von Platon über Aristoteles, Plotin, al-Ash ´ari, Averroës (Ibn Ruschd), al-Ghazali, Avicenna (Ibn Sina) bis hin zu Kant und Witgenstein - nur negativ definieren konnten, weil er sich jedem Vergleich entzieht. Kurzum, Allah ist die am wenigsten anthropomorphe Gottesvorstellung, welche die Menschheit je gekannt hat. Der Islam treibt mit Gott keine Sprachspiele.

II. Islam als "arabische Religion"

Wenn jemand den Islam als "arabische Religion" versteht, dreht sich mir der Magen um; denn von den 1,4 Milliarde Muslimen dieser Welt sind allenfalls 12 % Araber. Jedenfalls ist der Islam, soziologisch betrachtet, in seinen Wurzeln keinesfalls orientalischer als Juden- und Christentum. Hebräisch, aramäisch und arabisch sind so nahe verwandt wie holländisch und deutsch. Und was hat das Christentum, das sich heute so europäisch gibt, nicht alles aus dem Osten mitgebracht! Die Gnostik des Johannes, die Engellehre des falschen Dionysios, das Priestertum des Mithras-Kultes, die Trinitätsvorstellungen des Platon (Deus, Logos, Demiurg) und der alten Ägypter (Osirir, Isis, Horus) und viel neoplatonisch-plotinische Mystik, ganz abgesehen von manichäischen Elementen der Sexualethik.

Natürlich ist der Islam vom Arabischem mitgeprägt. Ich meine sogar, daß er so, wie er im 7. Jahrhundert entstanden ist, nur in Arabien entstehen konnte, und zwar aus folgenden Gründen: Im 7. Jahrhundert hatten sich das Christentum im Römischen Reich und die Spätform des zarathustrischen Parsentums im Persischen Reich als Staatsreligionen konsolidiert und dogmatisiert. Eine beide Religionen und ihre Regierungssysteme in Frage stellende neue Religion konnte nur im Windschatten der beiden Großmächte entstehen, sozusagen auf einem weißen Fleck ihrer Landkarten. Dem Islam den Garaus zu machen, versuchten beide Reiche tatsächlich erst, als es zu spät war. Sie waren dem Islam überhaupt erst auf die Spur gekommen, als Muhammad die beiden Kaiser brieflich dazu aufforderte, Muslime zu werden.

Im Windschatten der Weltpolitik, ja, aber dennoch gleichzeitig im geographischen Zentrum der damals bekannten Welt. Frankreich und Indien waren gleich weit von al-Madina entfernt - ein enormer strategischer Vorteil für die weltweite islamische Expansion im 7. / 8. Jahrhundert.

Genauso wichtig als Entwicklungsbedingung war der Reifegrad der arabischen Sprache, noch heute eine Wissenschaftssprache par excellence.

Die Muslime wollten nicht nur etwas Neues sagen, sie wollten es neu sagen, und sie konnten dies nur dank ihres höchstentwickelten Kulturgutes überhaupt: ihrer Sprache. Diese ist sprachsoziologisch noch heute ein Phänomen: die einzige Sprache, deren Dokumente nach 1400 Jahren ohne weiteres verstanden und deren damaliges Vokabular weiterhin im Alltag verwandt wird, während wir unsere Minnesänger und die Engländer ihren Chaucer nur mit Wörterbuch lesen können. Dies ist die zivilisatorische Leistung des Qur`ans als Text.

Manche westliche Betrachter wollen in den Islam Elemente hineingeheimnissen, die er der Wüste verdanke. Lasse sie doch den Menschen seine Abhängigkeit und Kleinheit besonders spüren. Auch sei die Natur in Arabien so gegestandslos, daß sie abstraktes Denken über Gott und die Welt fördere. Solches Herangehen ist mir ein wenig zu soziologisch. Was auf die Wüste zutrifft, gilt schließlich auch für das Meer. Und ich glaube nicht, daß Waldlandschaften den Menschen je davon abgehalten haben, sich Gedanken zu machen über sein Woher? Wohin? und Warum?

III. Der Islam als Buchreligion

Der Islam gehört zur Kategorie der Buchreligionen, wie Judentum und Christentum auch, und das hat sowohl theologische wie soziologische Bedeutung.

Darauf wurde ich das erste Mal aufmerksam, als ich im Asien-Referat der Politischen Abteilung des Auswärtigen Amts für Indien, Pakistan, Ceylon, Bhutan und Sikkim zuständig war. Mir fiel dabei auf, daß meine pakistanischen Gesprächspartner berechenbarer als die indischen waren.

Irgendwie war mir bei den Pakistanis klar, "how they tick." Später führte ich es darauf zurück, daß sie von Jugend auf gelernt hatten, präzise mit präzisen Texten umzugehen.

Wer einer Buchreligion angehört, geht davon aus, daß Gott sich auf zweifache Weise mitteilt: durch Seine Manifestation in der Natur und zusätzlich durch Seine Offenbarung in eine Schrift.

Damit notwendig verknüpft ist die Vorstellung von Prophetentum, die allen drei Buchreligionen gemeinsam ist, wenngleich nur der Islam alle Propheten, einschließich Jesus, anerkennt. Das Christentum erkennt bekanntlich Muhammad noch immer nicht an, und das Judentum weder Jesus noch Muhammad. Um fair zu sein, muß ich anfügen, daß die Muslime zwar alle Propheten anerkennen, aber große Zweifel hinsichtlich der Authentizität des Alten und NeuenTestaments haben, deren Quellenlage ja auch in christlichen Augen prekär ist.

Die Muslime sind demgegenüber in der glücklichen Lage, einen Text zu besitzen, der im vollen Licht der Geschichte entstanden und seither nicht mehr verändert worden ist. Ein Text, der völlig unbestritten von einem einzigen Autor stammt. Für Muslime ist es plausibel, daß dieser Autor Gott war; für andere ist das weniger plausibel. Doch über Plausibilität läßt sich nicht streiten. Deshalb ist ja auch das islamische Glaubensbekenntnis zweiteilig. Nicht nur Gott, auch das Prophetentum von Muhammad sind Sache des Glaubens.

Soziologisch wichtiger ist es, daß eine Buchreligion zum Umgang mit Papier und Schreibfeder, zum Erlernen von Schrift, anhält. Tatsächlich war das allererste Wort der qur`anischen Offenbarung der Befehl: "Iqra!" - "Lies!" Buchreligionen sind wissenschaftsfördernde Religionen, die im Grunde keinen Analphabetismus dulden und an den Verstand appellieren. Seltsamerweise ist der Qur`an jedoch die einzige bekannte heilige Schrift, die ständig dazu auffordertrt, nachzudenken, die Natur zu beobachten, seine Denkfähigkeit zu gebrauchen. Die Hochblüte der islamischen Zivilisation vom 9.-14. Jahrhundert, vor allem in den Naturwissenschaften, ist anders kaum zu erklären.

Die früheste Konsequenz des Schriftlichkeitsprinzips war das Entstehen der ersten methodisch exakten Geschichtswissenschaft, nämlich der Methodik für die Erfassung, Zuordnung, Analyse und Kritik der zahlreichen Überlieferungen des Propheten, die sog. Hadith-Wissenschaft. Sie ist zur Basis der 2. Quelle des Islam geworden, der sog. Sunna (d.h. Gewohnheit) des Propheten. Ihrem Status als Quelle nach sind Hadith-Sammlunge Literatur aus zweiter Hand und entsprächen damit Schriften im Neuen Testaments, deren Verfasser bekannt wäre und Jesus gekannt hätte.

Soziologisch mindestens so bedeutsam ist der Umstand, daß eine heilige Schrift, die jeder - sei es physisch oder in seinem Gedächtnis - besitzen und lesen kann, dem Entstehen eines dominierenden Klerus entgegenwirkt. In der islamischen Welt lernten stets Zahntausende den Qur`an auswendig, und ebenso viele besaßen eine Abschrift davon. (Kein anderes Buch ist so oft übersetzt worden und hat so hohe Auflagen erreicht.) Im Gegensatz zur christlichen Welt besaßen die muslimischen Gelehrten daher zu keiner Zeit ein (Mißbrauch erleichterndes) fremsprachliches Geheimwissen.

Diese (aus soziologischer Sicht) basisdemokratische Voraussetzung wurde dadurch verstärkt, daß es im Islam kein Priestertum gibt. Das heißt konkret: Der Muslim bedarf zur Ausübung seiner religiösen Verpflichtungen nicht der Mitwirkung Dritter. In allen Fällen, beim Gebet wie bei der Eheschließung oder Pilgerfahrt, steht er als völlig emanzipierter Gläubiger Gott unmittelbar (und alleine) gegenüber.

Ich weiß, daß zur Entfaltung von Demokratie etliche andere Voraussetzungen gehören; die religiöse Mündigkeit des Bürgers, wie sie der Islam bietet, ist jedenfalls dabei.

Dies alles erklärt geschichtssoziologisch, warum es zu einer Renaissance bzw. "Aufklärung" in einem "Zeitalter der Vernunft" nur im christlichen Bereich kam; denn nur hier gab es eine alles Geistesleben dominierende, zensierende und einschnürende Kirche. Das, wogegen Voltaire, Friedrich II., Lessing, und auch Goethe angingen, gab es in der islamischen Welt nicht. Voltaire und Goethe beschäftigten sich mit dem Islam auch deshalb, um die Kirchen damit indirekt und daher ungestraft kritisieren zu können. (Der Islam bezahlt dafür - z.B. für Voltaires Drama "Mahomet" - noch heute die Zeche.)

IV. Der Islam als Kaufmannsreligion

Wer wie der französische Islamologe Rodinson eine Prophetenbiographie aus marxistisch-soziologischer Sicht schreibt, wird manches daraus machen, daß Muhammad als Angestellter in der Import-Export Firma seiner älteren Frau Khadidscha gearbeitet hat, (mit der er über ein Vierteljahrhundert in glücklicher Einehe verheiratet war).

Obwohl es für die qur`anische Offenbarung trotz ihrer überzeitlichen Gültigkeit oft historische Anlässe gab, können wir getrost annehmen, daß Muhammads irdischer Beruf dabei keine Rolle spielte.

Doch der Prophet hat ja auch seine Sunna hinterlassen. Diese ist in Teilen inspiriert, in Teilen aber auch nicht, wenn sie z.B. lediglich irdische Kenntnisse des Propheten festhält, etwa was er über medizinische oder landwirtschaftliche Dinge äußerte. Es ist wahrscheinlich, daß sich unter solchen Überlieferungen welche finden, die seine besondere Kompetenz als Kaufmann widerspiegeln.

Tatsache ist jedenfalls, daß der Islam eine kaufmannfreundliche Wirtschaftsordnung nahelegt, die etwa der Sozialen Marktwirtschaft entspricht. Das heißt insbesonders: Prinzip des Privateigentums vor dem als Ausnahme eng begrenzten Staatseigentum; Sozialbindung des Eigentums;

Verhinderung von Monopolen und brachliegendem Kapital; Kapitaleinsatz nur bei Risiko Beteiligung; Verbot von Spekulationsgeschäften mit Spielcharakter.

So betrachtet ist auch das Zinsverbot eine das freie Unternehmertum begünstigende Maßnahme.

V. Der Islam als pluralistische Religion.

Daß Sie mich eingeladen haben, über Islam zu sprechen, spricht Bände; denn in der muslimischen Welt müßte niemand über Christentum referieren, hat man dort doch seit 1400 Jahren ständig mit Christen und Juden zusammengelebt. Die Expansion des Islams hat nicht zur Eliminierung der beiden anderen Religionen geführt. Ja, sie war überhaupt nur denkbar, weil die religiösen Minderheiten im Byzantinischen Reich - wie Juden, Kopten, Nestorianer, Jakobiter, Arianer, Donatisten - die islamische Herrschaft mit ihrem präzisen Minderheitenschutz dem orthodoxen Joch vorzogen.

Das qur`anische Recht erlaubt es nicht, eine religiöse Minderheit zu vertreiben oder gar zu töten. Im Gegenteil, eine Minderheit, welche die Oberhoheit der Muslime anerkennt, hat das Recht, ihre Religion - einschließlich des Verzehrs von Alkohol und Schweinefleisch - ungestört auszuüben und ihre eigenen Angelegenheiten autonom zu regeln, so wie dies bis zu seinem Ende im Osmanischen Reich der Fall war. Diese "Schutzbefohlenen" unterstehen also ihrer eigenen Gerichtsbarkeit. Gegen Zahlung der sog. Kopfsteuer sind sie von der Wehrpflicht befreit.

Mit diesem selbst für heutige Verhältnisse vorbildlichen Minderheitenstatut lebten Christen und Juden im muslimischen Bereich bis in die heutige Zeit. Dies erklärt, warum es nach 500 Jahren türkischer Herrschaft weiterhin griechisch sprechende orthoxe Griechen mit intaktem Klerus gab. Es erklärt, waum es nach 1200 Jahre islamischer Herrschaft in Ägypten 14 Millionen Kopten gibt. Wenn man durch Kairo in Richtung Nassr-City fährt, sieht man mehr Kirchen als Moscheen. In Damaskus sind die Kirchturmkreuze nachts beleuchtet. In Marokko liegen Bibel und Neues Testament in Buchläden aus. In ´Amman baute man die neue Kathedrale gegenüber der Freitagsmoschee im Zentrum der Stadt. In Istanbul gibt es noch heute zwei Dutzend Synagogen und zahlreiche Kirchen.

Kurzum: Während Europa im Zeichen von Kreuzzügen, Reconquista und Inquisition "muslimfrei" gemacht wurde - eine frühe Form von "ethnic cleansing" - und protestantische, katholische und orthodoxe Christen nicht einmal miteinander auskamen, haben die Muslime nie verlernt, religiösen Pluralismus zu üben.

Dies aber hat sein Fundament nicht im Soziologischen, sondern ausschließlich im Theologischen, nämlich in der Schari´a, dem qur`anischen Recht:

Im Gegensatz zum Christentum hat sich der Islam nie als alleinseligmachende Religion verstanden, etwa nach dem unheilvollen Schlagwort: "extra ecclesiam nulla salus". Vielmehr wurden die Muslime in zahlreichen Qur`an-Versen belehrt, daß Gott gar keine religiöse Uniformität gewollt hat.

Im Gegenteil, der Qur`an enthält eine strukturelle Garantie für religiösen Pluralismus. Ich zitiere aus 5: 48: "Für jeden von euch haben Wir ein Gesetz und einen Weg aufgezeigt. Und wenn Allah gewollt hätte, hätte Er euch zu einer einzigen Gemeinschaft gemacht. Doch Er wollte euch in dem prüfen, was Er euch gegeben hat. Zu Allah werdet ihr allesamt zurückkehren, und dann wird Er euch kundtun, worüber ihr uneins gewesen seid."

Das ist ein ökumenisches Manifest! Kein Wunder, daß ein Berserker wie Richard Löwenherz die ihm von Salah ad-Din während des 3. Kreuzzugs entgegengebrachte Toleranz überhaupt nicht einordnen, geschweige denn begreifen konnten.

Den Muslimen ist in lakonischen Worten der - öhnehin untaugliche - Versuch untersagt worden, zur Verbreitung ihres Glaubens Gewalt anzuwenden: Kein Zwang in Angelegenheiten des Glaubens! (la ikraha fi-d-din; 2: 256). Im Gegenteil, der Muslim soll bei der Beurteilung Andersgläubiger ihr eigenes Urteil nicht für Gottes Urteil halten, sondern mit Noah sagen: "Was weiß ich von dem, was sie tun? Die Abrechnung mit ihnen steht gewiß meinem Herrn zu, wenn ihr doch nur verstehen wolltet. Es kommt mir nicht zu, jemand wegzuschicken, der sich für gläubig hält!" (26: 112-114).

Damit sind wir bei der interessanten Frage angelangt: Kann der Islam dank seiner Theologie tatsächlich soziologische Gesetze - wie diejenigen vom aggressiven Verhalten von "in-groups" und "out-groups"- außer Kraft setzen, also den Urinstinkt der Familienbildung, der bekanntlich in Chauvinismus, Rassenhaß und religiösen Verfolgungswahn entarten kann. Dafür zwei kontrastierende Beispiele:

Als ich zu Marschall Titos Zeiten in Belgrad auf Posten war, wohnten wir in der Nähe des Fußballstadions von Cirvena Zwesta. Eines Tages gerieten wir auf auf dem Heimweg in eine die Autobahn überflutende Menge, die darüber wütend war, daß ihre Mannschaft das Lokalderby gegen Partizan verloren hatte. Eine lebensgefährliche Situation. Die Fans ließen ihre Wut an allem aus, sprangen auf die Autos, hämmerten auf die Karosserie. Eine falsche Bewegung von uns, und wir wären gelyncht worden. Massensoziologisch ein normales Verhalten.

Szenenwechsel. 1992, während der großen Pilgerfahrt, wurden der algerische Scheich Nahnah mit mir in einer klimatisierten Luxuslimousine vom Hotel zum Abendgebet in der Moschee des Propheten gefahren. Dorthin strebten gleichzeitig, aber zu Fuß und bei 42 Grad Celsius, etwa 400.000 andere Pilger. Unser Wagen schob sich problemlos durch die Menge. Kein böses Wort, kein böser Blick, keine geballte Faust, und schon gar keine Faust auf die Motorhaube. Alle Masseninstinkte wurden durch den Geist gebändigt, der die Pilger auch in der Masse beseelt: Friedlichkeit in allen Dingen, die sogar ausschließt, daß man ein Blatt abreißt, eine Schnake tötet oder auf eine Kakerlake tritt.

Hier triumphierte Glaube über Soziologie.

Und doch wäre es vermessen zu behaupten, daß es dem Islam gelunge sei, Rassenvorurteile völlig zum Verschwinden zu bringen, obwohl alle Muslime laut Qur`an Brüder sind und das Heilige Buch ihnen immer wieder die Normalität der Pluralität ins Gedächtnis ruft: "Und zu Seinen Zeichen gehört... die Verschiedenartigkeit euerer Sprachen. Darin liegt ein Zeichen für die Wissenden", sagt Vers 22 der 30. Sura.

In der Lebenswirklichkeit grenzen sich eben auch Muslime zur Freude der Soziologen nicht ungern ein und aus, indem sie in-groups und out-groups bilden. Auch die Hautfarbe kann dabei leider eine Rolle spielen. Wer möchte etwa behaupten, daß es in dieser Hinsicht in Saudi Arabien keine feinen Klassenunterschiede gebe?

Der amerikanische Mathematik-Professor Jeffrey Lang von der Kansas University, der eine Zeitlang in Saudi-Arabien gearbeitet hat, schrieb jedoch: "Wenn der Islam rassische Vorurteile auch nicht ausmerzen kann, so toleriert er doch derartige Vorurteile nicht, und wenn Muslime Rassenvorurteile manifestieren, wissen sie genau, daß sie eine fundamentale Forderung ihres Glaubens verletzen und schwerwiegendes Unrecht tun. Ich glaube, daß von allen großen Weltreligionen im Kampf gegen rassische Vorurteile keine erfolgreicher war als der Islam."[1]

Zum Gesamtkomplex von Pluralismus und Toleranz könnte man sich ferner eine bittere Frage zu Herzen nehmen, die der kenyanische Professor Ali Masrui von der State University von New York kürzlich stellte: Wenn man der

1. "Even Angels Ask", amana publications, Beltsville, MD, USA, 1997.

islamischen Welt in vieler Hinsicht - und nicht zu Unrecht - Versagen vorwirft (z.B. hinsichtlich Demokratie und den Rechten der Frau), warum, so fragte er, lobt man sie nicht auch einmal dafür, daß die islamische Welt nicht für Scheußlichkeiten bekannt ist wie Apartheid, Hiroshima, KZ-Lager, ethnische Säuberung, Hexenprozesse, Inquisition, Euthanasie und die industrielle Vernichtung von Kulaken, Juden, Zigeunern, Homosexuellen, Geisteskranken und anderen Mißliebigen?[2]

VI. Zur Soziologie zeitgenössicher Muslime

Vom muslimischen Pluralismus ist es nur ein kleiner Sprung in die Aktualität. Daher handelt mein letzter Punkt von der Soziologie zeitgenössischer Muslime, einschließlich einer islamischen Befreiungstheologie, die so viele Menschen - im Westen wie in der muslimischen Welt - in Angst und Schrecken versetzt.

Doch zunächst die brennende Frage nach der Soziologie der islamischen Renaissance, Wiederbelebung, Verjüngung, kurzum, nach den Gründen des noch vor 40 Jahren völlig unerwarteten Aufschwungs des Islam weltweit. Dafür werden von Politologen und Soziologen, ja selbst von Islamologen, vor allem kultursoziologische und wirtschaftliche Gründe vorgebracht: Die fast total kolonisierte islamische Welt sei von der imperialistischen Welt zu tiefst gedemütigt und verunsichert worden. Das daraus entstehende Trauma habe sich nach der formalen Unabhängigkeit noch verstärkt, weil alle Versuche, den Westen nachzuahmen - auf liberale, sozialistische oder kommunistische Art - kläglich gescheitert seien. Als Opfer der wirtschaftlich-technologischen Globalisierung sei die muslimische Welt weiterhin de facto vom Westen abhängig und spreche daher nicht zu Unrecht von kulturellem Imperialismus.

---

2. "Islam and the End of History", The American Journal of Islamic Social Sciences, Herndon, VA, 1993 no.4.

Dieses Malaise habe nach dem Scheitern auch des Panarabismus schließlich zur Flucht zurück zu den Wurzeln, zum fundamentalistischen Panislamismus geführt.

Diese Analyse ist nicht falsch, greift aber zu kurz, weil sie dem religiösen Faktor keine eigenständige Bedeutung einräumt. Jedenfalls kann sie nicht erklären, warum der Islam seinen Aufschwung auch in reichen oder hochtechnisierten muslimischen Ländern - wie Malaysia und Saudi Arabien - nimmt — eine Beobachtung, die selbst Samuel Huntington 1996 in Riyadh zu der Feststellung führte, daß Modernisierung offenbar doch nicht notwendig zu Verwestlichung führen müsse.

Keinesfalls kann mit wirtschaftlicher Misere allein erklärt werden, warum der Islam neuerdings selbst westliche Intellektuelle fasziniert. Eine Erklärung dafür ergibt eher eine Kulturkritik der westlichen Zivilisation, wie sie auch von Nicht-Muslimen betrieben wird. Angesichts von Fehlentwicklungen wie Weltkriege, Atomwaffeneinsatz, Holocaust, Faschismus und Kommunismus, Nukleare Abschreckung, Umweltzerstörung, Massenkriminalität, Verfall der Familie, strukturelle Drogenabhängigkeit u.ä. geht es um nichts geringeres als die Infragestellung des berühmten "Projekts Moderne", der bisher sinnstiftenden westlichen Fortschrittsideologie.

Es wird von einem Scheitern der Moderne gesprochen, weil sich die Erwartung der Aufklärung nicht bewahrheitet hat, daß ihre Vernunft die Menschheit zu friedlichem, gedeihlichem und erfülltem Zusammenleben befähige. Vielmehr hatte die vernunftgestütze Leugnung Gottes im Westen die fatale Vergötterung des Individuums zur Folge und im Osten die Vergötterung des Staates - beides mit katastrophalen Konsequenzen. Der gelebte Atheismus, den von jeder allgemeingültigen Norm emanzipierten Menschen zum werteneutralen, ja werteagnostischen Maßstab aller Dinge zu machen, stellt das Überleben der Menschheit in Frage.

Das ist es, was immer mehr Menschen - darunter Soziologen wie Daniel Bell in Harvard - davon überzeugt, daß Gott erfunden werden müßte, falls es Ihn nicht gäbe, da nur eine transzendente Verankerung den Menschen vor sich selbst retten könne. Solche Kulturkritiker werden häufig Muslime, weil sie den Islam als einzige intakte Alternative sehen, den Westen vom Kopf wieder auf die Beine zu stellen: durch eine neue Theozentrierung des Menschen, die allein ihm Sinn und Halt zugleich verleiht.

Am meisten interessiert hier aber wohl die Soziologie der Führer der sog. islamistischen Bewegungen und ihre Befreiungstheologie. Ich spreche von Bewegungen religiöspolitischen Charakters wie al-ikhwan al-muslimun, al-hizb at-tahrir, hamas, al-jihad al-islami, al-jama´t al-islami und at-tabligh, wie wir sie u.a. in Ägypten, Jordanien, Syrien, dem Lebanon, Pakistan und Bangladesh als ein Novum in der islamischen Geschichte finden.

Dabei handelt es sich bemerkenswerterweise meist um nicht theologisch, sondern naturwissenschaftlich gebildete junge Leute, die den - weiß Gott oft unerfreulichen - status quo in ihren muslimischen Heimatländern ändern wollen. Dabei nehmen sie sich viele Aspekte des Westen zum Vorbild, vor allem Rechtsstaatlichkeit, Demokratie, Parteienpluralismus und Menschenrechte. Einige von ihnen sind gewaltbereit, wohl deshalb, weil in ihren Ländern über Wahlurnen nichts verändert werden kann.

Diese Führungsfiguren sind während ihres Studiums im Westen gute Muslime geblieben (oder geworden), haben hier aber moderne Methoden von Organisation, Management und Medienarbeit gelernt. Der Islam dient ihnen zur Motivierung und Rechtfertigung ihrer Oppositionsarbeit, die nicht Europa oder die Welt, sondern ihre Heimatländer im Visier hat.

Von größter Bedeutung in diesem Zusammenhang ist die bekannte Tatsache, daß es in großen Teilen der muslimischen Welt zu einer Symbiose zwischen den Machthabern und den Religionsgelehrten gekommen war. Folge davon ist, daß Mitglieder der Oppositionsbewegungen die islamische Geistlichkeit nicht mehr annehmen. Folge dessen wiederum ist es, daß manche Führer islamistischer Gruppierungen ihre eigene, laienhafte und selektive Qur`an-Interpretation betreiben.

Dabei spielt ein im Qur`an siebenfach auftauchender Vers eine zentrale Rolle.[3] Er definiert Muslim als Menschen, die **das Gute** (al-ma´ruf) **gebieten und das Böse** (al-munkar) **verbieten,** und zwar - nach einer Überlieferung des Propheten - wenn möglich, mit der Hand, sonst mit dem Mund (kritisierend), und wenn auch das nicht möglich ist, wenigstens im Herzen (mißbilligend). Man kann sich vorstellen, welche Allmacht sich daraus ergibt, wenn man sich für die Herstellung und Verteidigung der Moral für zuständig hält - - Ankläger, Richter und Vollstrecker in einer Person.

Sie mögen sich fragen, wie diese Aktivisten des Widerstandes denn das absolute Verbot der Gewalt zwischen Muslimen außer Kraft setzen können? Ganz einfach (und ganz fatal): Sie behaupten einfach, daß der größere Teil der muslimischen Welt in die vorislamische Zeit der Unwissenheit, die *jahiliya,* zurückgefallen sei, so daß man es dort garnicht mit Muslimen zu tun habe. Typisch dafür ist die Verwendung des dem Qur`an entnommenen Titels "Pharao" für Machtinhaber in der muslimischen Welt, ein Titel, der den Betreffenden geradezu vogelfrei macht.

Doch nun von der Soziologie des religiösen Widerstands zu den meist friedlichen, über drei Millionen Muslime in der Bundesrepublik. Die allermeisten davon, von politischen Flüchtlingen aus Bosnien abgesehen, sind Wirtschaftsflüchtlinge mit ursprünglich geringem Bildungsniveau; überdies treten sie ethnisch in massiver Konzentration auf: in England als Indo-Pakistanis, in Frankreich als Nordafrikaner, und bei uns als anatolische Türken.

---

3. u.a. 2: 177, 189; 3: 104, 110, 114; 5: 9; 9: 71, 105.

In den USA, wo es inzwischen mehr als sechs Millionen Muslime gibt, ist dies ganz anders. Dort treten Afro-Amerikaner, Bürger mit vollem Bleiberecht, zu Zehntausenden zum Islam über. Die übrigen Muslime entstammen meist Akademikerfamilien, und diese der Immigration von Studenten vor allem aus Indien, Pakistan, Palästina, Ägypten, Syrien und dem Libanon. Als ich im Silikon Valley einen Vortrag hielt - in Santa Clara, wo auch INTEL zuhause ist - stellte ich fest, daß es alleine dort 700 muslimische Komputerspezialisten gibt. Heute ist auch bereits jeder 10. amerikanische Arzt ein Muslim. Muslimische Dollar-Millionäre sind keine Seltenheit mehr.

Die soziologischen Konsequenzen sind evident: Ganz abgesehen davon, daß die Vereinigten Staaten religiös immer ein pluralistisches Land waren, begegnen die Muslime dort auch nach dem 11. September weniger grundsätzlichen Vorbehalten, weil sie als gebildete und ethnisch nicht homogene Gruppe auftreten.

Soziologisch ist nun interessant, daß sich im Verlauf der ersten drei Generationen von Muslimen überall - in Europa wie in den USA - das Gleiche abspielt:

Die 1. Generation Türken kommt zu uns, häufig ohne besonders religiös zu sein. Das ändert sich erst hier, wenn die Trennung von ihren Wurzeln und Familien und der in Deutschland erlittene Zukunftsschock den Islam als orientierendes, stabilisierendes, sinnstiftendes und profilierendes Element in den Vordergrund rückt. Dies verstärkt die ohnedies bestehende Rückwärtsorientierung auf die Türkei, in die man so bald wie möglich zurückkehren möchte.

Die 2. Generation macht einen Strich durch diese Rechnung, zumal ihr Konsumverhalten den Lebensstandard zu Lasten des Sparbuchs in die Höhe treibt. Diese Generation weiß nicht recht, wo sie hingehört. Man macht sich auf beiden Seiten, in Deutschland wie in der Türkei, über sie lustig, zumal sie ihre beiden Sprachen beide mit Akzent spricht. Sie bezahlt im Grunde die Kosten des ganzen Experiments. Der Islam gilt dieser Generation, vor allem bei den Mädchen, oft als ein Hindernis ihrer ersehnten Integration in die deutsche Wunderwelt. (Da ich schon als 19-jähriger in den USA war - als Deutschland 1950 noch am Boden lag - weiß ich, was in diesen jungen Leuten vorgeht.)

Doch dann kommt die 3. Generation, die alle Chancen hat. Sie spricht deutsch fehlerfrei, ohne oder mit Kölner oder Berliner Akzent, und hat Abitur. So sollte ihnen die deutsche Berufswelt offenstehen, meint man. Und doch empfinden diese jungen Leute Diskriminierung, einfach deshalb weil sie nach Name oder Aussehen und Religion anders sind. Dies löst bei vielen Trotzreaktionen aus. "Ihr sagt, ich sei anders? O.K., ich bin anders!" Und so rekrutieren sich aus der 3. Generation viele der effektivst arbeitenden muslimischen Aktivisten.

Wie steht es aber mit der Soziologie der europäischen Konvertiten? Doktorarbeiten zu diesem Thema haben ergeben, daß es keinen typischen Weg zum Islam gibt, auch keine typische Altergruppe. Dies entspricht der islamischen Auffassung, daß man zum Islam nur dann zurückfindet, wenn Gott es so will. Aus islamischer Sicht "konvertiert" man nicht, sondern man "revertiert" zu seinem gottergebenen muslimischen Urzustand bei Geburt.

Auch nach Geschlecht gibt es keine Differenzierung. Zum Islam finden jedenfalls mehr Frauen als Männer.

Eines konnten Statistiker immerhin herausfinden: Unten denjenigen Konvertiten in England, welche sich mystischen Zirkeln und Orden anschließen, findet sich eine weit überdurchschnittlich große Anzahl von Menschen, die ein Rauschgiftproblem hatten. Das sollte man nicht negativ sehen. Die amerikanische und südafrikanische Polizei weiß inzwischen, daß es nur ein effektives Mittel zur Sanierung eines drogenverseuchten Gebiets gibt: Muslime.

Gleichwohl lassen sich unter den rund 100.000 deutschstämmigen Muslimen soziologisch einige Kategorien bilden, nämlich

* Deutsche Ehemänner von ausländischen Muslimat. Sie sind gezwungen, zumindest pro forma Muslim zu werden, um ihre Schöne zu ergattern. Und daraus - dies ist Gottes List - werden dann häufig echte Muslime, dank des Erlebnisses einer muslimischen Familie.
* Ein kleiner Teil der Konvertiten ist mit dem Islam in der muslimischen Welt in Berührung gekommen, als Touristen, Kaufleute, Ingenieure oder Diplomaten. (Nicht ich, sondern ein schwedischer Botschafter war z.B. der erste muslimische Ex-Missionschef in Marokko.)
* Ein weiterer kleiner Teil findet über das Studium der Islamologie zu diesem Glauben, wohl deshalb, weil eine besondere Affinität zum Islam bereits zu diesem Studium geführt hatte. Wer das Arabischstudium durchhält, muß eine große Liebe zum Islam haben!
* Noch eine bedeutende Gruppe gibt es, häufig von Leuten im Umkreis der Grünen gebildet: Menschen die als echt Suchende zum Islam finden. Oft kommen sie bei dieser Endstation erst nach mehreren Etappen, u.a. bei südasiatischen Gurus, an. Für mich am beeindruckendsten sind jedenfalls die Biographien von Konvertiten, die ohne jede Berührung mit Muslimen oder mit muslimischen Ländern - rein aufgrund der Lektüre des Qur`an - in einen für sie entscheidenden persönlichen Dialog mit Gott gezwungen wurden. Eines Tages tut sich dann eine Moscheetür auf und ein schüchterner junger Mann oder eine schüchterne junge Frau fragen, wie sie denn Muslim werden könnten? Wenn man sie dann

fragt, "Kennen Sie denn schon etwas vom Islam?", antworten sie: "Nichts. Nur den Qur`an!" - und rühren damit zu Tränen.

An diesem Punkt reichen sich Soziologie und Theologie die Hand.

WARUM MUHAMMAD ?

- 1600 Jahre nach Nizäa -

1. Gottes Ratschlüsse sind unerforschlich. Gleichwohl schickt es sich nicht nur für Christen, sondern auch für Muslime - zumal im Heimatlande Georg Wilhelm Friedrich Hegels - darüber nachzusinnen, warum Gott die Geschichte so wie geschehen - und nicht anders - verlaufen ließ.

Christen mögen fragen, welche Bewandtnis es hatte, daß Jesus im Nahen Osten, als aramäisch sprechender Jude, im römischen Reich geboren wurde.

Muslime stellen sich ähnliche Fragen: Warum wurde ausgerechnet der Analphabet Muhammad, ausgerechnet im Arabien des 7. Jahrhunderts, als Übermittler einer weiteren, letzten, universellen Offenbarung - und dies in arabischer Sprache - erwählt?

Gottes Ratsschlüsse sind unerforschlich. Deshalb ist die Antwort auf solche Fragen spekulativ. Aber es ist nicht frevelhaft, sich um Antworten zu bemühen. Im Gegenteil: Gott appelliert doch im Qur`an wiederholt an die Gläubigen, gut nachzudenken.

2. Aus meiner Sicht gibt es die folgenden guten Gründe dafür, daß die Geschichte sich des arabischen Propheten Muhammad bediente:

Beginnen wir mit der Geographie:

(i) Im 7. Jahrhundert lag Arabien außerhalb des Machtbereichs der beiden regionalen Hegemonialmächte, des Byzantinischen und des Persischen Reiches, das sogar im Jemen präsent war. Das christliche (ost-)römische Reich des Heraclius I. lag im Kampf mit dem sassanidischen

Reich von Schah Chosrau II. Parwez, in dem die dualistische parsische Religion - Zoroastrismus bzw. Mazdaismus - einen neuen Höhepunkt erlebte.

Wenn der Islam innerhalb des byzantinischen oder persischen Machtbereichs aufgetreten wäre - als eine neue, gemeinschaftsbildende und damals auch anti-monarchistische Religion - wäre er wegen Gefährdung der herrschenden Staatsreligionen in beiden Reichen ausgemerzt worden. Nur auf der arabischen Halbinsel, im abgelegenen und fast ungeschichtlichen Hidschaz, im Windschatten der damaligen Weltpolitik, konnte sich der Islam in einem neuen, ideologischen Staatswesen konsolidieren, bevor eine der beiden Regionalmächte eingreifen konnte.

(ii) Dennoch besaß Arabien gegenüber der gesamten übrigen damals bekannten Welt eine zentrale geostrategische Lage, ähnlich weit entfernt von Marokko und England wie von Indien und China: eine für die bald einsetzende Expansion des Islam ungemein günstige geographische Mittellage.

Eine ebenso plausible Erklärung bietet sich für die Offenbarung des Qur`an in arabischer Sprache an.

(i) Im damaligen Zeitpunkt waren die Verkehrssprachen - Römisch, Griechisch, Farsi und Hebräisch - als Medien der vorausgegangenen Offenbarungen derart mit ihnen verwoben, daß die neue, eine dogmatische Wende herbeiführende qur`anische Botschaft einer theologisch wie philosophisch jungfräulichen Sprache bedurfte. Was dies bedeutet, merken wir noch heute, wenn selbst gutmeinende Orientalisten bei ihrer Übersetzung oder Auslegung des Qur`an immer wieder christliche Begriffe wie "Logos", "Heiliger Geist", "Erlösung" oder "Heiliger Krieg" in ihn hineinprojizieren - als Gefangene von Gedankenassoziationen aus ihrem christlich geprägten Hintergrund.

(ii) Im übrigen hatte sich das in Mekka gesprochene Arabisch des Stammes der Quraisch bis zum 7. Jahrhundert zu einer Hochsprache entwickelt, die jeder sagbaren, noch so abstrakten Botschaft als Medium gewachsen war. Um dies nachvollziehen zu können, muß man sich natürlich mit dieser großartigen Sprache etwas näher befassen. Hier und heute müssen die folgenden Beispiele genügen:

* Das Arabische ist fähig, zeitlich unbestimmte Aussagen zu machen, wofür wir etwa "es war, ist und wird sein" sagen müßten.
* Ferner kann man im Arabischen künftige Ereignisse, deren Eintreten gewiß ist, als bereits geschehen in der Vergangenheitsform aussagen.
* Schließlich, kann man jedes arabische Wort in acht verschiedene Modalitäten bringen, ob deren Bedeutung in der realen Welt möglich ist oder nicht. Dies qualifiziert das Arabische besonders für philosophisches und wissenschaftlich-hypothetisches Denken.

Schließlich war auch der Zeitpunkt der qur`anischen Offenbarung eminent sinnvoll; denn im 5. Jahrhundert war klar geworden, daß weder die Christen noch die inzwischen hoffnungslos über alle Welt verstreuten Juden aus eigener Einsicht und Kraft in der Lage sein würden, die Verformungen ihrer Offenbarungen zu korrigieren, nämlich die Vorstellung vom "Auserwählten Volk" auf der einen Seite und von der Gottesnatur Jesu auf der anderen.

Im Gegenteil. Seit Justinian I. hatte sich in Byzanz der Cäsaropapismus voll durchgesetzt; das römische Recht war 534 im Corpus Juris Civilis kodifiziert worden.

3. Kodifiziert worden war auch eine neue Christologie.

Wir wissen seit Adolf Harnack sicher, daß die Apostel Jesus nicht für Gott hielten, daß also das sog. Apostolische Glaubensbekenntnis in soweit weder von den Aposteln stammt, noch ihre Glaubensüberzeugung widergibt. Nach judenchristlicher Auffassung war Jesus, der sich nie mit Gott identifiziert hatte oder "Ich" sagte, wenn er Gott meinte, ein weiterer, bedeutender jüdischer Reform-Prophet - ganz in Übereinstimmung mit der qur`anischen Feststellung: **Der Messias, Sohn der Maria, war nur ein Gesandter** (5:75).

Auch Anspielungen auf die spätere Dreifaltigkeitslehre gab es in der frühen Christenheit nicht, noch nicht einmal bei Paulus, dem eigentlichen Begründer des Christentums. Dies nimmt nicht Wunder; denn die für die Trinitätslehre maßgebliche Stelle im 1. Johannesbrief 5,7, "Drei sind, die da bezeugen im Himmel, der Vater und das Wort und der Heilige Geist, und die drei sind eins", war ja erst ab 380 im Neuen Testament aufgetaucht. Inzwischen ist dieser Vers als eine der prominentesten neutestamentarischen Fälschungen entlarvt worden.[1]

Ein Muslim traut bei solchen Manipulationen seinen Augen nicht.

4. Selbst noch im vierten Jahrhundert war die Mehrheit der Bischöfe, im Westen wie im Osten, der Ansicht des Arianus, daß Jesus zwar die Erstschöpfung Gottes sei und daher unter den Menschen herausgehoben, aber doch weder mit Gott gleich noch von ewigem Leben. In der Tat, wer vor dem 4. Jahrhundert das spätere Nizäische Glaubensbekenntnis vertreten hätte, wäre als Ketzer verfolgt worden.

Allerdings wurde es in Byzanz und Alexandrien immer populärer, die vier Möglichkeiten der Natur Jesu durchzudiskutieren:

(i) nur Gott - die Ansicht der Monophysiten, die heute noch von den Kopten und Armeniern vertreten wird;

(ii) nur Mensch - die Ansicht, die bei den Juden und Muslimen und neuerdings auch bei vielen Christen vorherrscht;

(iii) unvermischt sowohl Gott als auch Mensch - die Lehre der im 5. Jahrhundert aufblühenden Nestorianer;

---

1. Wegen einer anderen Fälschung entfiel die Geschichte von der Ehebrecherin; seither fängt das 8.Kapitel des 1.Johannesbriefs mit Vers 12 an...

(iv) untrennbar Gott und Mensch - die sich im 4./5. Jahrhundert langsam durchsetzende orthodoxe Dogmatik.

5. Schicksalhaft für diese m.E.. tragische Entwicklung wurde das 1. Ökumenische Konzil von Nizäa im Sommer 325 [2], das die Gottesnatur Jesu mit der Formel festschrieb, daß Christus "gezeugt und nicht geschaffen" sowie mit Gottvater "wesensgleich" (homousio, consubstantiell) sei.

Dieses wichtigste Konzil der Kirchengeschichte wurde nicht etwa vom Papst, dem Bischof von Rom, einberufen, sondern von einem ungetauften Heiden und theologischen Laien, Kaiser Konstantin dem Großen. Der Kaiser veranstaltete das Konzil nicht etwa in der Kathedrale, sondern in seiner Sommerresidenz. Auch überließ er den Vorsitz nicht etwa einem Kirchenmann wie Athanasius - der Papst war nicht einmal anwesend! - sondern nahm ihn selbst wahr. Sogar die schicksalhafte Formel von der Wesensgleichheit Jesu mit Gott - einem Terminus aus der gnostischen Philosophie - wurde vom Kaiser vorgeschlagen - nicht weil er religiös interessiert gewesen wäre, sondern weil er im Reich statt spitzfindiger religiöser Querelen endlich Ruhe haben wollte. Die von ihm favorisierte Formel, wonach Jesus Mensch und Gott sei, war für den Kaiser schon deshalb nicht abwegig - eher schon plausibel - weil auch römische Kaiser sich gerne und nicht selten per Dekret unter die Götter versetzen ließen.

Eine ernsthafte Aussprache gab es nicht. Und so resultierte das schicksalsschwere Dogma schließlich mehr aus Rivalitäten und Machtkämpfen denn aus Schriftexegese...

Nach Nizäa wurde alles widersprechende Schrifttum verbrannt. Die Christologie der Judenchristen und der Arianer wurde so bis ins 19. Jahrhundert aus dem Gedächtnis der Christenheit gelöscht.

6. An eine Korrektur dieser Entscheidung war auf Jahrhunderte nicht zu denken. Im Gegenteil, diese bereits

---

2. 19.06.-25.08.325

extreme Christologie mußte in den folgenden Jahrhunderten gegen eine noch extremere verteidigt werden, die monophysitische Auffassung der Nestorianer, wonach Jesus nur Gott (mit einem Scheinleib) war. Das 3. Ökumenische Konzil von Ephesus (431) und noch das fünfte von Konstantinopel (553) dienten der Abwehr des Nestorianismus.

Der Anstoß zur Wiederherstellung des abrahamischen Monotheismus ohne wenn und aber konnte daher - und mußte daher - von Außen kommen: aus Arabien; von einem arabischen Propheten, der kein Neuerer, sondern ein Wiederhersteller der Religion Abrahams, der Religion Jesu, der Religion Gottes war.

Dies also erklärt Ort, Zeit und Inhalt der Mission Muhammads, und dem entspricht es, daß ihm im Qur`an aufgetragen wurde zu sagen:

Sprich: "Ich bin kein Neuerer unter den Gesandten..." (46: 9).

Mit anderen Worten: Muhammad kam als Letzter, weil es um die Wiederherstellung des reinen Monotheismus ging.

Was ist von Nizäa geblieben?

7. Von Istanbul aus ist es nicht weit nach Iznik, dem früheren Nizäa. Jedesmal, wenn ich mich dort aufhielt, schauderte es mich bei dem Gedanken, wie verhängnisvoll die dortigen Ereignisse im Jahre 325 waren.

So war in Nizäa mit dem Inkarnationsdogma auch der Anstoß zur Entwicklung des Trinitätsdogmas gegeben worden, wenngleich das Denken in Trinitäten vor allem in Alexandria aus der indischen, ägyptischen und neoplatonischen Mythologie gut bekannt war. Jedenfalls sprach bereits das 2. Ökumenische Konzil 381 in Konstantinopel dem sog. Hl. Geist den gleichen Status wie Jesus zu.

Das nachträgliche Lokalisieren dieser dritten göttlichen Person im Neuen Testament machte relativ wenig Schwierigkeiten. Man mußte das Wort "Geist" beim Übersetzen lediglich als "heiliger Geist" widergeben und das Eigenschaftswort "heilig" großschreiben.

Wegen Nizäa kann noch heute kaum ein Christ seine Evangelien so unbefangen lesen, daß ihm auffiele, daß Jesus niemals behauptet hatte, Gott oder göttlich zu sein. Im Gegenteil, man denke nur an sein "Elohi, Elohi, lama sabachthani" in Golgatha! Ebensowenig wird der theologisch und philosophisch ungeschulte heutige Christ erkennen, in welchem Maße das sog. Johannes-Evangelium - ebenso wie der Pseudo-Dionysius Areopagita des 5. Jahrhunderts - dem Christentum ein neoplatonisches und gnostisches Gewand verpaßt hatten, in das sich Konstrukte wie Inkarnation und Trinität gut einfügen ließen.

8. Das Konzil von Nizäa, das den Glauben an Jesus als göttliche Person vorvorschrieb, liegt nun 1680 Sonnenjahre zurück.

a) Katholische und später auch evangelische Theologen wendeten seither viel Mühe darauf, die Dogmen von der Inkarnation Gottes bzw. seiner "Dreifaltigkeit" theoretisch zu verarbeiten. Sie scheiterten damit regelmäßig. So flüchteten sie sich in das entwaffnende Argument, daß es sich dabei um ihrer Natur nach unerklärbare "Mysterien"handele. Dabei wurde allerdings unterdrückt, daß man vom Vorliegen spezifischer Mysterien nur ausgehen dürfte, wenn es dafür in authentisch bezeugten Äußerungen Jesu einen, wenigstens kleinen Anhaltspunkt gäbe.

b) Die islamische Seite hingegen hielt über all diese Jahrhunderte hinweg eisern an ihrer Christologie fest. Selbst muslimische "Modernisten" und "Kulturmuslime" - von Ali Abderraziq, Muammar al-Qadhafi und Muhammad Said al-Ashmawi bis hin zu Farag Foda, Mohamed Arkoun und Bassam Tibi - rühren an einem nicht: der qur`anischen Korrektur des spätchristlichen Jesus-Bilds. Für die Muslime blieb Jesus

* wie Adam geschaffen und nicht gezeugt (3:47, 59; 23:91; 112:3),
* geboren von einer Jungfrau (3:47),
* Bestätiger und Reformer der vorausgegangenen Offenbarungen (3:50),
* ein wundertätiger (5:110) Prophet in der Reihe anderer Propheten vor ihm (2:136; 3:84; 6:85),
* keine von drei göttlichen Personen (4:171; 5:73).
* und nicht am Kreuz gestorben.

Man sieht sofort, das die Muslime damit - außer mit den beiden letzten Punkten - eine geradezu orthodoxe Christologie verteidigen.

Was nun die beiden strittigen Punkte anbetrifft, zitiert ein Muslim - abgesehen von der 1. Sure - keine Sure des Qur`an häufiger als seine 112. Sure, al-Ikhlas genannt, die nach einem Wort des Propheten Muhammad ein Drittel der ganzen qur`anischen Offenbarung ausmacht. Es handelt sich dabei um eine nüchterne und zugleich schallende Zurückweisung des Konzils von Nizäa:

> **Sprich: "Er ist Gott, ein Einziger.**
> **Gott, der Absolute.**
> **Er zeugt nicht und ist nicht gezeugt,**
> **und nichts ist Ihm gleich."**

Daß es - wie es der Qur`an lehrt - eine Ungeheuerlichkeit ist zu sagen, **Allah hat sich einen Sohn genommen** (18:4 f.; 19:88 f.), wurde in den letzten zweihundert Jahren auch manchem in der christlichen Welt bewußt.

Was den zweiten strittigen Punkt anbetrifft, so ist die Kreuzigung erst durch Paulus zu einer zentralen dogmatischen Angelegenheit für das Christentum geworden, nämlich aufgrund seiner Theorien von Erbsünde und Erlösungstod - beides Vorstellungen, die mit dem islamischen Gottesbild unvereinbar sind.

Hinsichtlich der Kreuzigung belehrte uns der Qur`an schon 1400 Mondjahre vor Jürgen Moltmanns, "Der gekreuzigte Gott" wie folgt:

Wegen ihrer Rede: "Wir haben Jesus Christus, den Sohn der Maria, getötet". Dabei haben sie ihn doch weder erschlagen noch gekreuzigt. Es schien ihnen nur so. Wahrlich, diejenigen, die darüber uneins sind, sind voller Zweifel: Sie haben ja keine Kenntnis davon, sondern folgen nur Vermutungen. Sie haben ihn gewiß nicht getötet. Vielmehr hat Gott ihn zu sich emporgehoben. (4:157 f.)

Bei Lektüre dieser beiden Verse sollte man zum einen den Akzent auf "sie" (haben ihn nicht getötet) legen. Das heißt: Nicht die Juden, sondern Gott, der Herr über Leben und Tod, hat Jesus sterben lassen. Zum anderen sagen die Verse aus, daß Jesus nicht am Kreuz, sondern später gestorben ist.

Für diese Darstellung des Qur`an spricht, daß die vier Evangelien hinsichtlich der Kreuzigung so weit auseinandergehen, daß man insoweit keinem Glauben schenken kann. Daß Jesus nicht ans Kreuz gebunden, sondern genagelt worden sei, ist erst im 3. Jahrhundert, vor allem von Tertullian, vertreten worden, aber nicht etwa aufgrund eines Hinweises in den Evangelien, sondern gestützt auf einen Vers der Psalmen (22,17)! In diesem Zeitpunkt war die unglaubliche Geschichte vom "ungläubigen Thomas" wohl noch nicht in das Neve Testament eingefügt worden.

Tertullian kannte natürlich auch das die Kreuzigung illustrierende Grabtuch von Turin nicht, das - wie die katholische Kirche seit 1988 zugibt - eine Fälschung des 13. oder 14. Jahrhunderts ist.[3]

Die unsere Phantasie beflügelnden Kruzifixe sind jedenfalls selbst Phantasien, zumal sie die zu Jesu Zeiten üblichen Kreuze aus ästhetischen Gründen falsch - nämlich mit Fußstütze, statt eines Horns in Gesäßhöhe - darstellen.

---

3. Nach der Radiokarbonmethode zwischen 1260 und 1390 entstanden (FAZ v. 14. 10. 1988).

Die Römer hatten zwei Arten der Kreuzigung entwickelt - eine, die zu einem schnellen Tod führte; dabei wurden die Beine gebrochen, was Erstickungauslöste. Die andere Art führte zu einem langsamen Tod. Manches spricht nun dafür, daß Jesus nach der langsamen Methode nur ans Kreuz gebunden worden war, und auch dies - wegen des bevorstehenden Sabbath - nur für drei Stunden, so daß er bei Abnahme noch am Leben war.

9. Wie alldem auch sei: Muslime und Christen beklagen heute gemeinsam, daß der Okzident seit über 150 Jahren von viel Agnostizismus, Atheismus, Kirchenentfremdung sowie von Flucht in unverbindliche private oder esoterische Religionen geprägt ist - von Anthroposophie bis zum feministisch-matriarchalischen Göttinnenkult und Buddhismus. Christen und Muslime wissen, daß sie beide im gleichen Boot sitzen - in einem religionsfeindlichen, krass materialistischen Meer.

Sind sich die Christen aber darüber klar, daß diese negative Entwicklung der Moderne viel mit Nizäa zu tun hat, daß sie eine Spätfolge des zunehmenden Glaubwürdigkeitsverlustes der nizäischen Christologie ist?

Der wohl bedeutendste europäische Muslim des 20. Jahrhunderts, Muhammad Asad (alias Leopold Weiß), schrieb hellsichtig bereits 1934 in seinem kleinen Buch "Islam am Scheideweg" (Islam at the Crossroads): "Der vielleicht wichtigste intellektuelle Faktor, welcher die religiöse Erneuerung Europas verhinderte, war die gegenwärtige Auffassung von Jesus Christus als Sohn Gottes... Europäische Denker zuckten instinktiv vor dem Gottesbild der kirchlichen Lehre zurück. Da dieses Konzept jedoch das einzige ihnen vertraute war, begannen sie damit, die Vorstellung von Gott zu verwerfen, und damit jegliche Religion." (Meine Übersetzung.)

Nizäa als Wurzel von Atheismus!

10. Vor allem während der letzten 70 Jahre kam es gleichwohl zu erstaunlichen Versuchen einer theologischen Neuinterpretation des Status von Jesus, für die hier nur die Namen der evangelischen Theologen Karl Barth (+ 1968) und Rudolf Bultmann (+ 1976) sowie des Jesuitenprofessors Karl Rahner stehen mögen. Für Barth - wie heute für Hans Küng - mag Jesus bereits "nur" noch der von Gott "erwählte Mensch" gewesen sein - so gewaltig dieser reduzierte Status ist.

Bultmann ging dem Neuen Testament mit seiner historisch-kritischen Methode entmythologisierend so zu Leibe, daß sich ihm die Erkenntnis aufdrängte, daß eine Rekonstruktion der wahren Biographie Jesus wegen der Entstehungsumstände der Evangelien ein Ding der Unmöglichkeit ist.

Rahner schließlich - er möge mir als altem Jesuitenschüler verzeihen - vollführte intellektuelle Kapriolen, um zwar hinter Nizäa zurückzugehen, aber doch seinen ererbten Glauben nicht zu verraten. Nach Rahner ist göttliche "Inkarnation" in menschliches Leben eine allgemeine menschliche Möglichkeit, Jesus also nur das einzigartig vollkommene Beispiel einer solchen Inspiration. Doch der gleiche Rahner schrieb auch die Ungeheuerlichkeit: "Nur bei Gott ist es überhaupt denkbar, daß er selber die Unterschiedlichkeit zu sich selbst konstituieren kann." (Eine Theorie des potentiellen Polytheismus!)

Solche Rückzugsgefechte mögen zum Nachweis dafür genügen, daß die Christologie in der christlichen Welt in eine tiefe Krise geraten ist, für die auch Eugen Drewermann letztlich symptomatisch ist. Der Qur`an beschreibt genau diese Situation: "Wahrlich, jene, denen das Buch ... als Erbe gegeben wurde, befinden sich in tiefem Zweifel darüber" (42:14).

11. In dieser Krise opfern katholische wie evangelische Theologen immer mehr Terrain, lassen immer mehr Leine. So werden heute im christlichen Lager vor allem folgende Gegenthesen zur orthodoxen Position vertreten:

(i) der Jesus der Evangelien ist keine historische Erscheinung gewesen; jedenfalls können wir wegen der äußerst prekären Quellenlage nichts Verläßliches über ihn in Erfahrung bringen.

(ii) Jesus ist ein von Gott inspirierter, vorbildlicher Mensch gewesen, von Gott "erwählt", aber nicht wesensgleich mit Ihm, und auch nicht vom Tode auferstanden (Gerd Lüdemann);

(iii) Tugenden und Laster sind in allen Religionen gleichmäßig verteilt; sie sind lediglich verschiedene Wahrnehmungen des Gleichen.

Die erste dieser Richtungen hat zu einer Flucht in die Hilfskonstruktionen des "kosmologischen Jesus" geführt. Der ehemalige amerikanische Dominikaner Matthew Fox fordert diesen (weiteren) Paradigmenwechsel, als ob eine solche kosmische Jesus-Mystik ohne einen historischen Jesus lebensfähig wäre. Der englische Religionswissenschaftler John Hick sagte daher m.E. zu recht, daß die neuerdings fingierte überhistorische Jesus-Figur letztlich nur noch eine Chiffre für das Transzendentale schlechthin ist.

Die zweite Richtung bemüht sich etwas krampfhaft, ihrem entmythologisierten Jesus immer noch eine Vorrangstellung vor allen anderen Propheten einzuräumen; denn nur dies unterscheidet ihre Christologie noch ein wenig von der islamischen.

Dies geschieht seit dem II.Vatikanum nicht mehr als Exklusivismus in Form der von Cyprian aufgestellten Behauptung "extra ecclesiam nulla salus" (außerhalb der Kirche kein Heil), sondern nunmehr als Inklusivismus, in Form der Behauptung: "Alle Menschen sind von Jesus erlöst, ob sie es wissen oder nicht!"

Nach dieser Form der theologischen Vereinnahmung bzw. Umarmung sind wir Muslime in der Formulierung Rahners "anonyme Christen". Dafür bedanken wir uns, nicht nur ironisch. Schließlich halten ja auch wir Jesus, nicht nur anonym, für einen Muslim im ursprünglichen Sinne des "Sich-an- Gott-Hingebenden".

Ganz falsch ist die These von den Muslimen als anonyme Christen auch in einem anderen Sinne nicht: Wenn man als Muslim mit wachsendem Staunen beobachtet, wie das Ansehen von Jesus und seiner Mutter von christlichen Theologen, einschließlich Ute Ranke-Heinemann, demontiert wird, mag man tatsächlich zu dem Schluß kommen, daß es heute vor allem Muslime sind, welche die Erhabenheit dieser beiden von Gott erwählten Menschen bejahen, bewahren und verteidigen.

Die dritte der oben erwähnten Richtungen spricht mit den evangelischen Theologen Paul Schwarzenau und John Hick bereits unverhohlen vom Eintritt des "nachchristlichen Zeitalters"[4] und von der ökumenischen Einheit aller Religionen. Die evangelische Pfarrerin Jutta Reich brachte dies bei einer Buchbesprechung 1993 auf den Punkt, daß "die Stunde der Heimkehr (sic!) der Menschen und ihrer Religionen zu dem Einen Gott gekommen ist.[5]

12. Die Perspektiven dieses Korrekturprozesses auf christlicher Seite sind atemberaubend: Zum ersten Mal seit 1400 Jahren besteht die Chance, daß sich das Jesus-Bild des Qur`an, das mit dem Jesusbild der Judenchristen identisch ist, langsam auch bei den christlichen Massen durchsetzt. Dann hätte der Islam auf diesem wichtigen Sektor seine Mission erfüllt, und der ökumenische Trialog hätte erstmals Chancen nicht nur auf humanitärem, sondern auch auf dogmatischem Gebiet; denn die Gottesnatur Jesu wäre dann

---

4. Das nachchristliche Zeitalter, Elemente einer planetarischen Religion, Stuttgart 1993.

5. Religionen im Gespräch, Band 3 (1994), S.479.

nicht mehr das nichtnegoziable Tabu, von dem Hans Küng bisher ausging.

Leider ist von dieser Entwicklung nicht zu erhoffen, daß die Menschen im Okzident - einer Ankündigung in der Sure An-Nasr entsprechend - jetzt **in Scharen in die Religion Allahs eintreten** (110:2). Vielmehr ist damit zu rechnen, daß der angebahnte dogmatische Kollaps des Christentums die Entfremdung der Massen von den etablierten Religionsgesellschaften und die Selbstbedienung des emanzipierten Individuums im multireligiösen Supermarkt noch intensivieren wird. Auch diese Entwicklung wird bereits im Qur`an kommentiert: **Hast du den gesehen, der seine eigene Neigung zum Gott nimmt...?** fragt uns Allah hinsichtlich dieser Leute in der 45. Sure, Vers 23.

Der Islam - wie das Christentum - dürfte es also auch in Zukunft in Europa mit demjenigen Gemisch von Einstellungen zum Transzendenten zu tun haben, der schon die mekkanische Gesellschaft zur Zeit unseres Propheten(s) charakterisierte: (Neu-)Heiden, Agnostiker, Atheisten und (Neu-)Polytheisten, nämlich Leute, welche sich Nebengötter wie Sternzeichen, Rauschgift, Claudia Schiffer oder ihr Bankkonto zulegen.

Doch auch dies steht in Gottes Hand, **und Ihm sind wir ergeben, und zu Ihm ist unser aller Heimkehr:** unser aller Heimkehr.

EINFÜHRUNG IN DEN QUR`AN

1. Für Muslime ist der Qur`an (arab.: "die Rezitation") wortwörtlich Gottes Wort, also eine Verbaloffenbarung, nicht nur ein "inspirierter" Text wie die Bibel aus christlicher Sicht. Der Qur`an ist denn auch das einzige Wunder des Islam, zugleich das "Beglaubigungswunder" des Propheten Muhammad (570 - 632). Der Text des Buches wurde ihm zwischen 610 und 632 Stück für Stück durch den Engel Gabriel übermittelt.

2. Alsbald nach Empfang jeder einzelnen Offenbarung diktierte der (des Lesens und Schreibens unkundige) Prophet die neuen Texte seinen Sekretären unter Leitung von Zaid ibn Thabit und gab zugleich an, an welcher Stelle des bereits Geoffenbarten sie einzufügen waren. So wurde der Qur`an schon zu Lebzeiten des Propheten in Lose-Blatt-Form auf den damals verfügbaren Schriftträgern, nämlich Knochen, flachen Steinen, Leder und Palmenblättern, festgehalten. Den ersten Muslimen, von denen Tausende den jeweiligen Text des Qur`an auswendig kannten, war er bereits als "das Buch" (al-kitab) bekannt.

3. Nach dem Tod des Propheten erteilte der 1. Kalif, Abu Bakr, dem Chefsekretär des Propheten, Zaid ibn Thabit, den Auftrag, nach Befragung der Bevölkerung von al-Madina eine abgeschlossene, letzte Fassung des Qur`an (al-mushaf) zu erstellen. Dieses erste Exemplar kam über den 2. Kalif ´Umar und seine Tochter Hafsa auf den 3. Kalif, ´Uthman. In diesem Zeitpunkt waren bereits viele der den Qur`an auswendig könnenden Gefährten gefallen.

4. Daher erteilte ´Uthman Zaid ibn Thabit 630 den Befehl, unter seiner Aufsicht gleichzeitig mehrere identische

Exemplare des Qur`an (auf neuerdings verfügbarem Papyrus) anfertigen zu lassen. Diese wurden nach Mekka, Basra, Kufa und Fustat-(Kairo) versandt; ein Exemplar behielt der Kalif selbst. Gleichzeitig erging der Befehl, alle privaten Qur`an-Aufzeichnungen zu vernichten. Von diesen ersten Qur`an-Kopien sind zwei erhalten geblieben: eine in Taschkent und das Uthman`sche Exemplar (mit Blutflecken von seiner Ermordung), das sich heute im Topkapı-Palast in Istanbul befindet.

5. Der Vernichtungsbefehl wurde nicht ausnahmslos befolgt. So wissen wir z.B., daß die Qur`an-Aufzeichnung von Ibn Masud die Suren 2 - 5 in der Reihenfolge aufführt, in der sie zu einem bestimmten Zeitpunkt vom Propheten Muhammad in der Moschee von al-Madina rezitiert worden waren.

Im Jemen, wo man sich gescheut hatte, private Qur`an-Niederschriften zu vernichten, "beerdigte" man sie in Säcken auf dem Dachboden der Großen Moschee. Ihre Entdeckung führte allerdings zu keiner Sensation; denn alle gefundenen Schnipsel entsprechen entweder der authentischen Fassung des Qur`an oder lassen erkennen, daß die Jemeniten bei Niederschrift noch nicht im Besitz der jüngsten Offenbarungen gewesen waren.

6. Sprache und Grammatik des Qur`an widerspiegeln das literarische Arabisch der wichtigsten Stämme der arabischen Halbinsel, mit deutlichem Übergewicht des Dialekts der Qur`aisch von Mekka. Der Prophet erlaubte es jedem Muslim, den Qur`an seinem spezifischen Dialekt entsprechend zu rezitieren. Daraus entwickelten sich - ohne Unterschiede im geschriebenen Text - sieben sog. Lesarten (al-harf) des Qur`an. Dies ergab in wenigen Fällen bei einzelnen Wörtern eine unterschiedliche Bedeutung, nirgendwo jedoch inhaltlich einen Widerspruch. Bekannt ist das Beispiel aus dem 4. Vers der 1. Sure al-Fatiha, wo man - je nach Betonung - "malik" als "Herrscher" oder als "König" verstehen kann.

7. Die Urfassungen des Qur`ans waren in angulärer kufischer Schrift geschrieben. Sie besaßen noch nicht die heute üblichen Vokalzeichen (für das kurzgesprochene a, i und u). Auch fehlten noch die sog. diakritischen Zeichen zur klaren Unterscheidung bestimmter Buchstaben, zur Angabe von Verdoppelung oder Anzeige der Vokallosigkeit. Diese Präzisierungen wurden erst im 8. und 9. Jahrhundert sukzessive entwickelt. Seither hat es keine Abweichungen im geschriebenen Text mehr gegeben. Der Qur`an enthält - wie in seiner maßgeblichen Kairoer Druckfassung von 1924 - weltweit die gleichen 114 Suren, 6.616 Verse, 77.934 Worte und 323.671 Buchstaben.

Für die ersten Muslime war eine präzisere schriftliche Fixierung noch nicht erforderlich gewesen, da der schriftliche Text für sie ohnedies nur eine zusätzliche Stütze für das bereits im Gedächtnis Gespeicherte war.

8. Auch heute gibt es ca. 150.000 Muslime, die als Hafiz (wörtl.: "Bewahrer", scil. des Qur`an) das Buch auf arabisch auswendig beherrschen. Jeder Muslim kennt zumindest einige der kleineren Suren auswendig, weil er nur so richtig beten kann; denn in jeder Gebetseinheit ist ein Stück Qur`an auf arabisch zu rezitieren. Darüberhinaus ist jeder Muslim gehalten, den gesamten Qur`an wenigstens jedes Jahr einmal vollständig zu lesen, und sei es nur in Übersetzung.

Tatsächlich ist der Qur`an zum meistübersetzten und meistgelesen Buch der Weltgeschichte geworden. Dies war möglich, weil sich das Arabische dank des Qur`ans im Verlauf der letzten 1400 Jahre ohne Lautverschiebung und semantische Veränderungen erhalten hat: Der Wortschatz des Qur`an ist Alltagssprache geworden. (Man vergleiche dies mit dem Schicksal des Deutschen, Französischen und Englischen während der letzten 500 Jahre!)

9. Möglicherweise ist der Qur`an inzwischen auch zum meistgedruckten Buch, noch vor der Bibel, geworden. Erstmals gedruckt wurde er 1530 in Venedig und 1649 in

Hamburg. In der arabischen Welt ist heute die schon erwähnte, von der al-Azhar Universität überprüfte Druckfassung von 1918/ 1924 maßgeblich.

10. Der Qur`an ist übrigens nicht nach inhaltlichen Gesichtspunkten, sondern - allerdings nur grob - nach der Länge der Suren gegliedert worden, wobei die 1. Sure eine Ausnahme macht. Da die ältesten (Mekkanischen) Suren meist kürzer als die jüngeren (Medinensischen) Suren sind, ergab sich aus der Anordnung nach Surenlänge grob eine chronologische Grundstruktur. Doch ist jede Sure in sich geschlossen und für getrennte Rezitation gedacht. So werden künstliche oder nur zeitbedingte Sinnzusammenhänge vermieden.

Auch behandelt der Qur`an unterschiedliche Aspekte und Facetten des gleichen Themas an unterschiedlicher Stelle, nicht etwa narrativ. So wirkt der Qur`an auf manche zunächst wie ein Kaleidoskop, bis man die inneren Zusammenhänge entdeckt.

11. In der islamischen Theologie war schon im 10. Jahrhundert umstritten, ob der Qur`an in historischer Zeit von Gott erschaffen oder - als Gottes ewiges Wort - ungeschaffen sei. Heute sieht man darin keinen Widerspruch:

Gottes ewiges Wort ist in die Geschichte eingetreten und (nur) insofern "geschaffen". Darüberhinaus gibt es in Teilen der christlichen Theologie (John Hick; Hans Küng; Annemarie Schimmel) den Versuch, die "Inkarnation" Gottes (Fleischwerdung) in Jesus mit seiner "Inlibration" (Buchwerdung) im Qur`an gleichzusetzen. Muslime glauben jedoch nicht an eine hostiengleiche Präsenz Gottes in Kopien des Qur`an.

12. Komputergestützte Sprachanalyse hat ergeben, daß der Qur`an nur einen einzigen Urheber hat und daß Muhammad als dieser Urheber nach seinem eigenen, uns aus seinen Überlieferungen (Hadith) bekannten Sprachprofil nicht in Frage kommt.

Gegen die Autorenschaft Muhammads spricht im übrigen, daß er - wie in der 80. Sure, Verse 1-11, im Qur`an für sein Fehlverhalten von Gott mehrfach heftig getadelt wird.

Schließlich sind muttersprachlich arabisch sprechende Muslime von der göttlichen Herkunft des Qur`ans auch wegen seiner unnachahmlichen literarischen Schönheit (al-idschaz) überzeugt.

Übersetzungen können der poetischen Kraft, ja Wucht, des Qur`an allerdings nicht gerecht werden. Diese beruht vielfach auf Alliteration, Endreim, Wortspielen, Beschleunigung oder Verlangsamung des Rythmus, ja sogar auf der Korrespondenz von Klangfarbe und Inhalt. Selbst Friedrich Rückerts poetische Übersetzungsversuche endeten in ziemlich lächerlichen Knittelversen.

13. Eine Besonderheit des Qur`an ist es, daß Gott darin von Sich abwechselnd als Ich, Wir oder Er spricht und mit diesem Verwirrspiel des Subjekts einem anthropomorphen Verständnis von Gott als einer "Person" entgegenwirkt. Unübersetzbar (und bisher trotz vieler Versuche unerklärt) sind aber auch die Buchstabengruppen (al-muqatta´at) - wie z.B ALM -, mit denen zahlreiche Suren eingeleitet werden.

14. Obwohl der Qur`an einige wenige Prophezeiungen enthält, die sich erfüllt haben (vgl. 30: 2-3) und - im Gegensatz zur Bibel - in keinem einzigen Fall historischen oder naturwissenschaftlichen Erkenntnissen widerspricht, ist er weder als eine naturwissenschaftliche Enzyklopädie, noch als ein Orakelbuch oder gar als Talisman zu betrachten und behandeln.

Ebenso falsch wäre es, den Qur`an als Gesetzbuch zu sehen, obwohl er etwa 200 normative Verse, meist zu Familien- und Erbrecht, und allgemeine Grundsätze (al-maqasid) für die Entwicklung einer islamischen Jurisprudenz enthält.

Und genau so falsch wäre es, die ontologischen Aussagen des Qur`an, darunter solche über metaphysische Zustände (wie Leben nach dem Tod), wortwörtlich zu nehmen; denn über Metaphysisches kann auch der Qur`an nur symbolisch bzw. allegorisch sprechen (3: 7). Wer dies verkennt, verstrickt sich in bloße Wittgensteinsche Sprachspiele.

15. Die qur`anischen Offenbarungen fanden häufig in konkretem Zusammenhang, also aus konkretem Anlaß, statt. Diese Anlässe für die Offenbarung (al-asbab al-nuzul) wurden von Anfang an festgehalten, erforscht und kommentiert. Die Muslime gehen jedoch davon aus, daß alle Offenbarungen darüberhinaus von zeitloser Bedeutung sind.

16. Berichte über das Wirken früherer hebräischer und arabischer Propheten, vor allem Abraham, Lot, Moses und Jesus, spielen im Qur´an eine große Rolle, jedoch nicht als zusammenhängende dramatische Geschichtsschreibung, sondern als archetypische Darstellungen und moralische Lehren. Einzige Ausnahme davon ist die narrative Schilderung von Joseph in der 12. Sure. Die Christologie des Qur`ans entspricht nach jüngeren Forschungen (Schlatter) allerdings der ursprünglichen judenchristlichen Aufassung von der Natur und Rolle Jesu.

17. Obwohl der Qur`an sein eigener bester Kommentar ist, ist er ohne Kenntnis der Überlieferung (Sunna) des Propheten schwer verständlich. Das trifft selbst auf die kleinen, höchst poetischen Suren am Ende zu. Auf jeden Fall empfiehlt es sich, den Qur`an nicht roh, sondern fachmännisch kommentiert und in einer kompetenten muslimischen Übersetzung zu lesen.

Seine erste Übersetzung ins Deutschem durch Salomon Schweigger, erschien bereits 1616 in Nürnberg. Die zeitgenössischen deutschen Übersetzungen lassen sich in zwei Gruppen unterteilen:

a) auf Max Henning zurückgehende, darunter diejenige der Ahmadiyya-Sekte (seit 1954), von Muhammad Rassoul (Verlag islamische Bibliothek), von Adel Khoury (Gerd

Mohn Verlag, seit 1987), vom SKD-Bavaria Verlag München (1997, 5 Bände, 3000 Seiten) und die Fassungen des Diederichs (Hugendubel) Verlags in München.

b) nicht auf Max Henning zurückgehende, nämlich die von Rudi Paret (Kohlhammer, seit 1979), Ahmad von Denffer (Eigenverlag) und Amir Zaidan (ADIP Verlag Offenbach).

Auf jeden Fall ist nicht vorherzusehen, ob der Qur`an einen nichtmuslimischen Leser fasziniert und in seinen Bann schlägt oder abstößt und verwirrt oder gar beides bewirkt - so wie es schon Johann Wolfgang von Goethe ergangen war.

FASTEN IM RAMADAN[1]

Islam ist nicht die einzige Religion, in der Fasten eine Rolle spielt. Im Gegenteil: Wenn man der "Encyclopedia Britannica" Glauben schenken darf, gibt es nur eine einzige Religion, in welcher Fasten keine Rolle spielt, nämlich im Konfuzianismus. In christlich geprägten Kulturkreis war 40-tägiges Fasten vor Ostern sowie Fasten während der Adventszeit früher von Bedeutung. Noch heute gibt es ja Fastenbier, Fastenhirtenbriefe und Fastnacht. Doch dem sich Ausleben bis Rosenmontag folgt heutzutage keine Kasteiung mehr, die Karnaval und Fasching in der Rückschau rechtfertigen könnten.

Nicht nur im Vergleich zum christlichen Fastenkonzept hatte das muslimische Fasten im Monat Ramadan, dem 9. Monat des islamischen Mondjahres, stets eine ganz andere, ja essentielle Bedeutung: Als eine der fünf Säulen des Islam, mit deren Beachtung dieser Glauben steht oder fällt. Die Deutschen haben dies verstanden; denn sie integrierten den Begriff "Ramadan" bereits in ihre Sprache.

Allerdings fasteten die frühesten Muslime wie die Juden und die heidnischen Qur´aisch in Mekka zunächst nur am 10. Muharram, dem sogenannten Aschura Tag; denn das Fasten im Ramadan wurde den Muslimen erst im 2. Jahr der Hidschra in al-Madina zur Pflicht.[2] Dies geschah mit Offenbarung der Verse 183-187 der (2.) Sure al-Baqara, der einzigen Sure übrigens, welche sich mit dem Fasten im Ramadan befaßt.

1. Vortrag im islamischen Zentrum Potsdam 2002.
2. al-Bukhari, Sahih, Buch 31, Nr. 117 und 218.

Seither ist es keine Pflicht mehr, aber noch Übung, am Aschura-Tag zu fasten.[3]

Üblich ist das freiwillige (Nafila-)Fasten[4] nicht nur an diesem Tag, sondern auch während des Pilgermonats am Tag von ´Arafat sowie während des Monats Schaban. Manche Muslime fasten das ganze Jahr über jeweils am Montag und Donnerstag, andere den 13., 14. und 15. Tag eines jeden Monats. Nach ´A`ischa zog Muhammad allerdings keine dieser Übungen der anderen vor.[5] Fasten ist den Muslimen jedoch nicht nur geboten, sondern unter Umständen auch verboten. Untersagt ist Fasten insbesondere am Freitag[6] und an den beiden islamischen Feiertagen.[7] Muhammad hat daneben gesundheitsschädigendes ständiges Fasten strikt untersagt;[8] als äußerstes kommt sogenanntes David-Fasten in Frage, d.h. Fasten an jedem zweiten Tag.[9]

Wie nicht anders zu erwarten, hat die islamische Jurisprudenz bis in kleinste Einzelheiten hinein festgelegt, wie richtig zu fasten und was dabei zu vermeiden ist. Das entsprechende Kapitel bei Ibn Rushd alias Averroës ist wegen seiner talmudisch anmutenden Juristerei abschreckend. Dort wird zum Beispiel erörtert, ob es genügt, für das Ramadan-Fasten nur einmal, nämlich zu Beginn des Monats, die Absicht (an-niyya) dafür zu fassen, oder ob es nötig ist, die Absichtserklärung täglich beim Morgengebet zu wiederholen.[10]

Immerhn verdanken wir der Jurisprudenz zu wissen, daß

---

3. Muslim, Sahih, Nr. 2499-2525.
4. Nafila bedeutet "freiwillige Mehrleistung" bzw. "das nicht unbedingt Nötige" (Hans Wehr).
5. al-Bukhari, aaO, Buch 32 , Nr. 208.; Muslim aaO, Nr. 2600.
6. al-Bukhari, aaO, Buch 31, Nr. 206; Muslim, aaO, Nr. 22543-2546.
7. al-Bukhari, aaO, Buch 31, Nr. 211 ff.; Muslim, aaO, Nr. 2533-2542.
8. al-Bukhari, aaO, Buch 31, Nr. 56 und 197; Muslim, aaO, Nr. 2426-2435 und 2587.
9. al-Bukhari, aaO, Buch 31, Nr. 200.
10. Ibn Rushd, Bidayat al-Mujtahid, 7.1.1.2.3 auf S. 341 (Reading, UK: Garnet Publ. 1994).

* Beginn und Ende des Monats Ramadan in unterschiedlichen Gebieten der Erde auf unterschiedliche Tage fallen können, die Fastenzeit sich aber nie über 30 Tage ausdehnen kann;
* Fasten - abgesehen von sexueller Aktivität - nur duch etwas unterbrochen wird, was in den Körper gelangt, also neben Essen, Trinken und Rauchen auch durch medizinische Spritzen;
* bloßes Küssen keine verbotene sexuelle Aktivität darstellt, weil der Prophet im Ramadaan untertags Umm Salama, Zaynab wie auch ´A `ischa geküßt hat, wie von diesen "Müttern der Gläubigen" (ummahat al-mu´minin) bezeugt wurde.[11]

Es ist an der Zeit, sich die wichtigere Fragen nach dem "Warum?" des Ramadan-Fastens zu stellen. Die Juden fasten bekenntlich als Zeichen der Trauer, so im Gedenken an eine vergangene Katastrophe oder in einer aktuellen Notlage, um Jehova mitleidig zu stimmen oder Seinen Zorn zu besänftigen. Schon Paulus sah im Fasten aber Dienst an Gott.[12]

Dem entspricht ein von Abu Huraira übermitteltes Hadith Qudsi, wonach Allah (außerqur`anisch) gesagt hat: "Fasten ist für Mich".[13] In anderen Worten:

Fasten ist Gottesdienst. Daher hatte Abu Hamid al-Ghazali recht, als er formulierte: "Fasten ist ein Viertel des Glaubens und die Hälfte der Geduld - und Geduld ist die Hälfte des Glaubens."[14]

Darum also geht es im Ramadan: Daß der Gläubige sich als Diener Gottes (´Abdallah) erweist, der einen Monat lang ununterbrochen einen unsichtbaren Gottesdienst, nach Maududi eine "verborgene ´ibada", leistet.

---

11. al-Bukhari, aaO, Buch 31, Nr. 23 und 149-151; Muslim, aaO, Nr. 2436-2450.
12. 2. Korinther-Brief, 6,4 f.
13. Muslim, aaO, Nr. 2562.
14. al-Ghazali, Ihya Ulum ad-Din, Lahore: Sind Sagar Academy (undatiert), Bd. 1/2, Kap. VI, S. 222-231.

Die Pilgerfahrt ist eine einmalige Angelegenheit, einmal im Leben; zakat - die Sozialabgabe - wird einmal jährlich fällig; das Gebet wechselt fünfmal täglich mit dem Alltag ab. Nur das Fasten ist keine Handlung, sondern ein unsichtbarer Dauer-Zustand, den niemand außer Gott sieht.

Daß das muslimische Fasten im Monat Ramadan stattfindet, hat ebenfalls einen zutiefst religiösen Grund. Dieser Monat, der in der präislamischen Zeit stets ein Sommermonat war, verdankt der den Boden versengenden Hitze seinen Namen; "ramada" bedeutet lexikalisch "äußerst heiß sein".

Doch dies ist nicht der wahre Grund für seine Wahl zum Fastenmonat. Diese beruht vielmehr darauf, daß die qur`anische Offfenbarung in diesem Monat begann[15] - in der Höhle Hira hoch über Mekka, in der Nacht des Schicksals (lailat al-qadr), am 25., 27. oder 19. Ramadan 610.[16]

Das bedeutet indessen nicht, daß das Fasten im Ramadan nicht auch geistige, moralische und physische Vorteile für den Fastenden selbst hätte. Schließlich bleibt eine geistliche Übung eine solche auch dann, wenn sie individuelle und soziale Vorteile bringt. Muhammad Asad identifizierte als solche erstens die Einübung von Selbstdisziplin und zweitens die Entwicklung von Mitgefühl für die Armen und Bedürftigen.[17]

Die physischen Vorteile des Fastens liegen auf der Hand: Gewichtsabnahme; Reduzierung des schlechten Colesterins im Blut; Entschlakung des ganzen Körpers. Insofern leistet der Ramadan, was viele teure Therapien zum Abbau von Übergewicht versprechen - oft aber nicht halten - und was der zu einem großen Teil grotesk überfetteten westlichen Bevölkerung nottut.

Wichtiger sind jedoch die moralischen Vorteile, die daraus erwachsen, daß der Fastende sich beweisen kann, noch immer Herr seiner selbst, also kein Sklave von Süchten zu

15. Qur`an 96: 1 sowie 44: 2-5.
16. Qur`an 2: 185.
17. The Message of the Qur`an, Gibraltar: Dar al-Andalus 1980, Fußnote 155 zu 2: 183.

sein. Der Fastende macht seinen Körper dem Geist untertan; er ordnet seine Triebe der Vernunft unter. Wer dies leistet, kann kein Alkoholiker, nicht nikotinsüchtig oder sexuell hörig sein.

Manche sprechen deshalb von der Zähmung der animalischen Natur des Menschen. Dabei übersieht man, daß auch Hunde und Katzen bisweilen freiwillig fasten, so wenn sie den Verlust ihres Frauchens oder eines anderen Tieres betrauern.

Zum moralischen Gewinn des Ramadan-Fastens zählt auch, daß es den sozialen Unterschied zwischen arm und reich wenigstens für ein paar Wochen nivelliert. Ungeachtet des unterschiedlichen Inhalts ihres Geldbeutels essen und trinken beide Bevölkerungsgruppen unter Tag nichts. Manch ein Begüterter mag dabei mitempfinden, wie es ist, ständig aus Armut zum Fasten verdammt zu sein.

Doch am allerwichtigsten sind die geistigen Vorteile des Fastens, wenn es im Sinne des arabischen Begriffs (saum bzw. siyam) verwirklicht wird; saum bedeutet mehr als Nichtessen und Nichttrinken, nämlich "sich enthalten".

Mit Fasten ist also nicht nur der Magen angesprochen, sondern der ganze Mensch. Daher besteht die höchste Form des Fastens darin, daß auch die Augen, Ohren und die Zunge sich "enthalten". Zum Fasten gehört somit, daß man sich von der Fernsehberieselung löst, Frauen- und Männer-Magazine liegen und Stille einkehren läßt: Ohne Klatsch und Geplapper ("small talk"), auf daß sich der Fastende immer stärker Gott öffne und den Engeln, die ja nicht essen und nicht sündigen, ähnlicher werde[18]

Stille und Immobilität bedingen einander. Und nur Stille und Immobilität lassen Kontemplation strukturell werden.

Der echt Fastende ist daher trotz der gemeinsamen, herzerwärmenden Iftar-Essen (Fastenbrechen) eine Art Aussteiger. Mitten in der Hektik der anderen macht er nicht

---

18. Darauf weist Muhammad Hamidullah hin, Der Islam, Genf: Islamisches Zentrum 1968, S. 115-118.

mit. Er stellt sein geistiges Handy ab und wird täglich theozentrischer, zum wahren "Gottesbewußten" (al-muttaqi), für den das tägliche Qur`an-Lesen vor dem Morgengebet zu einer genußvollen Hoch-Zeit wird.

Wie es Sunna ist, erklärt er seine, anderen unverständliche Spielverderberei notfalls mit zwei Worten: "Ich faste."[19]

Symbolisch für diese Geisteshaltung ist die urislamische Übung des Rückzugs in die Moschee (al-´itikaf) während der letzten 10 Tage des Ramadan.[20]

Im Westen ist dies allerdings in der Regel nur Muslimen möglich, die aus dem Arbeitsleben bereits ausgeschieden sind. Wie überwältigend muß der ´itikaf im Haram von Mekka oder in der Grabmoschee des Propheten sein![21]

Das Gesagte bedeutet nicht, daß sich der fastende Muslim aus dem Arbeitsleben ausklinkt. Im Gegenteil: Es wäre seinem Fasten abträglich, wenn er - wie dies in vielen sogenannten muslimischen Ländern leider üblich ist - aus dem Ramadan einen inoffiziellen zweiten Urlaubsmonat machen würde, in dessen Verlauf man einfach Tag und Nacht vertauscht: am Tage schlafend fastet und die Nacht durchfeiert.

Nein, Vorbild sollte das entscheiendste Gefecht der islamischen Frühgeschichte bei Badr sein, das in den Monat Ramadan fiel. Statt weniger, sollten wir eher mehr arbeiten, da wir ja keine Zeit am Mittagstisch vergeuden müssen.

Allerdings müssen die Fastenden beim Bedienen von Maschinen und Autofahren im Ramadan doppelt vorsichtig sein, um wegen eventueller Kreislauf- bzw. Konzentrationsschwäche keinen Schaden anzurichten. In dieser Hinsicht sind die ersten drei Fasttage die kritischsten, weil das Fasten noch nicht zur Routine geworden ist, der Körpermetabolismus sich dem Fasten also noch nicht angepaßt hat.

Gleichzeitig sollte man aus seinem Fasten keine Show machen. Ibn Kathir formulierte es ebenso knapp wie

---

19. al-Bukhari, aaO, Buch 31, Nr. 128; Muslim, aaO, Nr. 2562,
20. Musllim, aaO, Nr. 2636-2640.
21. Laut Abu Dawud, Sunnan, Nr. 1983 f., soll eine Umra im Ramadan sogar einen Hadsch ersetzen.

richtig: "Fasten heißt, sich in reiner Absicht Essen, Trinken und Sex zu enthalten."[22] Wie alles Verhalten im Islam wird auch das Fasten einzig und allein nach dem damit beabsichtigten Zweck beurteilt.[23]

Das ist schlechte Nachricht für alle Muslime, zu deren Tradition es gehört, im Ramadan insgesamt mehr zu essen als im Jahresdurchschnitt. Auch für diejenigen, welche ihre lauen Ramadan-Nächte mit stundenlangem Flanieren oder vor dem Fernseher oder beim Kartenspielen verbringen, so daß sie das Morgengebet aus Müdigkeit verpassen. Fasten ohne zu beten ist eine Praxis, die man leider in Nordafrika wie in der Türkei beobachten kann. Dabei wird Fasten ohne Gebet doch zum bloßen Sport.

Schlimm ist aber auch, wenn aus dem Abendessen (´ischa) und dem fakultativen, leichten Imbiß kurz vor dem Morgengebet (suhur) zwei üppige mehrgängige Mahlzeiten werden.[24] Dies raubt nicht nur den Frauen die Chance, die spirituellen Früchte des Ramadan zu ernten. Überladene Mägen und Schlafentzug sind oft schuld daran, wenn das Morgengebet (al-fajr) ausgerechnet im Ramadan verpennt wird.

Kritik gilt schließlich auch denen, die einen Ramadan vergehen lassen, ohne einem Bedürftigen eine substantielle Spende als sadaqat al-fitr gegeben oder wenigstens zum ´id al-fitr- Essen eingeladen zu haben.

In all diesen Fällen ist das Fasten religiös, geistig, moralisch und sogar physisch nutzlos Der echte Muslim ist ein gläubiger Diener seines Herrn, kein raffinierter Hungerkünstler.

---

22. Ibn Kathir, Qur`an-Kommentar (Tafsir), London: Al-Firdaous 1998, Bd. 2, zu 2: 183 f., S. 89.
23. "Handlungen werden nach der Absicht beurteilt" (Innama-l-´amalu bi-n-niyyat), al-Bukhari, aaO, Bd. 1, Nr. 1.
24. Suhur ist nicht vorgeschrieben, sondern gilt als Erleichterung und Segen: al-Bukhari, aaO, Buch 31, Nr. 146.

SCHARIA: DIE ISLAMISCHE ETHIK DES ZUSAMMENLEBENS

I.

Im Laufe der Zeit haben sich hunderte arabischer Wörter in der deutschen Sprache eingenistet, darunter Vokabeln aus dem religiösen Bereich. Einige davon - wie Moschee - sind klanglich kaum wiederzuerkennen; dieses Wort kam vom arabischen masdschid über das spanische mesquita und das fran-zösische mosquée schließlich bei uns als "Moschee" an. Dafür entspricht seine Bedeutung im Deutschen durchaus derjenigen im Arabischen. Das gleiche kann man vom Koran - im Arabischen qur`an - sagen.

Umgekehrt verhält es sich mit Vokabeln wie al-Islam und asch-schari´a.

Diese spricht man hierzulande zwar wie im Arabischen aus, ist sich aber über ihre Bedeutung im Unklaren.

Insbesondere die Bedeutung des Wortes Schari´a wird in Deutschland, aber nicht nur hier, verkannt. Gemeinhin versteht man darunter ausschließlich die Körperstrafen betreffenden Vorschriften des islamischen Strafrechts. Selbst dabei macht man noch den Fehler, der Schari´a Strafvorschriften wie das Steinigen von Ehebrechern anzulasten, die es zwar im Alten Testament, im Qur`an jedoch nicht gibt.

In Wirklichkeit ist Schari´a ein umfassender Begriff für sämtliche Normen und Bräuche, welche das Verhalten des Menschen regeln gegenüber

* Gott
* der Umwelt - Mensch, Tierwelt und Natur - sowie
* sich selbst.

Dem enspricht die etymologische Bedeutung der arabischen Sprachwurzel, aus der "Schari´a" abgeleitet ist, nämlich "Weg zur Tränke", also letztlich "Weg zum Heil".[1]

Gemeint ist somit die Gesamtheit der geoffenbarten Anleitungen zum richtigen Leben, welche den Islam bekanntlich zu einer alles umfassenden Lebensform machen.

In diesem - richtigen - Sinne gehören zur Schari´a also nicht nur das gesamte islamische Strafrecht, sondern die gesamte islamische Rechtsordnung, einschließlich religiöser Riten, Sittengebräuche und Regeln der Etiquette, auch Angelegenheiten des Taktes und der Gastfreundschaft im menschlichen Miteinander. Kurzum, Schari´a ist alles, was der Muslim als Religion, Recht, Ethik und Moral zu beachten hat - vieles also auch im nichtjustiziablen Bereich.

So gehört zur Schari´a auch die Förderung von lobenswerten Charaktereigenschaften (al-akhlaq) und von Herzensbildung (al-adab). In diesem Sinne ist Schari´a die das gesamte Verhalten des Gläubigen bestimmende Konsequenz aus seiner Religion. Die Muslime meinen, daß jede echte Religion Konsequenzen haben muß, glauben also nicht, daß sich echte Religiosität auf das sog. forum internum beschränken kann.

II.

So gerüstet, können wir uns nun der Schari´a zuwenden, welche sich mit den Rechten anderer Menschen jedem Einzelnen gegenüber - al-haqq an-nas - befassen. Dabei geht es nach Qur`an und der Sunna des für alle Welt vorbildlich handelnden Propheten Muhammad um das Verhalten gegenüber

* Eltern und Verwandten
* Nachbarn

1. vgl. Hans Wehr, Arabisches Wörterbuch, Arabisch-Deutsch, 5. Aufl., S. 647, 2. Spalte.

* Gästen, Reisenden, Waisen und Armen
* Verwandten, Freunden und Glaubensgenossen
* Respektspersonen und
* Andersgläubigen.

Es wird nicht verwundern, daß diese Verhaltensregeln fast ganz mit denen aus anderen Kulturen übereinstimmen; schließlich ist die menschliche Natur- al-fitra - die gleiche. Ich werde also nur Besonderheiten vortragen.

Der Qur`an fordert häufig dazu auf, Eltern, Verwandten, Waisen, Armen und Waisen Gutes zu tun, privilegiert also Eltern insoweit nicht.[2] Allerdings fordert das Heilige Buch die Muslime besonders dazu auf, ihren Eltern Gutes zu tun,[3] sie testamentarisch zu bedenken,[4] ihnen Güte, Dankbarkeit und Gehorsam zu erweisen[5] und ihnen, zumal im gebrechlichen hohen Alter, Barmherzigkeit zu zeigen. Die Verse 23 f. der 17. Sure sind recht konkret:

Sag daher nicht "Pfui!" zu ihnen und schelte sie nicht, und rede mit ihnen auf ehrerbietige Weise. Und bedecke sie demütig mit den Flügeln der Barmherzigkeit. Und bitte: "O mein Herr, erbarme Dich beider so, wie sie mich aufzogen, als ich klein war ".

Allerdings erlaubt der Qur`an nicht nur dem Staat, sondern auch den Eltern gegenüber in Glaubensangelegenheiten Widerstand aus Gewissensgründen. So sagt Vers 8 der 29. Sure:

...doch wenn sie dich dazu bringen wollen, Mir an die Seite zu setzen, wovon du kein Wissen hast, dann gehorche ihnen nicht.[6]

Doch selbst in diesem Fall, soll ein Muslim seine Eltern nicht verwerfen, sondern in nichtreligiösen Dingen

---

2. vgl. Qur`an 2: 83, 180, 215; 4: 36.
3. 6: 151; 31: 14.
4. 2: 180; 4: 33.
5. 31: 14.
6. ähnlich 31: 15.

gleichwohl weiterhin mit ihnen verkehren, wie es gerecht und billig ist.[7]

Reisende - im Qur`an stets als "Söhne des Wegs" (ibn as-sabil) bezeichnet, haben in der islamischen Ethik eine ganz besondere Rechtsstellung.[8] Sie sind aus dem Fünftel der Kriegsbeute zu unterstützen, das dem Staatsoberhaupt zur Verfügung steht. Auch gehören sie zu der kleinen Gruppe von Anspruchsinhabern, unter denen Almosen zu verteilen sind. Schließlich haben sie nach der Überlieferung des Propheten Anspruch darauf, an jedem Ort ihrer Reise bis zu drei Tage (doch nicht mehr) beherbergt und verköstigt zu werden.

Almosen sind daneben für Arme, die Freisetzung von Gefangenen und Schuldnern sowie für Missionsarbeit zu verwenden. Die muslimischen Spender werden ermahnt, in ihrer Caritas zwar großzügig, aber nicht verschwenderisch zu sein, um nicht selbst bedürftig zu werden.[9]

Das Verhältnis zu Verwandten und Glaubensbrüdern ist zusammen zu behandeln; denn der Qur`an stellt kategorisch fest, daß alle Muslime Brüder bzw. Schwestern sind.[10] Der Qur`an geht in Vers 6 der 33. Sure so weit zu sagen:

Der Prophet steht den Gläubigen näher als sie sich selbst, und seine Gattinnen sind ihre Mütter.

Weshalb diese denn auch *umm al-mu`minin* genannt wurden.

Ja, der Qur`an stellt sogar fest, daß die Gemeinschaft aller Gläubigen, die muslimische Umma, die beste Gemeinde ist, welche unter den Menschen entstand, insofern sie das Rechte gebieten und Unrecht verbieten und an Gott glauben.[11]

Allerdings ergibt sich aus dem Qur`an auch, daß diese Brüderschaft bzw. Schwesternschaft keine erbrechtlichen

---

7. 31: 15.
8. 2: 177, 215; 4: 36; 30: 38.
9. 17: 28.
10. 49: 10.
11. 3: 110.

Konsequenzen hat. Erbrechtliche Ansprüche haben halt doch nur Blutsverwandte.[12]

Im übrigen gilt zwischen Verwandten, was zwischen Kindern und Eltern gilt, daß nämlich Brüderlichkeit nicht zu Kompromissen in Glaubensfragen führen darf. Der 23. Vers der 9. Sure sagte deutlich:

Nehmt nicht euere ... Brüder zu Beschützern, wenn sie den Unglauben dem Glauben vorziehen.

Von außerordentlicher, ja einzigartiger Bedeutung ist schließlich die islamische Ethik des Zusammenlebens mit Angehörigen fremder Religionen und Atheisten. Dazu enthält der Qur`an im 48. Vers der 5. Sure ein Manifest des religiösen Pluralismus, das in keiner anderen Schriftreligion eine Parallele hat.

...Jedem von euch gaben Wir ein Gesetz und einen Weg. Wenn Allah gewollt hätte, hätte Er euch zu einer einzigen Gemeinde gemacht. Doch Er will euch in dem prüfen, was Er euch gegeben hat. Wetteifert daher im Guten. Zu Allah ist euere Heimkehr allzumal, und Er wird euch dann darüber aufklären, worüber ihr uneins seid.

Diese Grundlegung der religiösen Toleranz im Islam findet ihr Echo in in einer Reihe anderer Verse, darunter dem 256. der 2. Sure al-Baqara, wo es lapidar heißt: *La iqraha fi-d-din* ("Kein Zwang in Glaubensdingen").

Das gleiche mit anderen Worten vermittelt die lakonische 109. Sure:

Sprich: "O ihr Glaubensverweigerer! Ich verehre nicht, was ihr verehrt, und ihr verehrt nicht, was ich verehre. Und ich werde kein Verehrer dessen sein, was ihr verehrt, und ihr werdet kein Verehrer dessen sein, was ich verehre. Euch euer Glaube und mir mein Glaube!"

Fast sarkastisch kommt das Toleranzgebot des Qur`an im 29. Vers der 18. Sure zum Ausdruck:

---

12. 33: 6, 2. Satz; 17: 28; 30: 38.

...Wer nun glauben will, der glaube, und wer will, der glaube nicht.

Aus alle dem ergibt sich, daß die Vielfalt der Religionen aus islamischer Sicht gottgewollt, also eine Normalität, ist und kein zu überwindender Zustand. Konkurrieren sollen die Religionen nur in Frömmigkeit und guten Werken, so wie im Vers 13 der 49. Sure beschrieben:

O ihr Menschen! Wir erschufen euch zu Völkern und Stämmen damit ihr einander kennenlernt. Doch der vor Allah am meisten Geehrte von euch ist der Gottesfürchtigste von euch.

Wenn es im Zusammenleben mit Muslimen und unter Muslimen Schwierigkeiten gibt, ist dies also in keinem einzigen Fall dem Islam anzulasten.

BILDER VOM JENSEITS

Im Herbst erleben wir eine elegische Jahreszeit, die auf uns wie das Verfallen der Natur wirkt. "Wer jetzt kein Haus hat, baut sich keines mehr", sagt Rilke dazu. Es ist eine Zeit, in man sich in Deutschland immer wieder an die Toten erinnert: Allerheiligen, Allerseelen, Totensonntag. Wenn dann noch der Fastenmonat Ramdan ganz oder teilweise in den November fällt, fühlen sich auch die Muslime in Deutschland dem Transzendenten jahreszeitlich näher denn je.

Jeder von uns pflegt seine eigenen Bilder vom Jenseits. Allerdings sind diese von religiösen Vorgaben geprägt. Die Eschatologie der jeweiligen Doktrin spielt also im Jenseitsbild jedes einzelnen eine bedeutende, wenn nicht die ausschlaggebende Rolle.

Das sah Johann Wolfgang von Goethe schon schon so, als er in seinem West-Östlichen Divan schrieb:

"Der echte Muslim spricht vom Paradiese
Als wenn er selbst allda gewesen wäre.
Er gaubt dem Koran, wie es der verhieße,
Hierauf begründet sich die reine Lehre."

Jedenfalls möbliert Religion die Geographie des Unsichtbaren, indem sie die Phantasie der Gläubigen besetzt.

Ohne Tod dürfte es keine Religion geben, obwohl das Todeserlebnis Religion nicht erzwingt. Mit anderen Worten: Das Todeserlebnis ist der ausschlaggebende Auslöser für die philosophische Fragestellung nach dem Woher? Wohin? und Warum? - Fragen, deren Unbeantwortbarkeit den Menschen in die religiöse Sicht der Urrätsel treibt.

Andererseits sind wir von Natur aus mit so viel lebenserleichternder Oberflächlichkeit ausgestattet, mit Kurzzeitgedächtnis und bodenlosem Optimismus, daß wir den Tod lange aus unserem Bewußtsein verdrängen können.

Die moderne Gesellschaft stellt sich mit ihrem Amüsierbetrieb geradezu als eine Todesverdrängungsmaschine dar. So richten sich die Menschen mit dümmlicher Arroganz so ein, als seien sie von Dauer.

Wenn der Mensch tatsächlich unsterblich wäre, könnten wir dann damit rechnen, daß auch nur ein einziger von uns wie Immanuel Kant zum Gottessucher würde?

Wie Kant nachwies, sind alle sogenannten Gottesbeweise logisch unhaltbar. Doch einer, der sogenannte kosmologische Beweis, fundiert doch den Glauben der meisten, die glauben. Es ist das auch vom Qur`an immer wieder bezeugte Staunen über die Existenz des Universums, ja über das Sein des Da-Seienden. Ob wir uns in Mikrophysik oder Makrophysik vertiefen, in beiden Fällen werden wir geradezu schwindelig angesichts der uns in der Natur begegnenden Intelligenz. Mit der Einsicht in unsere totale Unfähigkeit, das Ganze zu erfassen, entsteht zugleich Gottesgewißheit.

Sobald uns Gott jedoch im Unbegreiflichen persönlich greifbar geworden ist, wirft diese Überzeugung Schlaglichter auf unser bisheriges Lebens - und Todesverständnis. Die Welt - ad-dunya - wird jetzt als Schein einer größeren Wirklichkeit erfahren; der Muslim bewegt sich darin wie ein Fremder auf Reisen.

Als Gläubiger empfindet man alles als gottgewollt, also sinnvoll. Konkreter: Man unterstellt Gott einen Plan, in dem man vorkommt. Daß Er ohne Notwendigkeit das Universum einschließlich der Menschheit erschaffen hat, bedeutet, daß jedem einzelnen Menschen eine Lebensaufgabe gestellt ist.

Diese Aufgabe kann nur das Erkennen und Anerkennen des Schöpfers sein, eine Einsicht, die unwillkürlich in eine Lobpreisung Gottes und die Hingabe an Ihn einmündet.

Muslime nennen dieses tätige Gottesbewußtsein al-taqwa, worunter eine Lebensform zu verstehen ist, die quasi zum Gebet wird.

Da Gott als der Natur sowohl immanent wie transzendent erfahren wird, drängt sich gläubigen Menschen die Unterscheidung von Geist und Materie auf, zwei Kategorien, welche die gesamte Geistesgeschichte der Menschheit beherrscht haben, obwohl sie sich einer Definition entziehen. Dabei schwang das Pendel wie schon bei den alten Griechen gelegentlich bis zum Monismus aus.

Zeitweise nahm man mit dem philosophischen Materialismus an, alles sei Materie. Zeitweise nahm man wie Platon, Plotinus, der europäische Idealismus und die amerikanischen "metaphysischen Dichter" an, alles sei geistig. Dieser Position näherte sich im 20. Jahrhundert die Quantenphysik an, wie von Max Planck, Albert Einstein und Werner Heisenberg vertreten.

Doch der Streit über Materie und Geist dürfte letztlich ein bloßes Sprachspiel sein. Wichtig für Gläubige ist lediglich die Ahnung, daß die Wirklichkeit viel weiter reicht als das beobachtbar Existierende; denn damit stellt sich die Frage nach dem Weiterleben nach dem Tode.

Im Gegensatz zu Hinduismus, Buddhismus und Manichäismus sieht die westliche Welt das Leben nicht als ein sich möglicherweise ewig drehendes Rad, also nicht als einen existentiellen circulus vitiosus, sondern als einmaliges Ereignis. Jeder, der am Ende einer fast endlosen Verursachungskette ins Leben gerufen wird, hat seine Chance, aber eben nur eine.

Die Probezeit im Transitbereich Erde ist für Menschen mit dem Tod unwiderruflich zu Ende, so wie das Universum insgesamt einer kosmischen Katastrophe entgegen expandiert. Diese - vom Qur`an as-sa´at, ("die Stunde") genannt - setzt plötzlich mit einem Trompetenstoß (18: 99) bzw. einem einzigen großen Schrei (36: 53) ein, gefolgt von einem alles zerstörenden Erdbeben (99. Sure). Dies wird der Jüngste Tag sein, im Qur`an auch der "Letzte Tag" (yaum al-akhir) und "Tag der Auferstehung" (yaum al-qiyama) genannt.

Für die Verstorbenen, die ja außerhalb von Raum und Zeit stehen, könnten ihr Tod, das Weltenende und das Letzte Gericht zusammenfallen. Der Qur`an sagt jedenfalls, daß die Toten meinen werden, "nur eine Stunde" im Tod verweilt zu haben (30: 55). Der Qur`an, der sich an 125 Stellen mit dem Tod befaßt, präzisiert in der 30. Sure:

Allah ist es, Der euch erschaffen hat;
und dann hat Er euch versorgt;
dann wird Er euch sterben lassen;
und dann wird Er euch wieder lebendig machen.
(Vers 40)

Und:

Er läßt das Lebendige aus dem Toten und das Tote aus dem Lebendigen hervorgehen und belebt die Erde nach ihrem Tod. Und in gleicher Weise sollt ihr wieder hervorgebracht werden. (Vers 19).

Kurzum, der Glaube an eine zweite Geburt in einer anderen "Leiblichkeit", an ein Weiterleben nach dem Tod, gehört zu den fünf Hauptbestandteilen des islamischen Glaubens - neben dem Glauben an Gott, Seine Engel, Seine Gesandten und Seine Bücher.[1]

Weiterleben nach dem Tod wird also nicht als Ergebnis einer spekulativen philosophischen Deduktion geglaubt, sondern als ein geoffenbarter Gnadenerweis unseres Schöpfers:

Er macht lebending und läßt sterben und zu Ihm kehren wir zurück. (10: 56).

Und was kommt dann? Das hängt davon ab, ob ein Mensch seine ihm gestellte Aufgabe erfolgreich gelöst hat oder daran schuldhaft gescheitert ist.

---

1. So von Muhammad formuliert: al-Bukhari, Sahih, 2: 47.

Hat er zum Gottesbewußtsein gefunden? Hat dies zur Orientiertheit auf Gott geführt? Hat sich dies im Verhalten gegenüber anderen Menschen und sich selbst niedergeschlagen?

Gewiß: Ein an Gott als Schöpfer glaubender Mensch wird sich nicht verhalten, als sei er der souveräne Eigentümer seiner selbst. Er wird also die ihm von Gott geliehene Gesundheit nicht durch Drogen ruinieren und grundsätzlich auch keinen Selbstmord begehen. Er wird sich bemühen, Gottes Willen zu ermitteln und für sich maßgeblich zu machen, sei es als Naturrecht oder geoffenbarte Norm und so im Idealfalle zu einem moralischen Menschen werden.

Hat ein Mensch hingegen nicht zum Gottesbewußtsein gefunden, wird er sein Leben mit größerer Wahrscheinlichkeit nicht wie ein Stoiker, sondern eher wie ein hedonistischer Epikuräer und Sophist ausrichten. Er wird dazu neigen, sich selbst oder seinen Staat zum (Ersatz-) Gott zu machen und auf Meximierung seines Lustgewinns ausgehen. Das läuft auf die sattsam bekannte gegenwärtige platte Spaßgesellschaft hinaus, in der halb-autistische Menschen versuchen, in die kurze Zeit bis zum Tode so viele "Kicks" wie möglich hineinzupressen.

Aus Sicht aller Religionen macht es im Jenseits einen Unterschied, ob ein Mensch seine primäre Lebensaufgbe gelöst hat oder nicht. Damit stellt sich die höchst problematische Frage nach dem, was unter Letztem Gericht, Himmel und Hölle zu verstehen ist.

Nach islamischer Lehre werden die Menschen am Tage des Weltuntergangs "barfuß, nackt und unbeschnitten" vor ihren Richter treten.[2] Je nach Verdienst wird ihnen das Verzeichnis ihrer Taten (36: 12; 58:6) entweder in die rechte oder in die linke Hand gegeben. Ihre guten und schlechten Taten werden auf einer Waage (al-mizan) gegeneinander abgewogen. Dabei wird Gutes und Schlechtes berücksichtigt, und "sei es nur im Gewicht eines Staubkörnchens" (99: 7 f.)

---

2. Muslim, Sahih, Nr. 6847.

Ein ernstes Problem ergibt sich hierzu aus der Frage, ob Menschen für ihr Verhalten überhaupt verantwortlich sind? Hatten sie angesichts der göttlichen Allwissenheit und Allmacht denn überhaupt den freien Willen, der sie erst zu Sündern machen könnte? Wenn die Menschen voll vorherbestimmt wären, könnten sie dann auf Erden überhaupt eine Aufgabe haben? Wäre dann nicht alles bloßer Vollzug: Fatum?

Im Qur`an deuten ähnlich viele Aussagen sowohl auf Vorherbestimmung (Determinismus) wie auf Freien Willen. Der Prophet Muhammad hat die Muslime davor gewarnt, sich hierüber den Kopf zu zerbrechen.

Ich halte mich daher einfach - wie ein Literalist - an das göttliche Versprechen im Qur`an: "Ich füge meinen Dienern niemals Unrecht zu" (50: 29) und lasse offen, wie weit unsere Selbstbestimmung - wenn überhaupt - reicht. Wir sollten uns also in jeder Situation bemühen, das als richtig Erkannte zu tun, auch wenn unsere Entscheidungskompetenz gering oder gar nichtexistent sein sollte. Dies in der Gewißheit, daß Gott, der Gütige, der Barmherzigem uns nur anrechnen wird, wofür wir verantwortlich waren.

Ein zweites Problem betrifft die Vereinbarkeit einer ewigen Strafe mit dieser Güte und Barmherzigkeit Gottes - Seinen im Qur`an am häufigsten erwähnten Eigenschaften. Nach einer heiligen Überlieferung (al-hadith al-qudsi) hat sich Gott Barmherzigkeit Sich Selbst vorgeschrieben.

Auf jeden Fall müssen wir uns bewußt bleiben, daß der Qur`an uns bei der Schilderung metaphysischer Vorgänge nur Metaphern und Allegorien, also Bilder aus unserer eigenen Bilderwelt, anbieten kann, deren Umsetzung "eins zu eins" sich verbietet. Trotz der oft drastischen Schilderungen der Hölle (al-dschahannam) und verführerischen Schilderungen des Himmerls (al-dschanna) können wir darüber letztlich nichts aussagen.

So schwer es ist, sich Ewigkeit - auch in Form der Höllenstrafe - vorzustellen, kann man sich denken, daß Gott die schlimmsten Verbrechen dadurch dauerhaft ahndet, daß er Teufel in Menschengestalt einfach auslöscht, also aus dem Dasein ins Nichts (al-fana´) verschwinden läßt.

Die meisten damit befaßten Qur´an-Stellen legen nahe, daß die Höllenstrafe ewig währt (vgl. 20: 101). Allerdings kennt der Islam nur eine einzige unverzeihliche Todsünde, nämlich Vielgötterei (schirk; 5: 27), worunter allerdings auch krasser Materialismus verstanden werden kann.

Zweifel an der Ewigkeit der Höllenstrafe sind gleichwohl berechtigt, wenn man noch die folgenden außer-qur`anischen Selbstmitteilungen Gottes (ahadith al-qudsiyya) berücksichtigt:

"Meine Barmherzigkeit besiegt meinen Zorn", und: "Mir Selbst gegenüber habe ich Unrecht verwehrt", sowie: "O Sohn Adams, auch wenn deine Missetaten bis zu den Wolken des Himmels reichten, und du Mich um Verzeihung bätest, so würde ich dir vergeben."[3]

Zweifel an der Ewigkeit der Höllenstrage gründen sich schließlich auf einen mehrfach relativierenden Qur`an-Vers, in dem es heißt:

Ewig sollen sie darin verweilen, solange der Himmel und die Erde dauern, es sei denn, daß dein Herr es anders will; den dein Herr tut, was Er will. (11: 107).

Für die meisten von uns ist also eher eine zeitlich begrenzte Läuterungsphase zu erwarten, das, was von Christen Fegefeuer und von Muslimen *al-barzakh* bezeichnet wird.

Was haben nun Menschen, die ihre Lebensaufgabe befriedigend gelöst hatten, nach dem Tod zu gewärtigen? Sie werden im "Garten Eden", im Paradies (al-firdaus) sein, in Gottes Gegenwart und Gnade (3: 107; 54: 55; 84: 6). So viel läßt sich mit dem Qur`an sagen, ohne daß man auch nur ein Wort davon verstünde. Trotzdem spekulieren manche darüber, ob diese Gottesbegegnung (2: 45 f.; 10: 7 f.; 29: 22)

---

3. Vierzig Heilige Hadithe, IZ München 1987, Schriftenreihe Nr.14, Hadith Nr. 1, 17, 34.

den Charakter einer *visio beatifica* oder gar einer *unio mystica* haben könnte?

Ehrlich gesagt, mache ich mir keine Gedanken darüber, da ich als ein geistiger Schüler von Ludwig Wittgenstein mir bewußt bin, daß unsere Sprache (und damit auch unser Denken) für die Darstellung unsinnlicher Gegenstände einfach nicht taugt. Deshalb nehme ich auch die qur`anischen Schilderungen des Paradieses, die alles enthalten, was ein Wüstenaraber meistens entbehrte, als bloße Bilder: Schatten, fließende Gewässer, grüne Vegetation, saftige Früchte, Frieden, luxuriösen Komfort und reine Gefährten - übrigens für Mann und Frau (al-huri, doppelgeschlechtliches Substantiv).

Genauso wenig sollte es uns kümmern, ob es im Paradies Rangstufen zwischen Menschen unterschiedlichen Verdienstes gibt, wie es der Qur`an andeutet, oder ob es demokratisch zugeht (9: 100 spricht von "den Allerersten", darunter Märtyrern). Ebenso wenig vermag ich mich an der Frage zu erwärmen, ob das Paradies ein statischer Zustand ist oder ob es im Jenseits eine Weiterentwicklung gibt, wofür 7: 108 spricht.

Ich schließe mit der Schilderung islamischer Beerdigungsriten, weil diese im hiesigen Gemeindeleben zunehmend eine Rolle spielen:

* Dem Sterbenden wird aus dem Qur`an vorgelesen, vorzüglich die 36. Sure Ya-Sin.
* Der Verstorbene wird gewaschen und, in zwei weiße Leinentücher gehüllt, in einen (nur dem Transport dienenden) Sarg gelegt. Oft werden die bei der Pilgerfahrt nach Mekka benutzen beiden Tücher für die eigene Beerdigung aufgehoben.
* Der Sarg wird zum Totengebet, an dem Männer und Frauen teilnehmen, vor einer Moschee aufgestellt. Anschließend wird der Sarg von Trauergästen auf der Schulter zum Leichenwagen getragen.

* Die Beerdigung findet möglichst am Todestag sarglos auf einem Friedhof statt, dessen Gräber parallel so ausgerichtet sind, daß der auf seiner rechten Seite im Grab liegende Verstorbene in Richtung Mekka blickt.
* Bei der Beerdigungszeremonie, an der meist nur Männer teilnehmen, werden Gebete gesprochen. Sobald das Grab zugeschüttet ist, werden Blumen darauf angepflanzt. Die Trauernden trösten sich mit dem Qur`an-Zitat: "Wir stammen von Gott, und zu Ihm kehren wir zurück."

DER ISLAM ALS LEBENSFORM

DER ISLAM ALS LEBENSFORM

1. Jeder von uns, ob gläubig oder Agnostiker, ob Deutscher oder Immigrant, ob Katholik oder Muslim ist weniger individualistisch als er gewöhnlich glaubt. Das liegt daran, daß unser Leben von Verhaltensschablonen mitbestimmt wird, auch wenn wir einen eigenen Lebensstil verfolgen. Denn auch in unserer in vieler Hinsicht immer autistischer werdenden Zeit, in unserem immer virtueller werdenden Leben, folgen wir weithin Verhaltensclichés, also einem Abklatsch.

Auch als sogenannte selbstbestimmte Menschen halten wir uns in aller Regel an von der Gesellschaft erwartete "do`s and don`ts ", wissen also, was man wegen ungeschriebener sozialer Normen zu tun und zu lassen hat. Das geht so weit, daß wir uns hüten müssen, etwas zu tun, was als "politisch unkorrekt" gilt, weil uns sonst gesellschaftliche Sanktionen drohen. Typischerweise gibt es inzwischen inoffizielle Regeln für den Umgang mit dem Handy. Ja, die deutsche Öffentlichkeit ist sich sogar ziemlich einig darüber, wie man sich nicht anziehen darf: siehe den Kopftuchstreit.

Kurzum, wir sind alle in Lebensformen eingebettet, die sich im Verlauf der deutschen Geschichte herausgebildet und ständig zu dem entwickelt haben, was man als deutsche Zivilisation bezeichnen kann. Diese kann als sogenannte Leitkultur zu jedem Zeitpunkt konkret beschrieben, also dingfest gemacht werden, unbeschadet dessen, daß sie ständig fremden Einflüssen unterliegt.

Ursprünglich und bis nach der Renaissance waren unsere Vorfahren stark von der römisch-hellenistischen Kultur und dem lateinischen Christentum beeinflußt. Im 18.

und 19. Jahrhundert machten sich französische Einflüsse zunehmend bemerkbar. Damals sprach man hier von Parapluie und Trottoir und trug ein Chemise.

Dies wurde im 20. Jahrhundert und bis heute ziemlich abrupt von amerikanischen Einsprengseln abgelöst. Heute ist die deutsche Zivilisation in der Tat in hohem Maße amerikanisiert. Man trägt Jeans mit Sneakers, trinkt Coca Cola mit Bourbon Whiskey, ißt Donuts, raucht Marlboro, "surft" im INTERNET, schickt sich eine "Mail", macht an der Uni seinen MBA, sucht einen Job - und schimpft auf Amerika.

2. Es geht mir bei dieser Schilderung lediglich darum, verständlich zu machen, daß auch der Islam als eine Weltreligion sowohl eine Hochkultur wie eine banale Zivilisation hervorgebracht hat, die von Land zu Land und von Zeit zu Zeit verschieden sein kann, obwohl der Islam als solcher ein und derselbe ist und bleibt.

Das bedeutet, daß auch der Islam ein allumfassendes Lebenssystem ist, ohne daß dies etwas besonderes wäre; denn wir alle - wo und wer auch immer wir sind - handeln systemimmanent. Diese islamische Lebensform gilt es allerdings zu kennen, wenn man mit Muslimen Umgang hat, sie verstehen, sie nicht verletzen und ihr Verhalten vorausberechnen will.

3. Diese muslimische Lebensform hat vier Hauptquellen: den Qur`an, die Sunna des Propheten, die islamischen Rechtsschulen und die jeweilige muslimische Zivilisation.

a) Der Qur`an ist die dem Propheten Muhammad im 7. Jahrhundert zwischen 620 und 632 zuteilgewordene Verbaloffenbarung, die ihn zum Siegel (dem letzten) der Propheten werden ließ.

Die im Westen schier unvorstellbare Verehrung, welche dieses Buch als Gottes eigenes Wort genießt, muß man kennen, wenn man die Muslime verstehen will.

So wird man den Qur`an in der Wohnung eines Muslims entweder über dem Rahmen der Wohnungstür hängen oder an oberster Stelle im Bücherschrank aufgestellt sehen. An der Wand wird man in arabischer Kalligraphie Qur`an-Verse finden, wie z.B. die 112. Sure al-Ikhlas oder Ausrufe wie "al-hamdu lillah " (Gott sei geprießen) und "mascha`al-lah" (wie es Gott gefällt).

Der Wohnungsinhaber wird den Qur`an aber nur in die Hand nehmen, wenn er im Zustand der rituellen Reinheit ist. Und wenn er den Qur`an wieder weglegt, wird er wahrscheinlich den Buchdeckel küssen. Auch wird er in seine Rede immer wieder passende arabische Qur`an-Zitate einflechten - so wie dies in Deutschland noch bis ins 18. Jahrhundert (und mit Bundespräsident Rau bis zuletzt) mit Bibelzitaten der Fall war.

Sollte Ihr nichtmuslimischer Nachbar sich einen Qur`an wünschen, werden Sie ihm als Muslim ein Exemplar kostenlos beschaffen, schenken und keinesfalls verkaufen.

Solchen Respekt vor einem Buch hat heute im Westen kaum noch jemand, allenfalls vor einem Shakespeare-Folio, wenn es denn aufgefunden würde.

Der Qur`an enthält rund 200 normative Verse, welche das Gerüst der islamischen Lebensweise darstellen. Vieles daran entspricht den traditionellen westlichen Moralvorstellungen, so wie die Verurteilung von Mord, Raub, Diebstahl, Meineid, Kindstötung, Selbstmord, vorehelichem Sexualleben und Homosexualität. Daher fallen eigentlich nur zwei / drei qur`anische Vorschriften im islamischen Lebenszuschnitt auf:

* Das Schweinefleischverbot wird von den Muslimen lückenlos eingehalten, selbst wenn es sich nur noch um kemalistische Kulturmuslime handelt. Es ist so sehr Lebensstil-Bestandteil, daß man Muslime in die größte Bedrängnis bringt, wenn man ihnen bei einem gesetzten Essen Schweinefleisch vorsetzt. Sie werden es - nicht nur Thomas Gottschalks Gummibärchen - stehen lassen.

* Weniger strikt wird das Verbot berauschender Substanzen eingehalten, obwohl es ebenfalls im Qur`an verankert und genauso absolut wie das Schweinefleischverbot ist; es bezieht sich zweifellos nicht nur auf den im 7. Jahrhundert in al-Madina hergestellten Palmwein, sondern auf jede Form von Alkohol und sonstiger sinnenverwirrender natürlicher oder Designer-Drogen.
* Viele Muslime halten darüberhinaus auch das Rauchen für haram; denn es ist dem Menschen als Geschöpf untersagt, seine ihm vom Schöpfer geschenkte Gesundheit systematisch zu beschädigen. Außerdem führt Rauchen zur Schädigung passiver Mitraucher, zur physischen Abhängigkeit und ist wie jede Sucht eine Form von Vielgötterei (schirk).

Genau so wichtig ist allerdings die qur`anische Aufforderung an die Gläubigen, sich in Gottesbewußtsein (at-taqwa) zu üben, sich also möglichst ständig der Abhängigkeit von Gott bewußt zu sein. Indem Muslime dies wenigstens versuchen, betreten sie bewußt oder unbewußt den mystischen Pfad derer, für welche die Welt weniger wichtig wird. Man muß nicht selbst Sufi sein, um sofort zu erkennen, warum echte Muslime stressresistent sind: Weil für sie - dank ihres Gottesbewußtseins - alles andere zweitrangig wird, darunter beruflicher Erfolg und Geld, Ansehen, und sogar Pünktlichkeit. Wer kennt nicht Muslime, deren Abstand zum Alltäglichen von ihrer vom Frühgebet herrührenden Müdigkeit noch verstärkt zu werden scheint.

b) Zweite Hauptquelle der muslimischen Lebensform ist die sog. Sunna, also das gelebte Vorbild des Propheten Muhammad. Konkret handelt es sich um die in vielbändigen Sammlungen (wie diejenigen von al-Bukhari und Muslim) aufgezeichneten Erinnerungen daran, was der Prophet gesagt, getan oder geduldet hat.

Auch Christen sollen sich ja darum bemühen, aufgrund der Evangelien "Jesus Christus nachzufolgen", wie man sagt. Doch der Unterschied ist schon wegen der unterschiedlichen Materialfülle augenfällig. Ganz abgesehen davon, daß es ein Unterschied ist, ob man sich dazu aufgefordert weiß, einem anderen, vorbildlichen Menschen wie Muhammad oder einem als göttlich gesehenen Wesen wie Jesus nachzueifern; denn eine göttliche Person nachahmen zu wollen, ist existentiell unmöglich, ja ein geradezu blasphemisches Unterfangen.

Der Muslim entnimmt dem sog. Hadith, also den überlieferten Erzählungen aus der Frühzeit des Islam, eine umwerfende Fülle an Einzelheiten. Wir wissen z.B., welchen Schuh der Prophet morgens als ersten an und abends als ersten auszog; welche Speisen er besonders mochte (darunter Honig) und daß er ungeliebte Speisen liegen ließ, ohne daraus eine Geschichte zu machen; daß er sich nach dem Geschlechtsverkehr sofort den ganzen Körper wusch; wie er seinen Oberlippen- und seinen übrigen Bart schnitt; ob er im Stehen oder nur im Sitzen trank; wann und wie er sich zum Schlafen legte; wie oft er an einer Tür anklopfte; was er vom künstlichen Bestäuben der Palmen hielt; wieviele Datteln er zum Fastenbrechen aß; und daß er zum Essen stets nur die rechte Hand benutzte. Und so weiter...

An solchen Verhaltensweisen, wenn nicht an Wichtigerem, kann man Muslime bis heute erkennen.

Man mag nun fragen, ob denn auf die überlieferten Schilderungen Verlaß ist? Eine Frage, die ich aus folgenden Gründen nicht für durchschlagend halte:

* Zum einen stammen die meisten Überlieferungen über eher intime Aspekte des Lebens des Propheten von seiner jungen, hochintelligenten und gut beobachtenden Ehefrau ´A`isha und sind daher überaus verläßlich. Zum andern betreffen diese Schilderungen keine theologischen oder politischen Streitpunkte,

die ein Interesse an Fälschung hätten auslösen können.

* Zum anderen haben inzwischen 41 Generationen sich darum bemüht, dem Vorbild des Propheten Muhammad so weit wie möglich zu folgen. Dadurch ist eine Lebensform entstanden, die sich von ihren Wurzeln emanzipiert hat. So spielt es z.B. keine Rolle mehr, ob der Ausspruch des Propheten, wonach ein "Muslim Wissen suchen soll, und sei es bis nach China", authentisch ist oder nicht; denn dieses Diktum hat inzwischen eigenständige Gültigkeit gewonnen. Dem entspricht im übrigen, daß viele Muslime sich Sunna-konform verhalten, ohne sich dessen bewußt zu sein.

Dafür einige Beispiele:

* In Istanbul kämpften wir uns in einem heißen Sommer mühsam bis zu einer weit entfernt wohnenden Tante durch. Doch sie öffnete auf dreimaliges Klingeln nicht. Meine Schwiegermutter ließ ein viertes Klingeln nicht zu, ohne zu wissen, daß dies Verhalten einem Hadith entsprach.

* In der muslimischen Welt wird niemand auch nur für kurze Zeit ein Zimmer verlassen, in dem ein Feuer oder eine Kerze brennen; dies entspricht dem Verhalten des Propheten

* In Rabat wartete ich bei einem von mir gegebenen diplomatischen Abendessen vergeblich auf den Ehrengast, einen marokkanischen Minister. Seine Entschuldigung am folgenden Tag: "Ich war nicht hungrig". Hatte der Prophet nicht gesagt, daß man nur essen solle, wenn man Hunger hat?

* Meine Frau kocht stets für eventuelle unerwartete Gäste mit. Essen für zwei reicht ohnedies für drei, sagt sie, und Essen für drei reicht für fünf.

Beides - ihr Verhalten und ihre Aussage - ist "Sunna".

* Viele Muslime führen stets einen Miswak bei sich, einen weichen Holzzweig zum Zähnereinigen. Als gäbe es Zahnbürste und Zahnpasta nicht. Doch erstens hat der Prophet sich so verhalten, und zweitens braucht man beim Benützen des Miswak kein Wasser.
* Als Botschafter wurde ich selbst von meinen Chauffeuren zum Essen eingeladen. Sie wußten, daß ein Muslim dem Vorbild des Propheten entsprechend jede Einladung annimmt.
* Beim Essen unter Muslimen nimmt man nur das nächstliegende Stück und ißt mit der (rechten) Hand. Wenn möglich sitzte man beim Essen auf dem Boden um eine abwaschbare Ledermatte herum, die als Tischplatte dient. Dem Ehrengast legt man Leckerbissen auf den Teller. Zum Abschied fächelt man den Gästens wohlriechende Düfte (Beräucherung mit Inzens) zu. All dies entspricht der arabischen Etikette im 7. Jahrhundert.
* Die muslimische Gastfreundschaft ist derart, daß man Gäste davor warnen muß, im Haus des Gastgebers etwas als schön zu finden, wie es europäischer Höflichkeit entspräche. Denn sonst wird der bewunderte Gegenstand- ein Buch, eine Vase, ein Teppich - ihm sofort als Gastgeschenk eingepackt. Diese Ethik der Großzügigkeit ist zur muslimischen Lebensform geworden.
* Besonders wird der Lebensstil von Muslimen durch das 5-malige tägliche Gebet geprägt: Weil man auf dem Boden betet, betritt man die Wohnungen von Muslimen grundsätzlich nicht mit Straßenschuhen, zumal es kaum genug Gebetsteppiche für viele Gäste gibt. Zumindest fragt man beim Betreten einer Wohnung, ob man die Schuhe anbehalten darf.

Das Gebet gliedert den Tagesablauf so stark, daß sich Muslime oft für einen Zeitpunkt "nach dem Assr-Gebet" oder "vor dem Maghrib-Gebet" verabreden. Wenn man zur Gebetszeit beisammen ist, stellt sich die Frage, wer das Gebet als Vorbeter leiten und wer Gebetsrufer (Muadhdhin) sein soll. Darüber wird man sich umgehend einig. Man bittet den Ältesten oder den zu Ehrenden oder den am besten arabisch Rezitierenden. Schon ist das Problem gelöst. Und irgend jemand hebt unaufgefordert seine rechte Hand zum Ohr und beginnt den Gebetsruf.

c) Dritte Hauptquelle des Islam als Lebenssystem sind die sogenannten Rechtsschulen (al-madhahib), welche die muslimische Jurisprudenz verfeinert und auf ein ebenso hohes Niveau wie das römische, deutsche oder anglo-amerikanische Recht gehoben haben. Daß es von diesen Rechtsschulen vier überlebende sunnitische und drei schiitische gibt, die der Zayidiyya (5er Schiiten), Ismailiyya (7er Schiiten) und der Ithna-´aschariyya (12 Schiiten), zeigt bereits viel vom muslimischen Pluralismus.

In der Tat macht es immer noch einen Unterschied, ob man der malikitischen, hanafitischen, schafi´itischen oder hanbalitischen Rechtsschule folgt. So lassen zum Beispiel Maghrebiner als Malikiten (ebenso wie die Schiiten) beim Gebet ihre Arme herunterhängen, statt sie vor der Brust zu falten.

d) Wichtiger ist allerdings eine vierte Hauptquelle der muslimischen Lebensform nämlich die muslimische Zivilisation vor allem in Indien, Indonesien, der Türkei, Ägypten und im islamischen Westen (Maghrib).

Man kann nur staunen, wie viele unterschiedliche Gewänder, Kopfbedeckungen, Feste, Küchen, Musikformen und Tänze diese Zivilisationen unter Integration vorislamischer Kulturen hervorgebracht haben. So trägt beispielsweise der indische Islam gewisse hinduistische Züge, welche aus dessen Fakirtum und Heiligenverehrung stammen.

Entsprechendes gilt für den Islam im bevölkerungsreichsten muslimischen Land, Indonesien. In der Türkei und Ägypten als früheres osmanisches Besitztum lassen sich christliche Einflüsse feststellen, so bei den (in Saudi Arabien undenkbaren) bunten Feiern von Muhammads Geburtstag, mit Geschenken an die Kinder wie an Weihnachten.

Christliches ist auch bei den türkischen Bektaschi-Derwischen und ihrem Haci Bektasch-Kult im Spiel. Dieser Einfluß läßt sich auf die "Knabenlese" zurückführen, die Zwangsrekrutierung christlicher Kinder aus dem Balkan für die osmanische Armee und Verwaltung.

Im Maghrib gibt es in muslimischem Gewand Wallfahrten zu den Gräbern von "Heiligen" (Marabouts), und zwar oft an Orten, an denen man zuvor schon jüdische und christliche Heilige verehrt hatte. Keinesfalls verwunderlich ist hingegen, daß die ehemalige andalusische Musik heute in der maghrebinsche Musik weiterlebt.

So kann man auch bei jedem muslimischen Immigranten in Deutschland ethnisch-kulturell verankerte Besonderheiten ausmachen, welche nicht weniger wichtig als die sprachlichen Unterschiede sind. Weshalb sich denn auch die Integrierung der hiesigen Muslime - der Afrikaner, Ägypter, Albaner, Bosnier, Iraner, Kurden, Nordafrikaner, Syrer, Somalis, Türken und Tataren so lange hinzieht, selbst wenn sie inzwischen deutsch sprechen Trotz ihrer gemeinsamen Verwurzelung im Islam bleiben sie ethnisch geprägt.

Dies macht europäische Muslime, Konvertiten zum Islam, zu ungewöhnlichen Typen; denn sie sind als Muslime ausschließlich von Qur`an und Sunna, aber nicht von einer islamischen Rechtsschule oder Zivilisation geprägt: Deutschbürtige Muslime sind sozusagen abstrakte Muslime.

Dies hat für beide Seiten Vorteile:

* Die eingewanderten Muslime erkennen so, daß der Islam als Religion unabhängig vom Islam als Zivilisation existieren kann. (Die ersten Muslime in Mekka hatten sich ja auch von ihren Stammesgenossen, den Qur`aisch, zivilisatorisch nicht unterschieden). Von den europäischen Muslimen können die Immigranten also lernen, daß es nicht nur möglich, sondern hier notwendig ist, den Islam auf die Religion zu reduzieren.
* Anderserseits können die europäischen Muslime von den Immigranten lernen, was es heißt, den Islam nicht nur als Religion, sondern als umfassende Lebensform zu leben. Denn so wie Muhammad laut ´A`ischa "der lebendig gewordene Qur`an" war, müssen auch die westlichen Muslime die Sunna leben, um ihren abstrakten Islam zu einem Islam von Fleisch und Blut werden zu lassen.

Also zu einer Lebensform.

PLURALISMUS UND DEMOKRATIE IM ISLAM[1]

A. Der Islam als pluralistische Religion

I. Die Theorie

Wenn man mit Muslimen über Pluralismus spricht, stellt man unweigerlich fest, daß sie den Islam für die toleranteste aller Religionen halten. Im Westen schüttelt man darüber allerdings den Kopf. Wie kann es zu solcher Diskrepanz der Sichtweisen kommen? Liegt dies nur an einer Verwechslung von Theorie und Praxis? Oder an der Gleichsetzung einer hehren Vergangenheit mit einer weniger hehren Gegenwart? Oder handelt es sich um zu selektive, nur partielle Wahrnehmung der maßgeblichen religiösen Quellen?

Die islamische Theorie des religiösen Pluralismus hat ihre allgemeinen Wurzeln in der ontologischen Einheit aller Kreaturen und ihre besondere Wurzeln im Ibrahimischen Verbund der monotheistischen Religionen. In diesem Sinne hält sich der Islam mit seiner Kernaussage vom einen, einzigen, persönlichen Gott für die Urreligion der Menschheit schlechthin. Die Sure asch-Shura (42) sagt im 14. Vers dazu: **Er hat euch als Religion anbefohlen, was er Noah vorschrieb und was Wir dir offenbarten und Abraham und Moses und Jesus auftrugen...**

Lakonisch knapp sagt die 21. Sure im 92. Vers Ähnliches: **Diese euere Gemeinschaft ist fürwahr eine einige Gemeinschaft und Ich bin euer aller Herr; darum dienet Mir.**

Ihren schönsten Ausdruck fand diese tolerante Auffassung vom Miteinander aller Menschen jedoch im 48. Vers

1. Vortrag im Rahmen der 4. Kirchberger Gespräche des Berneucher Hauses im Kloster Kirchberg (2004).

der 5. Sure al Ma`ida. Dort findet sich ein grandioses Manifest des religiösen Pluralismus: **Jedem von euch gaben Wir ein Gesetz und einen Weg. Wenn Allah gewollt hätte, hätte Er euch zu einer einzigen Gemeinde gemacht. Doch Er will euch in dem prüfen, was Er euch gegeben hat. Wetteifert darum im Guten. Zu Allah ist euere Heimkehr allemal. Und Er wird euch dann darüber aufklären, worüber ihr uneins seid.**

Dieser Vers sagt es auf atemverschlagende Weise, daß der existierende religiöse Pluralismus gottgewollt ist.

Gleiches gilt gemäß. Qur`an 49: 13 auch für den ethnischen Pluralismus:

O ihr Menschen! Wir erschufen euch ... zu Völkern und Stämmen, damit ihr einander kennenlernt[2]. Doch der vor Allah am meisten Geehrte von euch ist der Gottesfürchtigste.

Auch hier wird Verschiedenheit als ein Wert an sich gesehen, aber Chauvinismus abgelehnt.

Jetzt brauche ich zur Vervollständigung der islamischen Theorie des Pluralismus nur noch drei kurze Verse hinzuzufügen, damit man sieht, daß sich die Haltung der Toleranz durch das gesamte Heilige Buch der Muslime zieht. Im berühmten 256. Vers der Sure al-Baqara (2) heißt es knapp: **Kein Zwang im Glauben,** womit neben dem Verbot von Gewalt in Angelegenheiten des *forum internum* zugleich festgestellt wird, daß das Erzwingen von Glauben ein untauglicher Versuch ist.

Entsprechend sagt die Sure al-Kafirun, Vers 6: **Euch euer Glaube und mir mein Glaube!** Und die 18. Sure, Vers 29, zeigt eine Liberalität, die manche als fast zynisch auffassen: **Und sprich: "Die Wahrheit ist von euerem Herrn. Wer nun glauben will, der glaube, und wer will, der glaube nicht".**

Wie außerordentlich diese islamische Theorie vom Segen und der Normalität der Vielfalt ist, erhellt im Vergleich

---

2. Damit gemeint ist "schätzen lernt."

mit Judentum und Christentum. Die katholische Kirche hat sich bekanntlich noch immer nicht durchgerungen, Muhammad als einen prophetischen Empfänger von Offenbarung und den Qur`an als Beschreibung eines Wegs zum Heil anzuerkennen.

Die ja immer noch präsente Geschichte des Christentums kennt sogar eine strukturelle Intoleranz, wie sie sich früher in den fatalen Grundsätzen *extra ecclesiam nulla salus und cuius regio eius religio* ausgedrückt hatte.

Man glaube nicht, daß dies alles im Zeichen der Menschenrechtspakte und modernen Grundrechte der Vergangenheit angehöre. Die oft schockierenden Reaktionen auf das Kopftuchurteil des BVfG zeigten, daß die deutsche Gesellschaft das Christentum weiterhin gesetzlich privilegieren möchte. So kam es zum Beispiel unverblümt in einem verfassungswidrigen Baden-Württembergischen Gesetz zum Ausdruck, das ausschließlich das muslimische Kopftuch, aber keine entsprechenden christlichen oder jüdischen Bekleidungsstücke verbot

II. Die Praxis

Da man auch nach Ausspruch des islamischen Glaubensbekenntnisses, der Schahada, Mensch bleibt, ist es nicht verwunderlich, daß die islamische Praxis im Laufe der Geschichte der islamischen Theorie nicht immer entsprach. Zumal bei kriegerischen Verwicklungen - und davon gab es genug - handeln auch Muslime gerne nach dem Grundsatz "wie Du mir, so ich Dir" - auf amerikanisch "tit for tat".

Gleichwohl ist es keine Beschönigung festzustellen, daß sich die islamische Praxis der Religionsfreiheit in aller Regel doch von der okzidentalen positiv abhob.

Symptomatisch dafür ist es, daß die vielen christlichen und jüdischen Gemeinden unter islamischer Herrschaft nicht verschwanden. Griechenland blieb nach 500 Jahren osmanischer Oberherrschaft orthodox.

In Ägypten leben heute 15 Millionen ägyptischer Kopten: 1300 Jahre nach Ankunft des Islam am Nildelta.

So war es geradezu selbstverständlich, daß die meisten andalusischen Juden vor der katholischen Reconquista in die muslimische Welt flohen - in den Maghrib, nach Saloniki, nach Istanbul. Ein okzidentales Pendant zu Salah ad-Din (Saladin) hat es trotz Franziskus von Assisi nicht gegeben. Auch heute ist der muslimische anti-Zionismus nicht antijüdisch unterfüttert.

Diese recht glückliche Symbiose von Muslimen, Christen und Juden hatte eine konkrete juristische Grundlage im sog. siyar, dem islamischen Kodex zum Schutz religiöser Minderheiten. Danach genossen diese autonome Selbstverwaltung mit eigenem Familien-, Erb- und Strafrecht, waren also partiell extraterritorial. Christen konnten mit Schweinen handeln und Juden Zinsgeschäfte machen. "Wer einem Schutzbefohlenen weh tut, tut mir weh, ..." sagte Muhammad.

Die nichtmuslimischen Schutzbefohlenen (Dhimmi) der Muslime waren vom Wehrdienst befreit und zahlten dafür eine Ersatzsteuer (al-dschizya), welche nicht notwendig höher als die Vermögenssteuer der Muslime (al-zakat) war. Christen in muslimischen Staaten konnten sogar Minister werden, so wie die derzeit in Marokko, Jordanien und Ägypten der Fall ist.

Im krassen Gegensatz dazu schlug die strukturelle Intoleranz des mittelalterlichen Christentums voll auf die Praxis durch, mit schlimmen Konsequenzen, von denen die europäische religiöse Landschaft und das kollektive Bewußtsein bis heute geprägt sind. Sowohl die Kreuzzüge wie die Reconquista in Spanien waren von dem Gedankengut geprägt, daß die Kirche alleinige Verwalterin der göttlichen Gnade sei. Dies mußten Germanen und Slawen genauso schmerzlich erfahren wie die mittelamerikanischen Indianer und jüngst Bosnier und Albaner bei den von der serbischen und griechischen Orthodoxie begrüßten "religiösen Säuberungen" auf dem Balkan.

Dabei übersehe ich nicht, daß sich die Intoleranz der Kreuzritter nicht nur gegen die Muslime, sondern auch gegen die als häretisch betrachteten orthodoxen Christen richtete. Konstantinopel litt 1205 unter den Lateinern mehr als 1453 unter Mehmet dem Eroberer.

Das meiste davon ist Vergangenheit und daher vielen hierzulande nicht mehr bewußt. Doch es ist weiterhin relevant, da diese Verfehlungen zumindest im kollektiven Unterbewußten verhaftet sind. Man neigt im Westen jedenfalls dazu, von Muslimen den gleichen Grad an Intoleranz zu erwarten, den man selbst ausgeübt hatte: Man unterstellt den Muslimen nicht von ungefähr die eigene Unart als Norm, und hat daher Angst.

B. Der Islam und die Demokratie

I. Theorie

Die von manchen Muslimen heutzutage gezeigte Intoleranz, ja ihr abgrundtiefer Haß gegen die Vereinigten Staaten als bedingungsloser, expansiver Schutzherr und Finanzier Israels hat, weiß Gott, viele reale Gründe, zumal unter George W. Bush, jr. mit seiner Kreuzzugsrhetorik. Es geht den Muslimen, die sich der wirtschaftlich-technologischen Globalisierung als neuer Form der kulturellen Kolonisierung widersetzen, aber nicht um Kampf gegen Demokratie und Menschenrechte.

Im Gegenteil, die meisten Mitglieder der Islamischen Bewegung erwarten viel von einer islamischen Demokratie; denn sie werden von Despoten verfolgt, welche in zahlreichen muslimischen Ländern als Militärdiktatoren an der Macht sind und sich vor nichts so sehr fürchten wie vor Demokratie.

Es trifft allerdings zu, daß man in der Dritten Welt auf verbitterte Muslime trifft, welche Islam und Demokratie für unvereinbar halten. Doch damit wollen sie lediglich zum Ausdruck bringen, daß sie Amerika nicht als Vorbild ansehen können, weil es nicht nur Israel, sondern fast alle Despoten in der muslimischen Welt kräftig unterstützt und hinsichtlich der Menschenrechte ganz offensichtlich mit zweierlei Maß mißt. Ich spreche nicht nur von Guantanamo Bay, Bagram und Abu Ghraib.

Doch diese Verwerfung der Demokratie als Protesthaltung findet in der islamischen Theorie keine Grundlage. Weshalb denn große islamische Rechtsgelehrte wie Fathi Osman in Los Angeles und Yusuf al-Qaradawi in Qatar regelmäßig verkünden: "Ein Muslime, der behauptet, daß Islam und Demokratie unvereinbar seien, versteht weder etwas von Demokratie, noch vom Islam".

In der Tat finden sich in Qur`an und Sunna mindestens 12 Bausteine für eine demokratische Regierungsform:

(i) Nach sechs Fundstellen im Qur`an ist jeder einzelne Muslim und jede einzelne Muslima Stellvertreter bzw. Sachwalter Gottes auf Erden, ein khalifa (2; 30; 6: 165; 24: 55; 27: 62; 33: 72; 35: 39) Das ist mehr als nur ein mündiger Bürger.

(ii) Der Islam ist trotz seiner sufisch-mystischen Seite keine weltflüchtige Religion. Vielmehr fordert der Qur`an wiederholt zum politischen Engagement auf, nämlich "das Gute zu gebieten und das Schlechte zu verbieten".

(iii) Seinem geschichtlichen Entstehen nach in al-Madina war der islamische Staat während der Herrschaft der vier rechtgeleiteten Kalifen Abu Bakr, ´Umar, ´Uthman und ´Ali keine Monarchie. Der islamisch-jüdische Staat in al-Madina war eine föderative Republik: die erste in der Menschheitsgeschichte.

(iv) In diesem frühen Staat gab es ein Maß an Gewaltenteilung zwischen dem Staatschef (al-amir), der zu konsultierenden Gemeinde und der Justiz.

(v) Die ersten drei Kalifen wurden nach unterschiedlichen Wahlmodi in ihr Amt gewählt: Abu Bakr nach streitiger Aussprache zwischen den eingesessenen und den eingewanderten Medinensern, ´Umar durch Akklamation und

´Uthman von einem Wahlmännergremium. Es war die erste Wahl von Staatsoberhäuptern in der Geschichte.

(vi) Die muslimische Exekutive ist gehalten, alle öffentlichen Angelegenheiten durch Beratung (ash-Shura) zu regeln (3: 159; 42: 38). Heute entspricht dem der repräsentative Parlamentarismus.

(vii) Vor der Verteidigungsschlacht von Uhud (23. 03. 625 CE) gegen die zahlenmäßig weit überlegenen Mekkaner hatte Muhammad sich gegen offene Feldschlacht ausgesprochen, dann aber der Mehrheit der Muslime gebeugt, welche ihren Mut und ihre militärischen Fertigkeiten nicht im Häuserkampf, sondern auf dem glorreicheren Schlachtfeld beweisen wollten. Dies ging bekanntlich schief. Daraus ist jedoch als bleibende Regel zu schließen, daß das Ergebnis einer Beratung für den Staatschef bindend ist, so wie heute bei einem Parlamentsbeschluß.

(viii) Nach islamischer Lehre ist Allah der einzige legitime Gesetzgeber.

Alle parlamentarische Gesetzgebung muß sich daher zumindest prinzipiell und im weitesten Sinne auf Qur`an und Sunna stützen können. Dem entspricht in modernen Staaten die Bindung der Gesetzgebung an die Verfassung und das Völkerrecht.

(ix) Da der Islam Meinungsvielfalt als Reichtum und Segen betrachtet, kann es auch in einem islamischen Staat ein Mehrparteiensystem geben, so wie bereits in Ägypten, Jordanien, Malaysia und Marokko.

(x) Nach einer muslimischen Maxime sollte es sich beim Staat um "din wa dawla" handeln, also um Glaube und Obrigkeit. Die Maxime lautet also nicht "ad-din al-dawla" - Glaube und Staat sind ein und dasselbe. Tatsächlich wußten Muslime stets zwischen Regierung und religiösen Institutionen- die ´ulama - zu unterscheiden. Oft genug lagen beide in Konfrontation mit einander. Daher mißbilligt die islamische Theorie zwar einen Säkularismus wie seit 1905 in Frankreich, verlangt jedoch keinen "Gottesstaat" wie im Iran, sondern lediglich ein harmonisches Aufeinander-Bezogensein von Staat und Religion - wie prototypisch in Bayern und aufgrund des Konkordats in der gesamten Bundesrepublik.

(xi) In der islamischen Frühgeschichte spielten Frauen im öffentlichen Leben eine bedeutende Rolle. Man denke nur an ´A`isha, die bei der sog. Kamelschlacht (09. 12. 656 CE) sogar formal das Oberkommando innehatte, und an Hafsa, Tochter von ´Umar, welcher die Bewahrung und Weiterleitung des ersten vollständigen Qur`an-Exemplars zu verdanken ist. Es gibt also eine Grundlage dafür, in einem islamischen Staat Frauen als Minister, Beamtinnen, Polizistinnen und Soldatinnen zu beschäftigen.

(xii) Allerdings ist in einem solchen Staat - dem Vatikan-Staat entsprechend - die Position des Staatsoberhaupts einem Muslim männlichen Geschlechts vorbehalten. Dies beruht nicht etwa auf dem vielzitierten Hadith, wonach "kein Staat prosperieren wird, der von einer Frau regiert wird"; denn diese einem Abu Bukra zugeschriebene Überlieferung ist entweder eine Fälschung oder ein Mißverständnis. Vielmehr handelt es sich dabei um eine Regelung, die der amerikanischen Verfassung entspricht, insofern diese das Amt des Präsidenten der Vereinigten Staaten einem in den USA geborenen Amerikaner vorbehält. Wenn dies rechtens ist, kann es kein Unrecht sein, in einem mehrheitlich von Muslimen bewohnten Land das Amt des Staatsoberhauptes einem Muslim vorzubehalten.

Zusammenfassend läßt sich sagen, daß ein islamischer Staat eine Demokratie sein kann, daß Islam und Demokratie also kompatibel sind. Allerdings werden Muslime Demokratie nicht als eine Ersatzreligion oder als eine Ideologie praktizieren, sondern als einen Kontrollmechanismus, laut Winston Churchill "die beste aller schlechten Regierungsformen".

Auch muß ja nicht jede Demokratie mit jeder anderen identisch sein. Vielmehr ist neben Westminster viel Raum, auch für auf Konsens ausgerichtete traditionelle tribale Strukturen.

II. Praxis

Wie in der westlichen Welt auch, ist Demokratie in der islamischen Welt ein zartes, oft recht spät und nicht dauerhaft blühendes Pflänzchen. So wie die Demokratie aus den griechischen Stadtstaaten und Rom bald verschwand, verschwand sie auch bald aus al-Madina. Die folgenden muslimischen Reiche - die Umayaden, Abbasiden, Fatimiden, Mogulen, Mameluken, Osmanen - waren ebenso Erbdynastien wie die westlichen Herrscherhäuser.

Allerdings ist der breite Durchbruch zur Demokratie - wie im Westen seit der Aufklärung sowie der amerikanischen und französischen Revolution - in der islamischen Welt bisher nicht geglückt. Von Demokratie kann man - eingeschränkt - nur bei Malaysia sprechen und - noch eingeschränkter - bei Pakistan, wenn man die radikaldemokratische Gemeinde der ʿibaditischen Mozabiten in Südalgerien vernachlässigt.

C. Schlußbemerkung

Viele hatten gewiß die Schilderung eines größeren Kontrastes zwischen der westlichen und der islamischen Theorie zu Pluralismus und Demokratie erwartet. Doch war eine solche Erwartung überhaupt gerechtfertigt, wo doch das ganze Menschengeschlecht einheitliche natürliche Anlagen von seinem Schöpfer mitbekommen hat?

Legen wir also im muslimisch-christlichen Dialog den Akzent stets auf das Gemeinsame, nicht auf das Trennende, zumal das Gemeinsame überwiegt.

DER ISLAM UND DIE MENSCHENRECHTE

Die westliche und die islamische Welt - wenn es so etwas überhaupt gibt - stehen sich offensichtlich noch immer konfrontativ gegenüber. Streitpunkte sind dabei nicht nur dogmatische bzw. ideologische Unterschiede, sondern Fragen der Moral. Wenn ein Muslim sich mit einem Verfechter der westlichen Moderne oder Postmoderne unterhält, geht es häufig nicht vorrangig um die Existenz oder Nichtexistenz Gottes oder um das jeweilige Gottesbild, sondern um gesellschaftspolitische Fragen. Dabei finden sich die Muslime nur allzu oft hinsichtlich der folgenden drei Themen in der Defensive: Demokratie, Rechte der Frau und Menschenrechte im allgemeinen. Es ist keine Übertreibung festzustellen, daß die Zukunft des Islam im Westen von den Antworten abhängt, welche die Muslime auf diese drei Fragen geben.

Beim Menschenrechts-Dialog machen die Muslime zunächst die verblüffende Feststellung, daß seine westlichen Partner erstens glauben, die Menschenrechte erfunden zu haben, und zweitens, daß Menschenrechte grundsätzlich nur im Westen beachtet, in der muslimischen Welt aber grundsätzlich mißachtet würden.

Die erste dieser Überzeugungen ist insofern verständlich als es tatsächlich nur im Okzident zur Herausbildung eines besonderen Menschenrechtskodex gekommen ist, dank der britischen Bill of Rights, der amerikanischen Unabhängigkeitserklärung und Verfassung sowie der französischen Erklärung der Bürgerrechte, alles vor über 200 Jahren. Aber diese Entwicklung vollzog sich nicht etwa dank des Christentums, sondern trotz des Christentums; und sie bedeutet nicht, daß es zuvor keine den "Human Rights" entsprechende Rechtspositionen gegeben hätte, zumal auf qur`anischer Grundlage.

Schlimmer ist die zweite Unterstellung. Dazu ist zunächst zu sagen, daß es um die Menschenrechte weltweit schlecht steht, nicht nur in von Muslimen bewohnten Ländern. Man denke nur an China, Südamerika, Schwarzafrika und die Vereinigten Staaten (Guatanamo Bay; Bagram; Abu Ghraib). Dann muß unbedingt klargestellt werden, daß die vielfache Verletzung von Menschenrechten in sogenannten islamischen Staaten - darunter Folter, Staatsterror, Polizeibrutalität, Wahlfälschung und Zensur - weder islamisch motiviert, noch islamisch legitimiert sind. Im Gegenteil, es sind vor allem bekennende, friedliche, aber politisch aktive Muslime, welche die Gefängnisse in der muslimischen Region bevölkern.

Schließlich dürfen wir westlichen Dialogpartnern folgende Fragen nicht ersparen: Hat es je quantitativ und qualitativ schlimmere massenhafte Verletzungen der Menschenrechte gegeben als während der beiden Weltkriege, des Einsatzes von chemischen und atomaren Waffen, des stalinistischen Terrors, der industriellen Vernichtung von Juden, Geisteskranken, Homosexuellen, Zigeunern und politischen Gegnern im Holocaust, des Apartheit-Regimes und bei den ethnischen Säuberungen in Bosnien und im Kosovo? Hat sich eine einzige dieser Scheußlichkeiten außerhalb der westlichen Zivilisation ereignet oder gar in der islamischen Region?

Obwohl die Antworten auf diese beiden Fragen negativ ausfallen müssen, erleben wir doch, daß unsere westlichen Partner sich auf das moralische hohe Roß setzen und - bei Strafe des Entzugs von Entwicklungshilfe - ihre, euro-amerikanische Ausprägung der individuellen Menschenrechte vom Rest der Welt einfordern. Sie schwingen die Menschenrechte wie eine Keule. Insofern hatte Parvez Manzoor recht, als er 1994 im Muslim World Book Review formulierte: "Human Rights talk is power talk."

Doch klagen hilft nichts. Es gilt, als Muslim Stellung zu beziehen.

Die Länder der Dritten Welt, euphemistisch Entwicklungsländer genannt, zu denen die meisten muslimischen Staaten gehören, selbst wenn sie im Petrodollar-Regen stehen, haben eine erste Verteidigungslinie aufgebaut, indem sie auf die Interdependenz der zivilen und der sozialen bzw. ökonomischen Menschenrechte hinwiesen. Es liegt auf der Hand, daß Wahlen nur tribale Bedeutung haben, solange die Wahlbürger noch Analphabeten sind.

Es ist ferner unbestritten, daß eine Demokratie eine Zivilgesellschaft mit wirtschaftlichem Wohlstand voraussetzt. Den Drittweltstaaten ist es tatsächlich gelungen, in die 1966 ratifizierten Menschenrechtspakte der Vereinten Nationen einen ganzen Katalog "ihrer" Menschenrechte aufnehmen zu lassen, darunter das Recht auf Erziehung und Lebensunterhalt.

Die selben Ländern glaubten sich gegen den Menschenrechtsknüppel ferner damit wehren zu können, daß sie die Universalität der Menschenrechte in Frage stellten. Diese seien eurozentrisch und ethnozentrisch und daher in anderen Kulturen, etwa in Asien und Schwarzafrika, nicht ohne weiteres anwendbar.

Diese Ansicht mag hinsichtlich der Auffindung immer neuer, geradezu modischer bzw. grüner "Menschenrechte" zutreffen, wie etwa einem "Recht auf Angst", "Recht auf Rausch" oder einem Recht auf gleichgeschlechtliche Eheschließung. Sie trifft jedoch hinsichtlich des klassischen Kerns der Menschenrechte nicht zu, wozu das Recht auf Leben, Freiheit von Folter, Meinungs-und Gewissensfreiheit sowie Religionsfreiheit gehören.

Die Muslime schaden sich selbst, wenn sie sich dazu hinreißen lassen, die Universalität dieses großen Kernbestands an Menschenrechten zu leugnen.

Eine weitaus bessere Strategie ist es, sich im islamischen Rahmen, also im Rahmen von Qur`an und Sunna, mit dem Menschenrechtsphänomen zu befassen.

Dabei stellt man zunächst fest, daß sich der Begriff "Menschenrechte" weder im Judentum, noch im Christentum oder Islam entwickelt hat - nicht nur, weil dieser Begriff in deren Rechtsquellen nicht auftaucht, sondern weil es einem gläubigen Menschen gegen den Strich ging, ein Individuum als Inhaber von Rechten zu begreifen. Göttliche Rechte für Menschen, ja, aber Rechte des Menschen, nein.

In der Tat ist der Menschenrechtsbegriff unmittelbar mit der Vorstellung der Aufklärer verbunden, daß der Mensch autonom und Maßstab aller Dinge sei. Das ist für Menschen mit transzendenter Bindung inakzeptabel.

Im übrigen mußte es muslimischen Juristen widerstreben, ja als blasphemisch erscheinen, die von Gott verliehenen Rechte in eine hierarchische Ordnung, mit höher- und niederrangigen Rechten zu zwängen. Das deutsche Recht kennt die Rangfolge (i) Völkerrecht, (ii) Grundgesetz, (iii) Gesetze, (iv) Verordnungen, (v) Verwaltungsanweisungen, (vi) Verwaltungsakte.

Im Gegensatz dazu führen muslimische Juristen seit jeher sämtliche Normen der Scharia als gleichrangig auf, angefangen von den Regeln zur rituellen Reinigung bis zum Zinsverbot. Könnte man denn göttliche Normen einander unterordnen?

Beides - der angreifbare Begriff "Menschenrechte" und die Ablehnung einer normativen Hierarchie - hätten indessen der Entwicklung einer islamischen Menschenrechtslehre nicht im Wege stehen müssen. Daß dies versäumt wurde, hatte zur Folge, daß der Islam in den Verdacht geriet, menschenrechtsfeindlich zu sein. Dabei wäre es relativ einfach gewesen, mit etwas Einfallsreichtum zu beweisen, daß der Islam alle klassischen Menschenrechte schon seit 1400 Jahren kennt und besser verankert hat als der Okzident seinen Kodex.

Das Verfahren dazu ist einfach: Wenn Allah im Qur`an das Töten verbietet, kann man daraus zwar nicht unmittelbar, aber doch mittelbar - als ein sogenanntes Reflexrecht - ein allgemeines Recht auf Leben ableiten. Wenn der Qur`an die Muslime dazu anhält, ihre Angelegenheiten im Benehmen mit einander zu regeln (schura), kann man daraus mittelbar ein allgemeines Recht auf politische Partizipation herleiten. Wenn die ersten drei Kalifen durch Wahl ermittelt wurden, ohne mit dem Propheten blutsverwand zu sein, kann man daraus ableiten, daß ein islamischer Staat eine demokratische Republik sein kann, jedenfalls keine Monarchie sein muß.

Stolpern wir also nicht über Terminologie, wo wir doch islamische Menschenrechte konzeptionell nachweisen können.

Daß solche Rechte als von Gott gewährt und Ihm gegenüber zu beobachten im Prinzip wirksamer verankert sind als vertraglich vereinbarte (und daher vertraglich abänderbare) Rechte, liegt auf der Hand. Im Westen - sei es die ehemalige Sowjetunion, seien es die Vereinigten Staaten - hat sich jedenfalls der Menschenrechtkatalog häufig als ein bloßes Stück Papier erwiesen; man frage nur einen Afro-Amerikaner.

Unbestritten ist jedenfalls, daß es der Menschheit noch nie gelungen ist, unter bloßem Einsatz ihrer Ratio ein allgemein anerkanntes oder wenigstens regional Autorität besitzendes "Naturrechts"-System zu erfassen. Auch deshalb bemühen sich neuerdings Persönlichkeiten wie Altbundeskanzler Helmut Schmidt und der erimitierte Theologieprofessor Hans Küng um eine Erklärung der Vereinten Nationen über die Menschen-Pflichten, zur besseren Absicherung der Menschenrechte. Papier über Papier! Auch hier geht es ohne Offenbarung nicht.

Die Organisation der Islamischen Konferenz hat sich inzwischen immerhin dazu aufgerafft, sich auf die sogenannte Kairoer Erklärung der Menschenrechte im Islam zu einigen, auch wenn dies ein bloß politisches Dokument geblieben ist.

Dank dieser Arbeit ist es relativ einfach, diejenigen wenigen Unterschiede darzustellen, welche es scheinbar zwischen den westlichen und den islamischen Menschenrechtskatalogen gibt. Es handelt sich um folgende Punkte: (i) Apostasie, (ii) Sklaverei, (iii) Statut der Schutzbefohlenen (dhimmi), (iv) Rechte der Frau, (v) Körperstrafen.

Wie sich dank zeitgenössischer Auslegung (Idschtihad) ergibt, liegen die Ansichten beider Seiten allerdings weniger weit auseinander als es den ersten Anschein hat. Maßgeblich dafür sind bzw. waren muslimische Gelehrte wie Muhammad Asad, Raschid al-Ghannoushi, Fathi Osman, Fazlur Rahman und Hasan at-Turabi.

(i) Was Apostasie anbetrifft, verschwindet jeder Konflikt, wenn muslimischerseits erkannt wird, daß es nach Qur`an und Sunna in dieser Welt keinerlei Strafe für den bloßen friedlichen Abfall vom Islam gibt. La ikraha fi-d-din (*Kein Zwang in Glaubensangelegenheiten*; 2: 256) gilt nicht nur im Außenverhältnis, sondern auch zwischen Muslimen. Strafverfolgt wurden abtrünnige Muslime ursprünglich nur, und das zu Recht, wenn sie Hochverrat begingen, also den Islam aktiv bekämpften. Die Bestrafung von Hochverrat - im Krieg mit dem Tod - ist weltweit Praxis.

(ii) Ähnlich steht es mit der Sklaverei. Vorschriften darüber können nicht aus dem Qur`an entfernt werden. Aber man kann verstehen, daß Allah mit diesen Vorschriften Sklaverei tendenziell, Schritt für Schritt, abschaffen wollte.

Daher kann ein muslimischer Staat heute einem völkerrechtlichen Sklavereiverbot ohne weiteres vorbehaltlos zustimmen.

Das bedeutet natürlich nicht, daß ein muslimischer Sklavenhalter in unserer Zeit nicht mehr daran gebunden wäre, seinen Sklaven die qur`anischen Schutzrechte zu gewähren.

(iii) Was die Rechte der Frau anbetrifft, ist vorab festzustellen, daß der Gleichheitsgrundsatz ursprünglich nur erforderte, gleiche Sachverhalte gleich zu behandeln. Und Muslime, Männer wie Frauen, gehen nun einmal von der Tatsache aus, daß die beiden Geschlechter physiologisch und damit auch psychologisch nicht identisch sind, ob diese Einsicht modisch ist oder nicht. Allah sagte dazu im Qur`an treffend: **ein Junge ist nicht wie ein Mädchen** (3: 36).

Damit sind aus islamischer Sicht bestimmte unterschiedliche Regelungen gerechtfertigt, soweit sie zwingend mit dem Geschlechterunterschied zusammenhängen.

Die westliche Menschenrechtsdoktrin ignoriert allerdings bewußt alle geschlechtlichen Unterschiede zugunsten einer Gleichheitsfiktion. Gleichwohl ist der Konflikt im Praktischen viel geringer als manche gerne glauben:

* Die erbrechtliche Benachteiligung der Frau ist aus islamischer Sicht de facto keine Benachteiligung, weil die Tochter im Gegensatz zu ihrem Bruder keinerlei erbrechtliche Verpflichtungen hat.
* Der geringere Wert der zivilprozessualen Zeugenaussage einer Frau ist nach Auslegung zahlreicher zeitgenössischer fuqaha von der im Qur`an geschilderten Situation abhängig, also davon, daß die Zeugin auf dem zu bezeugenden Gebiet unerfahren ist. Dem Zeugnis einer muslimischen Geschäftsfrau wird man also volles Gewicht beimessen, wenn es um Wirtschaftsangelegenheiten geht.
* Die Rolle von Mann und Frau in der Ehe wurde in der Vergangenheit von einem traditionellen, möglicherweise vorislamischen Verständnis des 34. Verses der 4. Sure bestimmt, wo es heißt: **Ar-ridschal qawwamuna ´ala-n-nisa.** Typischerweise wurde dies bis in die jüngere Zeit so verstanden, als stehe der Mann als ihr Chef über der Frau. Heute verstehen maßgebliche Qur`an-Übersetzer diesen Satz wie folgt:

Die Männer stehen für die Frauen ein - und zwar wegen der größeren physischen oder finanziellen Möglichkeiten des Ehemanns, sofern diese wirklich vorliegen. Nichts Grundrechtswidriges.

* Daß ein Muslim - im Gegensatz zur Muslima - keine interreligiöse Ehe mit einem Juden oder Christen eingehen kann, hängt unmittelbar mit dem soeben geschilderten Verständnis der Rolle des Mannes in der Ehe zusammen. Weil dieses Verständnis sich zugunsten der Frau stark gewandelt hat, gibt es, jedenfalls in Deutschland, inzwischen Imame, welche die Ehe einer Muslima mit einem Nichtmuslim dulden.
* Daß eine Frau gleichzeitig nur einen Ehemann ehelichen kann, mag ursprünglich damit zu tun gehabt haben, daß *pater semper incertus*. Andererseits mag Männern die Mehrehe angesichts des großen Frauen- und Witwen-"Überschusses" in kriegerischen Zeiten erlaubt worden sein.

Auch hier sehe ich aufgrund der zivilisatorischen Entwicklung der umma keine signifikante Benachteiligung der Frau mehr; hat sich doch die Einehe in der islamischen Welt schon längst als Norm durchgesetzt.

Es kann kein Zweifel sein, daß dies der von Allah mit dem Qur`an in Gang gesetzten Entwicklung entspricht.; denn Allah hat nicht nur verneint, daß ein Mann mehreren Ehefrauen gerecht werden kann (4: 129). Er hat die im Prinzip zulässige Mehrehe unter eine glasklare Bedingung gestellt (4: 3), die fast nie eingehalten wurde, ja beim Zitieren dieses Verses durch Männern oft übersprungenwird. Heißt es dort doch: **Und wenn ihr fürchtet, sonst den Waisenkindern nicht gerecht werden zu können, dann heiratet ...zwei oder drei oder vier.** Eine Mehrehe kommt also nur zum Zweck der Fürsorge für Waisenkinder in Frage. Vor diesem Hintergrund war die polygame Praxis der Muslime jahrhundertelang illegal.

(iv) Die vom Strafrecht (hudud) der Schari´a vorgesehenen Körperstrafen sind nach westlichem Menschenrechtsverständnis grausam und entwürdigend, also völkerrechtswidrig. Dabei denkt man an die Steinigung bzw. das Auspeitschen von Ehebrechern und die Amputation von Dieben.

Auch hier ist zunächst ist festzustellen, daß die amerikanische Vormacht des Westens an der Todesstrafe festhält, die - sei es durch Köpfen, Hängen, Elektrokution oder zu Tode Spritzen - gewiß die grausamste aller Körperstrafen ist. Solange dies so ist, ist es m.E. scheinheilig, sich über den Islam zu beklagen, zumal die islamische Praxis sich von der Theorie enorm unterscheidet.

Ich bin dezidiert der Meinung und stehe damit nicht allein, daß es keine islamische Rechtfertigung für Steinigen gibt. Eine Vorschrift, Ehebrecher zu steinigen, findet sich nicht im Qur`an, sondern nur in der Bibel. (Der Qur`an sieht für Ehebrecher Schläge vor.)

Auch war es systematisch unzulässig, eine so weitreichende Strafe aufgrund eines einzigen Hadith zuzulassen, wonach der Prophet eine Steinigung einmal geduldet habe.

Daraus ist rechtlich nichts herzuleiten; denn zum einen könnte es sich bei den Deliquenten um Juden gehandelt haben, auf die biblisches Recht anzuwenden war. Zum anderen ist es undenkbar, daß der Prophet auch auf Muslime biblisches Recht weiterhin angewendet hätte, sobald Ehebruch in einer qur`anischen Offenbarung mit einer minderen Strafe geregelt worden war.

Jedenfalls ist das Beweisrecht des islamischen Strafverfahrensrechts derart anspruchsvoll, daß für Ehebruch so gut wie niemand verurteilt werden kann, der das nicht will, indem er ein glaubhaftes freiwilliges Bekenntnis ablegt. (Präsident Clinton wäre es nach den Regeln des islamischen Rechts besser ergangen...)

Das Verständnis der der Abschreckung dienenden qur`anischen Strafdrohung für Diebstahl setzt voraus, daß man seine sozialpolitische Komponente kennt; daß man weiß, daß die soziale Absicherung und Alterssicherung der beduinischen Frau darauf beruht, daß sie ihre in Edelmetall erhaltene Brautgabe nicht verliert.

Im übrigen hat die islamische Jurisprudenz auch diesen Komplex über die Definition von Diebstahl enorm entschärft. Danach muß es sich um einen größeren, besonders gesicherten Wert handeln und darf kein öffentliches Eigentum betreffen. In Notzeiten wird die Verfolgung von Diebstahlsdelikten schon seit dem Kalifen ʿUmar suspendiert.

Doch selbst in normalen Zeiten läßt man dieses Delikt in nur wenigen Wochen "verjähren", so daß es auch hierbei nur äußerst selten zu einer Verurteilung und noch seltener zu einer Vollstreckung des Urteils kommt.

Daher kann man Jahrzehnte in der muslimischen Welt leben, ohne je einem Menschen zu begegnen, dem die Hand wegen Diebstahls amputiert worden ist.

Als Fazit ist nach allem festzuhalten, daß die Unterschiede zwischen dem Menschenrechtsverständnis der islamischen und der übrigen Welt sowohl in der Theorie wie in der Praxis viel kleiner sind als meist angenommen wird.

ISLAM UND RASSISMUS[1]

I.

Es kann leider kein Zweifel daran sein: Nationalismus, gesteigert zu Chauvinismus, die große Geißel des 19. und 20. Jahrhunderts, bewegt und motiviert die Völker dieser Erde weiterhin. Nationalismus ist wie eine Krankheit, die - wie die Schwindsucht - mit gesteigerter Virulenz zurückkommt, nachdem man ihr Verschwinden, als mit der Rationalität der Moderne unvereinbar, schon postuliert hatte. Und was ist Nationalismus anders als praktizierter Rassismus, nämlich das Denken in ethnischen und damit verwandten Kategorien?

Verwunderlich ist diese Entwicklung keineswegs. Schließlich sind ihre Hauptursachen die natürliche Familienorientierung des Menschen sowie der Schwäche der weltanschaulichen Bindungen, welche die Nationalis-men überwölben könnten.

Patriotismus, als noch nicht entarteter Nationalismus, ist schließlich nichts anderes als der natürliche, auf Sippe und Stamm übertragene Familiensinn, also eine der Existenzsicherung dienende, normale Verhaltensweise bei Mensch und Tier. Die Nation stellt sich als die "extended family" par excellence dar. Loyalität gegenüber dem Verband, der meine Sozialisierung, ja mein Überleben gewährleistet, ist in eine Tugend.

Auch die Kehrseite davon, die Furcht, ja Angst, vor dem Fremden - dem (noch) nicht Bekannten - bleibt eine im

1. Vortrag im Hotel Bristol in Bonn anläßlich der Aufnahme in den Beirat des Zentralrats der Muslime in Deutschland.

Kern natürliche, normale Reaktion. **Und zu Seinen Zeichen gehört die ... Verschiedenartigkeit eurer Sprachen und Farben. Darin liegt ein Zeichen für die Wissenden** - sagte der Qur`an dazu (30:22).

Der Qur`an erkennt die von Gott geschaffene (25: 54), durch Abstammung oder Eheschließung entstehende Blutsverwandtschaft bzw. Schwägerschaft als schutzwürdig an (4: 1); dies selbst innerhalb der doch aus Brüdern und Schwestern bestehenden islamischen Glaubensgemeinschaft. Der Qur`an räumt ein, daß Familiemitglieder sich zumindest erbrechtlich, aber auch in manch anderer Hinsicht besonders nahestehen (8: 75; 33: 6). So konnte Daryabadi sagen, daß Verwandtschaft als wichtigste gesellschaftliche Institution des Islam überhaupt anzusehen ist.

Doch jede "in-group", wie die Soziologen es nennen, schafft automatisch eine "out-group": eine Abgrenzung gegenüber dem "Anderen", die zur Ausgrenzung werden kann. Als Kriterien dafür eignen sich Faktoren wie Wohnort, soziale Schicht, geschichtliche Erfahrung, Religion, Geschlecht, Sprache - eine Dialektfärbung genügt - sowie die Farbe von Augen, Haaren oder Haut.

Jeder von uns ist Mitglied mehrerer "in-groups". Man merkt das spätestens, wenn man vor dem Fernsehschirm eine von zwei Fußballmannschaften favorisiert. Dieser simple, natürliche Mechanismus kann jedoch bis zum Holocaust führen und zu anderen sprachlos machenden Massakern, wie zuletzt den "ethnischen Säuberungen" in Bosnien-Herzegovina, die ihrerseits die Vertreibung der Muslime und Juden aus dem Spanien der Reconquista im 16. Jahrhundert zum unseligen Vorbild hatte.

Dieses festzustellen, wäre pure Banalität, wenn es nicht zu der weit interessanteren Feststellung führen würde, daß es einen, einen einzigen Faktor gibt, der alle übrigen, gefährlichen Quellen von Nationalismus und Rassismus neutralisieren kann: nämlich Religion (auch als Ideologie).

Im Prinzip sollten alle Weltanschauungen in der Lage sein, ethnische Konflikte im Inneren wie im Außenverhältnis zu überlagern, auch wenn dies dem Christentum kaum je gelungen ist - und auch dem Kommunismus nur beschränkt.

II.

Es ist deshalb von außerordentlicher Tragweite, daß der Islam in hohem Maße tatsächlich dazu fähig war und ist, Rassismus zurückzudrängen. Dies war schon zur Entstehungszeit des Islam der Fall, dank des unerhörten Ereignisses, daß eine Gruppe stammesfremder Medinenser dem Propheten Muhammad und seinen mekkanischen Anhängern bei zwei Treffen in Aqaba (im Tal von Mina) in den Jahren 621 und 622 nicht nur Zuflucht, sondern Bruderschaft und politische Führerschaft in ihrer arabisch-jüdischen Oasen-Stadt Yathrib anboten[2] - nicht auf Stammesbasis, sondern auf Basis des gemeinsamen Glaubens.[3] Mit den beiden Treueschwüren von Aqaba begann, was sich rückschauend als das erste staatliche Gemeinwesen auf rein weltanschaulicher Grundlage darstellt.

Nach der Hidschra gab es in der Geschichte der Menschheit erstmals einen Staat, dessen Staatsangehörigkeit sich ausschließlich aus der Glaubenszugehörigkeit herleitete, unter Vernachlässigung aller anderen üblichen Zusammengehörigkeitskriterien, darunter des bisher heiligsten: der Blutsbande zu Sippe und Stamm. Der Qur`an erklärte die Auswanderer (al-muhadschirun) und ihre Gastgeber (al-ansar) unter Bruch aller Stammesbindungen lapidar zu

---

2. Die historischen Vorgänge um die beiden Gelöbnisse von Aqaba sind von Charles Le Gai Eaton eingehend beschrieben worden: "Der Islam und die Bestimmung des Menschen", München. 2.Aufl. 1994, S. 209 - 211.
3. Daß Muhammads Mutter aus Yathrib (später al-Madina) stammte, spielte dabei keine Rolle.

Freunden und Beschützern (auliya; 8: 72) und konstatierte: **"Der Prophet steht den Gläubigen näher als sie sich selbst"** (33: 6).

Laut Ibn Madscha (Sunan I) sagte der Prophet des Islam: "Heiratet Frauen nicht wegen ihrer Schönheit; denn ihre Schönheit kann sie zugrunderichten - und heiratet sie auch nicht wegen ihres Vermögens; denn ihr Vermögen kann sie unmäßig machen. Heiratet sie vielmehr wegen ihrer Religion. Eine schwarze Sklavin mit durchbohrter Nase, die aber fromm ist, ist vorzuziehen."

Besser kann man nicht illustrieren, daß der Islam die denkbar engste ideologische Verwandtschaft begründete.

Der Qur`an ging bei Aufwertung der Glaubensbande über Familienbande noch einen Schritt weiter, indem er feststellte, daß es selbst Ehefrauen und Kindern geben kann, vor deren Feindschaft sich ein Gläubiger um seines Glaubens willen hüten muß (64: 14). Schließlich, so sagte der Qur`an lakonisch, werden dem Gläubigen beim Letzten Gericht weder Frauen noch Kinder von irgendwelchem Nutzen sein (60: 3).

Von da ab war es islamisches Ideal, den Besten der Gemeinde ohne Rücksicht auf Herkunft nur unter den Frömmsten zu suchen - nicht unter den Edelblütigsten oder unter den begabtesten Qasida-Dichtern. So wurde Bilal, ein schwarzer ex-Sklave, zum ersten Gebetsrufer des Islam, ein Iraner, Salman al-Farsi, zum ersten Finanzminister, und eine Frau, ´A'ischa, hatte den Oberbefehl während der sog. Kamelschlacht des Jahres 657 gegen ´Ali ibn Abi Talib.

Das Ideal der von einem einzigen, vorbildlich frommen *amir al-mu`minin* regierten einzigen Umma, der ihrem Status nach unterschiedlosen Gläubigen der islamischen Gemeinschaft, hat die islamische Geschichte geprägt. Bis zum Ende des osmanischen Reiches waren die Mehrzahl der Großwesire keine Türken, sondern Albaner, Serben, Griechen, Tscherkessen etc. Ob man wie Salah ad-Din Kurde war oder Turkmene, Azeri oder Syrer - es spielte letztlich weder im Staat noch in der Armee die ausschlaggebende Rolle. Ibn ´Arabi, der Mystiker aus dem andalusischen Murcia, wirkte und starb hochgeachtet in Damaskus, und dort starb auch, im Exil, der große algerische Staatsmann und Sufi des 19. Jahrhunderts, ´Abd-al-Kabir al-Dschaza`iri.

Lawrence von Arabien konnte im 1. Weltkrieg einen antitürkischen Panarabismus nur anfachen, weil die Jungtürken zuvor mit ihrem Pantürkismus begonnen hatten, die anderen osmanischen Völkerschaften zu diskriminieren. So ist denn auch das heutige türkische Kurdenproblem nur zu verstehen, wenn man die kemalistische Zerstörung des islamischen Bandes in Rechnung stellt, welches das osmanische Reich jahrhundertelang zusammengehalten hatte.

In der Tat: Noch heute läßt sich sagen, daß fast alle Staaten der arabisch-muslimischen Welt als koloniale Schöpfungen relativ wenig gefestigte Nationalstaaten sind: Theoretisch dürfte es sie garnicht geben. (Staaten mit historischem Fundament, wie Marokko und der Jemen, sind Ausnahmen.)

Seinen schönsten Ausdruck findet das weltumspannende Phänomen der Umma alljährlich während der Pilgerfahrt nach Mekka. Das Gleichheits- und Zusammengehörigkeitsgefühl von jeweils über zwei Millionen Muslimen aus allen Kontinenten, dieser Kongreß von unter schwierigsten Bedingungen friedlich miteinander lebenden, betenden und diskutierenden Pilgern aller Rassen, ist so einzigartig, daß es selbst einen schwarzen Aktivisten wie Malcom X von seinem aggressiven Rassismus befreite. Ja, der Hadsch ist die wirksamste Gegenerziehung zu rassistischem Gedankengut.

Ich habe diesen Effekt nicht nur in Mekka erlebt, sondern 1985 selbst in San Franzisco. Dort übertrug mir eine schwarze Gemeinde von Muslimen die Leitung ihres Gebets: mir, einem frisch hereingeschneiten, weißhäutigen Ausländer. Doch das war ja nicht der Punkt. Entscheidend war, daß ich aus ihrer Sicht der kenntnisreichere Muslim und somit ihr Imam war. In diesem Geiste sind es heute nur Muslime, die in rauschgift- und gewaltzerfressenen amerikanischen Ghettos - zwischen weißer Polizei und *black street corner kids* - Sozialbeziehungen wieder herstellen können; in Südafrika ist es ebenso.

Und so funktioniert auch in Malaysia die Koexistenz von Malaien, Chinesen und Indern - jede Volksgruppe mit eigener Sprache, Kleidung, Küche und Religion - dank des dort dominierenden, den potentiellen Rassismus einhegenden Islam.

Ich sage nicht ohne Stolz, daß es dank der islamischen Rassismus-Feindlichkeit in der muslimischen Welt zwar politischen anti-Zionismus und eine Ablehnung der Expansion Israels gegeben hat, niemals aber einen virulenten anti-Semitismus. Dies nicht deshalb, weil Araber selbst Semiten sind, sondern weil der Qur`an die Muslime zum Respekt vor den Gläubigen der monotheistischen Buchreligionen und zu frommem, friedlichen Wettbewerb mit ihnen anhält: Schließlich lehnt Gott jede Gewalt in Glaubensdingen ab (2: 256) und gibt anderen Religionen sogar eine strukturelle Bestandsgarantie (5: 48).

III.

Wie eingangs festgestellt, hat Rassismus so tiefe und starke natürliche Wurzeln, daß auch der Islam dieses Übel nie völlig ausrotten konnte. Anderes zu behaupten, wäre so verwegen wie die Behauptung, dem Islam sei die Abschaffung des Bösen gelungen. Es wäre frommer Selbstbetrug.

Schon bei der Wahl des 1. Kalifen, Abu Bakr, im Jahre 632 zeigte es sich, daß die früheren Asylanten aus Mekka, die muhadschirun, einen gewissen Vorrang vor ihren Helfern in Medina beanspruchten. Das führte schließlich - ausgerechnet bei den "Wendehälsen" um Abu Sufyan - zu einer Art islamischen Adels im Reich der Damaszener Umayaden. Vor diesem Hintergrund war schon die Schlacht von Siffin des Jahres 657 zwischen dem Kalifen ´Ali und dem umayadischen Gegenkalifen Muawiya ein neotribaler Konflikt.

Doch auch die scheinbar religiös-revolutionären Abbasiden, welche die Umayaden zur Mitte des 8. Jahrhundert ablösten, hatten in Wirklichkeit quasi adelige Ansprüche und hielten daran fest, daß das Amt des Kalifen auch weiterhin einem Mekkaner des Stammes der Quraisch, möglichst aus ihrer Sippe, vorzubehalten sei.

Diese Theorie hielt sich bis ins späte Mittelalter, bis schließlich die Osmanen nach Selims I. Eroberung von Kairo neben dem Sultan in Personalunion auch den Kalifen stellten. Daß die schiitische Theologie im Grunde auf eine Monarchie, nämlich die notwendige Führung der Gläubigen durch Nachkommen von Muhammads Tochter Fatima und ihrem Ehemann ´Ali, hinausläuft, paßt ins Bild.

Die damit auch im real existierenden Islam entstandene Gleichheitsfrage verschärfte sich zufolge der schnellen Ausbreitung des Islam in seinen ersten beiden Jahrhunderten. Um eine kontrollierbare Assimilierung sicherzustellen, lehnten manche muslimischen Eroberer Massenkonversionen sogar ab. Doch selbst diejenigen nichtarabischen Neumuslime, die man als Gläubige akzeptiert hatte, sog. mawali - im Iran, in Indien, im Vorderen Orient, in Nordafrika und Andalusien - mußten sich manchmal auf längere Sicht mit dem inoffiziellen Status eines Muslims 2. Klasse zufrieden geben.

Die Hadith-Literatur spiegelt diese Situation anschaulich wieder, mit zahlreichen angeblichen prophetischen Aussprüchen über die Vorzüglichkeit oder Verworfenheit von Persern, Türken, Berbern und anderen Volksgruppen.

Die Mawali reagierten darauf im 9. / 10. Jahrhundert mit einer Trotzbewegung auf anti-arabischer Basis, der sogenannten shu´ubiya (von sha´aba, divergieren, zerfallen, sich trennen): "Eine nie ganz ausgestorbene Richtung innerhab der islamischen Völkergemeinschaft, welche die Vorzugstellung der Araber nicht anerkannte"[4] - also ein Fall von ethnischer Parteilichkeit.

Auch der nüchterne Realist Ibn Khaldun benutzte in seiner Grundlegung der Soziologie - bekannt als Einleitung (al-muqqadima) zu seiner Weltgeschichte aus dem Jahre 1377 - den Schlüsselbegriff "Gruppensolidarität" (´asabiyya), um das von ihm beobachtete starke völkische Zusammengehörigkeitsgefühl in der muslimischen Wirklichkeit zu beschreiben. Wer wollte leugnen, daß Ethnizität, vor allem Hautfarbe, die entscheidende Rolle gespielt hatte, wenn Osmanen in der Frührenaissance Galeerensklaven an Venedig lieferten oder arabische Handelsherren bis zum 19. Jahrhundert Jagd auf schwarze Sklaven für den Export nach Amerika machten? Dies ist eine Geschichte, die bis heute die Beziehungen zwischen den muslimischen Staaten Mauretanien und Senegal belastet.

Nehmen wir, um zeitgenössisch zu sein, die afghanischen Taliban, die ihrer Lehre nach auf Shah Waliullah von Delhi (1703-1762) und die darauf fußende konservative Deobandi-Schule zurückzuführenden sind. Ihrem Typ nach - als rurale, puritanische Soldaten-Mönche - stellen sie gewiß ein religiöses Phänomen dar. Moralisch motiviert marschierten sie aus ihren südlichen Qur`an-Schulen (madrasa) um Kandahar auf Kabul, so wie dies einst die berberischen Morabiten (al-murabitun) des 12. Jahrhunderts vom Hohen Atlas aus auf Marrakesch getan hatten. Und doch: Wer wollte leugnen, daß auch diese aktuelle Konfrontation unter den Muslimen Afghanistans weniger eine religiöse Polarisierung ist - zwischen den konservativen Taliban und den islamistischen Gruppen um Burhanuddin Rabbani und

4. Definition von Hans Wehr, Arabisches Wörterbuch.

Gulbuddin Hikmatyar, sondern - alles überlagernd - eine tribale (im Kern also rassische) Polarisierung, nämlich zwischen einer von den Taliban geschmiedeten pathanischen Allianz gegen eine Allianz nichtpathanischer, vor allem tadschikischer und uzbekischer Kräfte.[5]

Es wäre auch unglaubwürdig zu behaupten, daß es im heutigen Saudi-Arabien und am arabisch/persischen Golf zwischen ansässigen Bürgern und muslimischen Gastarbeitern keine Klassenprobleme gäbe. Einen solchen Idealzustand hatte Carsten Niebuhr schon im 18. Jahrhundert im Hidschjaz und im Jemen nicht feststellen können.[6] Das zweimalige Ziehen eines großen Loses - erst in Form des Islam und dann in Form von Petroleum und Erdgas - mag einem Gefühl von Auserwähltsein Nahrung geben.

Doch auch europäische und amerikanische Neu-Muslime klagen manchmal darüber, daß ihnen geborene Muslime - nicht nur im arabischen Raum, sondern in der gesamten muslimischen Welt - mit gewissem Mißtrauen begegnen. Diese Differenzierung hat indessen nichts mit Rassismus zu tun, sondern mit der Sorge um Reinerhaltung des Glaubens gegenüber Brüdern und Schwestern, von denen man glaubt, daß sie mangels Beherrschung des Arabischen keinen verläßlichen Zugang zu den Quellen des Islam haben. Doch selbst ein Meister des Arabischen mit europäischem Hintergrund wie Muhammad Asad alias Leopold Weiss kämpfte vergeblich um Anerkennung seiner wissenschaftlichen Leistungen für den Islam in der arabischen Welt. So scheint es manchen westlichen Muslimen immer noch so zu ergehen wie den *mawali* in der Frühzeit des Islam.

---

5. Zu den Taliban s. das Sonderheft "Afghanistan" des Muslim Politics Report, Nr. 11, Januar/Februar 1997, herausgegeben vom Council on Foreign Relations in New York City, N.Y.
6. Reisebeschreibung nach Arabien und anderen umliegenden Ländern, Manesse Bibliothek. S. 318: "... viele Heiden aus Indien; man erlaubt ihnen auch nicht, ihre Weiber mit nach Jemen zu bringen."

Man sieht, auch wenn die Muslime den Rassismus zur Vordertür hinauswerfen, kommt er, wenn man nicht aufpaßt, leicht zur Hintertür wieder herein. So stolz die Muslime auf ihre Erfolge bei der Überwindung des Rassismus sein können, auf ihren Lorbeeren ausruhen können auch sie nicht.

IV.

Trotz solcher, angesichts der schwachen menschlichen Natur kaum vermeidbaren Flecken auf ihrer Weste bietet die muslimische Welt im großen und ganzen das tröstliche Bild eines der Theorie (und weitgehend auch der Praxis) nach strukturellen Anti-Rassismus - mit einer Botschaft nicht nur für Katalonien, das Baskenland, Nordirland oder den Balkan: Das Modell einer weltumspannenden Gemeinschaft, die in ihren internen zwischenmenschlichen Beziehungen wie nach außen von allen Kriterien außer einem zu abstrahieren sucht: dem Glauben an Gott und der Hingabe an Ihn, von allen Kriterien also außer dem Islam im Ursinne. Aus dem jüngsten Buch des amerikanischen muslimischen Mathematikers, Jeffrey Lang, möchte ich folgendes Urteil übernehmen: "Wenn der Islam rassische Vorurteile auch nicht ausmerzen kann, so toleriert er doch derartige Vorurteile nicht, und wenn Muslime Rassismus manifestieren, wissen sie ganz genau, daß sie eine fundamentale Forderung ihres Glaubens verletzen und schwerwiegendes Unrecht tun. Ich glaube, daß von all großen Weltreligionen im Kampf gegen rassische Vorurteile keine erfolgreicher war als der Islam."[7]

Man kann, wie ich es selbst soeben tat, der muslimischen Welt gewiß manches Versagen hinsichtlich des Ideals rassischer Toleranz vorwerfen. Aber - um dies mit dem kenianischen Professor ´Ali Masrui von der State University

7. "Even Angels Ask", AMANA Publications, Beltsville, MD, USA 1997, S. 144.

of New York in Binghampton zu fragen - warum lobt man sie denn nicht auch einmal dafür, daß sie nicht für Scheußlichkeiten bekannt ist wie Apartheid, Hiroshima, KZ-Lager, ethnische Säuberungen, Hexenprozesse, Inquisition, Euthanasie oder industrielle Massenvernichtung von Kulaken, Juden, Zigeunern, Homosexuellen, Geisteskranken und anderen Mißliebigen?[8]

Es ist gewiß keine Übertreibung, abschließend festzustellen, daß der wohlverstandene und gelebte Islam die Antithese zu Chauvinismus und Rassismus ist.

---

8. "Islam and the End of History", The American Journal of Islamic Social Sciences, 1993, no. 4.

DER ISLAM IM DIALOG

JESUS EINT - JESUS TRENNT

I.

Es ist offenkundig, daß die Anhänger der drei monotheistischen Religionen keine andere Wahl haben als in der ihnen gemeinsamen Welt miteinander auszukommen. Und wer wollte in Abrede stellen, daß Jesus sie sowohl eint wie trennt? Doch problematisieren darf man diese scheinbar so banalen Feststellungen schon.

Zu hinterfragen wäre vor allem, ob die angesprochene Doppelfunktion von Jesus - sein Einen und sein Trennen - nicht darauf zurückzuführen ist, daß man in beiden Fällen ein jeweils anderes Jesus-Bild zugrundelegt. Wer den jüngsten Biographien Gottes folgt - Karen Armstrongs` "Nah ist und schwer zu fassen der Gott - 3000 Jahre Glaubensgeschichte von Abraham bis Albert Einstein"[1] und Jack Miles` "Gott. Eine Biographie"[2], ist geneigt anzunehmen, daß es ebenso viele unterschiedliche Gottesvorstellungen gibt wie Christen und Juden. Wenn dies einigermaßen zutrifft, ist der Verdacht berechtigt, daß es sich hinsichtlich der Variabilität des Jesus-Bildes bei Juden, Christen und Muslimen ähnlich verhält.

Dann könnte es sein, daß wir es bei dem Jesus, der eint, und bei dem Jesus, der trennt, garnicht mit dem gleichen Jesus zu tun haben.

---

1. Droemer - Knaur 1993. Der englische Originaltitel lautet "A History of God".
2. Aus dem Amerikanischen, Hanser Verlag 1996.

II.

Da die religiöse Wirklichkeit bisher offenbar stärker von demjenigen Jesus geprägt wird, der trennt, als von demjenigen, der eint, will ich - und dies aus Sicht des Islam - mit dem trennenden Jesus beginnen.

Dies ist der Jesus der qur`anischen Christologie, die sich vor allem in der 2. - 5. Sure findet. Um es vorwegzunehmen: Diese islamische Christologie ist in allen muslimischen Rechtsschulen, sogar in Sunna und Schia, die gleiche und wird selbst von muslimischen Modernisten geteilt - von Ali ´Abd ar-Raziq, Muammar al-Qadhafi und Muhammad Said al-Ashmawi bis hin zu Farag Foda, Mohammad Arkoun und Bassam Tibi. Sie alle rühren an einem nicht: der zutreffenden Korrektur des spätchristlichen Jesus-Bildes durch den Qur`an.

Somit blieb Jesus bis heute für alle Muslime wie Adam von Gott geschaffen, nicht etwa von Ihm gezeugt. Konkret sagt der Qur`an folgendes dazu: **Sie (Maria) sagte (bei der Verkündigung): "Mein Herr, soll mir ein Sohn geboren werden, wo mich doch kein Mann berührte?" Er (der Engel) sprach: "So schafft Allah, was Er will. Wenn Er etwas beschlossen hat, spricht Er nur zu ihm: > Sei! < und es ist** (3: 47). Auch vergleicht der Qur`an Jesus mit der Erschaffung von Adam: **Wahrlich, Jesus ist vor Allah gleich Adam. Er erschuf ihn aus Erde. Alsdann sprach Er zu ihm: "Sei!"- und da war er.**

Diese, in beiden Versen benutzte Formel für Gottes Schöpfungsprozeß - auf arabisch "kun! jakun" - ist ebenso eine Absage an das nizäische Glaubensbekenntnis, wo es über Jesus heißt: "gezeugt, nicht geschaffen", wie die kategorische Feststellung im 3. Vers der 112. Sure Al-Ikhlas: **"Er (Gott) zeugt nicht und ist nicht gezeugt worden".**

Ob dies eine echte, also trennende Dichotomie, oder nur eine sprachlich suggerierte ist, mag fuglich bezweifelt werden. Kann man den göttlichen Schöpfungsakt, wenn er im Uterus einer Frau stattfindet, nicht "zeugen" nennen, ohne daß er seine Wirkweise - kun! jakun - dabei verliert? Auch Christen nehmen doch keine geschlechtliche Beziehung Gottes zu Maria an.

Ähnlich verhält es sich mit der zweiten grundsätzlichen Aussage des Qur`an über Jesus, daß er nämlich von einer Jungfrau geboren sei. Konkret heißt es dazu, daß Maria ihre Keuschheit bewahrte (21: 91; 66: 12) und dem Engel erklärte, von keinem Mann berührt worden zu sein (3: 47; 19: 20). Dieser Glaube der Muslime an die Jungfrauschaft Marias im Zeitpunkt der Erschaffung Jesu in ihrem Leib ist erst in jüngerer Zeit zu einem trennenden Element geworden, seitdem nämlich in wachsenden Teilen der christlichen Welt - nicht nur bei Ute Ranke-Heinemann - "Jungfrau" nur noch als "junge Frau" begriffen wird, was die Einzigartigkeit der Schöpfung von Jesus in Abrede stellt.

Im übrigen widerspricht der Qur`an aber auch keinen Forschungsergebnissen über nachgeborene Brüder Jesu, wie Jakobus.

Als drittes beschreibt der Qur`an Jesus nicht als Religionsstifter - und das war er im Gegensatz zu Paulus ja auch nicht -, sondern als einen Prophet in der auf Abraham zurückführenden Reihe jüdischer Propheten. Der qur`anische Jesus ist Bestätiger und Reformer der vorausgegangenen Offenbarungen des reformbedürftigen, zu sehr talmudisierten Judentums. Im einzelnen sagt der Qur`an: **Der Messias, der Sohn der Maria, war nur ein Gesandter** (5: 75), ein Bestätiger der Thora, die vor mir da war, und um euch einen Teil von dem zu erlauben, was euch verboten war (3: 50; ähnlich 5: 46). Wie Jesus in die monotheistische Heilsgeschichte einzuordnen ist, ergibt sich plastisch aus dem 136. Vers der 2. Sure al-Baqara: **Sprecht: "Wir glauben an**

Allah und an das, was uns herabgesandt worden ist, und was Abraham, Ismael, Isak, Jakob und den Stämmen (Israels) herabgesandt wurde, und was Moses und Jesus gegeben wurde... Wir machen zwischen ihnen keinen Unterschied.."

Die Erforschung der Qumran-Rollen und der jüdischen Sekte der Essener[3] stützen dieses qur`anische Rollenverständnis von Jesus. Daß er sich nicht als Religionsstifter sah, erhellt im übrigen aus seiner eschalatorischen Sicht. Jesus war derart vom Bevorstehen des Letzten Gerichts überzeugt, daß es für ihn - im Gegensatz zu Muhammad - wenig sinnvoll gewesen wäre, in Kategorien einer neuen Religion oder gar eines neuen Staates zu denken.

Wir werden später sehen, daß das trennende wie das einigende Potential dieses Teils der islamischen Christologie groß ist.

Die vierte wichtige qur`anische Aussage zu Jesus besteht aus einer Negativdefinition: Jesus war danach keine wie immer geartete Inkarnation Gottes, Person einer göttlichen Trinität, konsubstantiell mit Gott - vermischt oder unvermischt. Noch war er ein Gottmensch, sei es im nestorianischen, monophysitisch-koptischen oder nizäisch-orthodoxen Sinne. In dieser Hinsicht könnte der Qur`an kaum kategorischer sein: **Glaubt an Allah und Seine Gesandten und sagt nicht "Drei"... Allah ist nur ein einziger Gott. Es liegt Seiner Herrlichkeit ferne, Ihm ein Kind zuzuschreiben...** (4: 171). In der 5. Sure, Vers 73, heißt es ähnlich: **Wahrlich, ungläubig sind diejenigen, die sagen, "Allah ist der Dritte von dreien." Es gibt aber keinen Gott außer Ihm, dem Einzigen.**

Die nach der Fatiha am häufigsten im Gebet zitierte 112. Sure eröffnet mit einer schallenden Zurückweisung des

---

3. vgl. u.a. Robert Eisenmann, Michael Wise, Jesus und die Urchristen - Die Qumran-Rollen entschlüsselt, 2. Aufl., München 1992; Florentino Garcia Martinez, The Dead Sea Scrolls Translated, Leiden 1994.

Paradoxons der Inkarnation: **Sprich: "Er ist Gott, der Einzige,** von Dem der Qur`an auch sagt: **Alles ist vergänglich außer Seinem Antliz** (28: 88).

Aus islamischer Sicht war tragisch, was im Jahre 325 in Nizäa vom 1. Ökumenischen Konzil der Kirche (unter Vorsitz des heidnischen Kaisers Konstantin) zum Dogma erhoben wurde: "... Wir glauben an den Herrn Jesus Christus, Gottes Sohn, aus dem Wesen des Vaters, gezeugt und nicht geschaffen, Gott von Gott, eines Wesens mit dem Vater, ..."

Von da an hatten Andersgläubige es mit dogmatischer Intoleranz, ja mit dogmatischer Bessessenheit zu tun, wie sie nur das Christentum kennt. Aus muslimischer wie aus jüdischer Sicht zerschnitt dieses Nizäum - die zum Dogma erhobene Formel von der Wesensgleichheit Jesu mit Gott - das Tischtuch zwischen Christentum einerseits und Judentum und Islam andererseits. Seither kann man den Islam als Versuch sehen, unter Korrektur des fatalen 1. Konzils die theologisch - philosophische Einheit von Judentum, Christentum und Islam - ihr gemeinsames monotheistisches Gottesbild - wieder herzustellen.

Die muslimische Theologie verstand die Inkarnationshypothese im übrigen als Ergebnis einer allen Religionen drohenden Gefahr des Abgleitens in ein anthropologisches Gottesbild. Im Volk, auch in islamischen Ländern, ist allzeit ein Bedürfnis zu verspüren, das Sakrale mit Händen fassen zu können - das "Jesus in der Krippe "-Syndrom. Auch im Islam hat sich daher bis zu einem gewissen Grad Heiligenverehrung breitgemacht - Anlaß genug zur Sorge, daß auch Muhammad durch Vergötterung vergöttlicht werden könnte.

Dies erklärt, warum sich Muslime nicht gerne "Mohammedaner" nennen lassen und warum die Wahhabiten sich Anfang des 20. Jahrhunderts zur Zerstörung des Grabes ihres Propheten in al-Madina hinreißen ließen.

Der Volksseele geht es dabei wie Mystikern aller Religionen um Verringerung des Abstands zwischen Gott und Mensch, wie es sich auch im Pantheismus und in der neoplatonischen und gnostischen Emanationslehre niederschlägt, die bekanntlich auch in der islamischen Philosophie bei Ibn Sina und Ibn ´Arabi ihr (Un)wesen getrieben hat.

Das Dreifaltigkeitsdogma überstand übrigens die Auseinandersetzung mit Judentum und Islam in den Bzyantinischen Ostkirchen besser als in der Scholastik des immer rationalistischer werdende Lateinischen Christentums. Dies liegt offenbar daran, daß orientalische Theologen das den Verstand suspendierende Paradigma der Trinität bis heute als ein sich jeder Deutung entziehendes Mysterium verstanden, während die westlichen Kirchen sich unter aussichtslosen rationalistischen Erklärungsdruck setzten.

Besonders trennend scheint zu sein, was der Qur`an hinsichtlich der Kreuzigung Christi in der 4. Sure al-Nisa, Vers 157 - 159, aussagt. Danach hat Gott die Herzen ungläubiger Juden versiegelt, unter anderem wegen ihrer Behauptung, **"Wir haben Jesus Christus, den Sohn der Maria, den Gesandten Gottes, gewiß getötet," während sie ihn doch weder getötet noch gekreuzigt haben; es erschien ihnen nur so. Fürwahr, diejenigen, die darüber uneins sind, sind voller Zweifel: Sie haben ja keine Kenntnis davon, sondern folgen nur Vermutungen. Sie haben ihn mit Gewißheit nicht getötet. Vielmehr hat Gott ihn zu Sich erhoben.**

Damit leugnet der Islam nicht die Kreuzigung Jesus, aber seinen Tod am Kreuz, d.h. eine Annahme, welche nicht am Anfang, aber in der folgenden Entwicklung der christlichen Heilslehre zentrale Bedeutung erlangte - sobald man nämlich vor dem Hintergrund der düsteren Erbsündenlehre des Augustinus sich davon überzeugt hatte, daß ein Sühnetod, ein Opfertod von Gottes eigenem Sohn, für die Erlösung der Menschheit unumgänglich gewesen sei.

Christen neigen dazu, über diese Qur`an-Verse zu spotten, da sie ganz offenbar dem widersprechen, was sie für unbestreitbar halten. Dieser selbstsicheren Haltung ist mit Gerd Lüdemanns Buch "Ketzer - Die andere Seite des frühen Christentums"[4] zu begegnen: "Die Behauptung der Unfehlbarkeit, Widerspruchslosigkeit oder Einheit des Neuen Testaments ist ... unhaltbar. Die geschichtliche Betrachtung der Entstehung des neutestamentlichen. Kanons läßt die Gemäuer von Kirche und Theologie, soweit sie auf dem Neuen Testament als Gotteswort gründen, wie ein Kartenhaus zusammenstürzen" (S. 215).

Der gleiche Autor vertritt in seinem Buch "Die Auferstehung Jesu"[5] den Standpunkt, daß wir die Auferstehung Jesu und alles, was damit zusammenhängt, nicht mehr im wörtlichen Sinne verstehen dürften, "denn, historisch gesehen, wissen wir nicht das geringste über das Grab ... und über das Schicksal des Leichnams Jesu." Wenn auch nicht alle Christen die Forschungsergebnisse ihrer Theologie-Professoren seit 200 Jahren teilen, lassen es solche Stimmen doch geraten erscheinen, die qur`anische Sicht der Kreuzigung nicht einfach abzutun.

Wie im gnostischen Schrifttum auch, entstanden im islamischen Bereich krause Theorien darüber, daß Gott Jesus am Kreuz mit jemand anders vertauscht haben könnte. Nach Simon Magus und dem Gnostiker Basilides soll dies Simon von Kyrene gewesen sein, der nach Markus zeitweise das Kreuz für Jesus trug.[6]

Dabei brauchen wir uns nicht aufzuhalten. Hingegen verdienen zwei andere Lesarten der zitierten Verse Beachtung: Zum einen gehen manche mit G. Parrinter, "Jesus in the Qur`an"[7], davon aus, daß der qur`anische Text mit Akzent auf die Worte "Wir" und "sie" zu lesen ist.

---

4. Stuttgart 1995.
5. Göttingen 1994.
6. Hierüber wie über die Sicht der apogryphen Johannesakten s. Paul Schwarzenau, Korankunde für Christen, Stuttgart 1982, S. 109.
7. Oxford University Press 1977, S. 108.

Er sage somit lediglich aus, daß es nicht die Juden waren, welche Jesus das Leben nahmen, sondern daß es Gott war, der ihn zu sich nahm; denn nur Er ist Herr über Leben und Tod. Ein Hinweis darauf findet sich in Vers 17 der 5. Sure, wo Gott fragt: **Wer könnte wohl etwas gegen Gott ausrichten, wenn Er den Messias, den Sohn der Maria, seine Mutter und alles, was auf Erden ist, zunichte machen wollte?** Dieser Ansicht sind neben Rudolf Paret[8] auch der 2-bändige Qur`an-Kommentar von Scheich Si Hamza Boubakeur.[9] Nach dieser Lesart sagen die untersuchten Verse aus, daß Jesus - zu Gott erhöht - weiterlebt und erst am Ende seiner Parusie, unmittelbar vor seiner Auferweckung am Jüngsten Tag, sterben wird.

Dies ist eine Auslegung, welche Muslime und Christen eher eint als trennt.

Eben so ernst zu nehmen ist jedoch die zweite Ansicht, wonach der Qur`an uns darüber unterrichtet, daß Jesus lebend vom Kreuz abgenommen worden ist - ob er nun noch längere Zeit, etwa gar in Kaschmir, fortwirkte - wie das nicht nur Spinner und Ahmadis glauben - oder nicht.[10] Jedenfalls hat auch die Scheintod-These christliche Anhänger, von Friedrich Schleiermacher bis Franz Alt.

Der (leider etwas zu aggressive) südafrikanische muslimische Christologe Ahmed Deedat hatte daraufhin gewiesen, daß erst im 3. Jahrhundert, vor allem bei Tertullian, die Vorstellung sich entwickelte, daß Jesus nicht wie üblich an das Kreuz gebunden, sondern daran genagelt worden sei - dies aber nicht aufgrund von Hinweisen der insoweit unpräzisen Evangelien, sondern gestützt auf einen Vers der vorchristlichen Psalmen (22,17).[11]

---

8. Der Koran, Kommentar und Konkordanz, Stuttgart1980, S. 110 , Anm. zu 4, 159 .
9. Le Coran, Fayard, Paris 1985.
10. vgl. Andreas Faber-Kaiser, Jesus lebte und starb in Kaschmir, aus dem Spanischen,1. dt. Ausgabe, Lausanne 1986; Holger Kerstens, Jesus lebte in Indien, 7. Aufl. 1986; beide fußend auf Khwaja Nazir Ahmad, Jesus in Heaven or Earth, 1962.
11. Dort heißt es "Sie zerreißen mir Hände und Füße".

In diesem Zeitpunkt dürfte die unglaubwürdige Geschichte vom "ungläubigen Thomas" noch nicht in das Neue Testament eingefügt gewesen sein.

Die die Phantasie mittelalterlicher Maler beflügelnden Kruzifixe sind jedenfalls Phantasiegebilde, insoweit sie ihre Kreuze aus ästhetischen Gründen mit Fußstützen ausstatteten; die zu Zeiten Jesu üblichen Kreuze hatten nämlich stattdessen eine Gesäßstütze in Form eines Horns.

Die Römer hatten zwei Arten der Kreuzigung entwickelt - eine, die zu schnellem Tod führte; dabei wurden die Beine gebrochen, was zum Erstickungstod durch Embolie führte. Die andere Art - das bloße Binden ans Kreuz - sollte langsam zum Tod führen.

Ahmed Deedat war nun überzeugt, daß Jesus nach der langsamen Methode an das Kreuz gebunden worden war, und zwar des Sabbaths wegen nur für drei Stunden, so daß er bei Abnahme noch nicht leblos gewesen sein kann.

Wenige Wissenschaftler werden sich auf eine bestimmte These festlegen lassen wollen. Es genügt, wenn sich auch bei Christen die Ansicht durchsetzt, daß die qur`anischen Aussagen zur Kreuzigung richtig sein könnten.

Auf jeden Fall - darin stimme ich Paul Schwarzenau zu[12] - ist der Koran ein Protest gegen das christliche Kreuzesverständnis. Paulus verwandelte bekanntlich den anstößigen Kreuzestod, das Fiasko, das Jesus und die Urchristen getroffen hatte, mit seiner Sühneopfertheorie in das Symbol eines Erlösungsereignisses und rückte damit das Kreuz in das Zentrum nicht des geschriebenen, aber des gepredigten Evangeliums, bis es zum christlichen Siegeszeichen mutierte.

Diese Erlösungstheologie hat ungemein trennend gewirkt, wird sie doch auf jüdischer und islamischer Seite als blasphemisch betrachtet. Was ist das für ein Gott, fragen die Anhänger dieser Religionen, der eine aus dem Ruder gelaufene Menschheit nicht anders auf den rechten Weg zurückführen kann als durch Zeugung und grausame

Opferung Seines Sohnes? Ist das nicht eher der Gott orientalischer Mysterienkulte?

III.

Damit ist es an der Zeit, von dem Jesus zu sprechen, der Christen und Muslime eint. Dies ist der Jesus, von dem der Qur`an berichtet, er sei Gottes Wort, das Er Maria entboten hat, und Sein Geist, den Er Maria einhauchte (4: 171; 3: 45; 21: 19), Sein wundertätiger Gesandter, der Verkünder der Frohen Botschaft der Liebe, der den Blindgeborenen und den Aussätzigen heilt und mit Gottes Erlaubnis Tode zu Leben erweckt (3: 49; 5: 110): Ein Zeichen für die Welten (21: 91) von Gottes Barmherzigkeit (19: 21), aber auch ein Warner, Übermittler der Weisheit, gestützt durch göttliche Eingebung (4: 165).

Dieses großartige Bild von der Rolle Jesu, ergänzt durch seine in der Sunna beschriebene eschatologische Funktion am Ende der Tage - als siegreicher Widersacher des Anti-Christ, des *dadschal*, wird von Jesu Qualifizierung als Prophet bzw. Gesandter nicht im geringsten beeinträchtigt; denn der Status von Gesandten und Propheten ist im Judentum wie im Islam gewaltig, sind sie doch von Gott Erwählte, würdige Gefäße Seiner Offenbarungen an die Menschheit. Auch Arius hatte ja nicht die Absicht gehabt, Jesus mit seiner Lehre vom nicht göttlichen, aber vergöttlichten Jesus herabzusetzen. Wäre Jesus von Natur aus Gott gewesen, wäre sein Leben und Leiden dann verdienstvoll gewesen?

Es klingt absurd, ist aber wahr, daß dieses Jesus-Bild des Qur`an, das Muslime und Christen einen sollte, neuerdings ebenfalls zur Trennung führt, weil Christen in wachsender Zahl selbst dieses entgöttlichte Jesusbild ihrerseits nicht mehr mitvollziehen. Weniger in der katholischen Kirche als in der evangelischen, aber doch in beiden, vollzieht sich eine Abkehr vom überlieferten Jesus, so daß man befürchten muß, daß er schon bald von der Mehrheit der Christen - von ihren Professoren garnicht zu sprechen - nur noch als eine unhistorische, aber nützliche Fiktion, als "kosmologischer Jesus" des Matthew Fox oder als eine Art früher Sozialarbeiter verstanden wird. Schon glauben manche amtierende evangelische Pastoren nicht einmal mehr an das Fortleben nach dem Tode, geschweige denn an die Gottesnatur Jesu oder seine jungfräuliche Geburt.

Dies hat vielfältige Gründe. Einer davon ist die Tatsache, daß spätestens seit Adolf Harnack Forschungsergebnisse nach unten durchgefiltert sind, welche die dogmatischen Fundamente des Christentums unterspülten. So ist von vielen die Erkenntnis akzeptiert worden, daß die Apostel Jesus nicht für Gott hielten, das sog. apostolische Glaubensbekenntnis insoweit weder von den Aposteln stammt, noch ihre Glaubensüberzeugung widergibt.

Und so gewinnt auch die judenchristliche Überzeugung wieder Anhänger, daß sich Jesus nie mit Gott identifiziert hatte oder "Ich" sagte, wenn er Gott meinte.

Man hat auch bemerkt, daß sich Jesus mit seiner Endzeiterwartung als fehlbar erwiesen hat. Die ersten Christen glaubten mit ihm, auch die letzten zu sein, und täuschten sich darin schmerzlich.

Schließlich hat es die Glaubensbereitschaft beeinträchtigt, daß die einzige scheinbar tragende neutestamentliche Stelle für das Dreifaltigkeitsdogma, "Drei sind es, die da bezeugen im Himmel, der Vater und das Wort und der Heilige Geist", als eine erst um das Jahr 380 eingefügte fromme Fälschung entlarvt worden ist.[13]

Falls dieser Trend anhält, mag man erleben, daß die Muslime dank ihres frühchristlichen, qur`anischen Jesus-Bilds

---

12. a.a.O. S. 110.
13. In meiner Ausgabe des NT findet sich der Passus in eckigen Klammern mit der Fußnote: "Eine zwar inhaltlich richtige, aber doch späte Ergänzung."

zu den letzten Christen werden, weil gerade sie weiterhin die Erhabenheit von Jesus und seiner Mutter verteidigen.

IV.

Ich erhoffe dies nicht. Vielmehr hoffe ich, daß es über eine Revision des nizäischen Glaubensbekenntnisses zu einer Wiederannäherung der drei monotheistischen Weltreligionen kommt. Vorarbeit dafür haben Theologen wie Karl Barth, Rudolf Bultmann, Karl Rahner, Hans Küng, John Hick, Paul Schwarzenau und Gerd Lüdemann schon gelegt.

Letzterer stellte fest: "Die Frage, ob Jesus irgendeinen der zahlreichen christologischen Titel auf sich bezogen hat, ist wahrscheinlich negativ zu entscheiden", sowie: "Jesus ist entweder ganz Mensch oder gar kein Mensch," und zwar ein Mensch, der "nicht nur nicht sündlos, sondern auch nicht >irrtumslos< " war.[14]

Wenn dieser in unserem Jahrhundert verstärkt Platz greifende Trend eines Neudurchdenkens der Inkarnationslehre sich durchsetzt, das Mehrheits-Christentum sich also nach über 1600 Jahren von der extremen Christologie des Konzils von Nizäa löst, dann, ja dann könnte das "nachchristliche Zeitalter" und die ökumenische Einheit der Weltreligionen anbrechen, wie John Hick und Paul Schwarzenau es heraufziehen sehen.[15]

Dann hätte der Islam seine Mission wenigstens im christlich - islamischen Verhältnis erfüllt, und Jesus wäre für diese beiden Religionen vollends vom trennenden zum verbindenden Element geworden.

---

14. Ketzer, aaO, S. 219 f.,
15. Das nachchristliche Zeitalter, Elemente einer planetarischen Religion, Stuttgart 1993.

DAS MUSLIMISCH-JÜDISCHE VERHÄLTNIS

- Islamische Quellen, gemeinsame Geschichte, gegenwärtige Tendenzen -

I. Einleitung

Wie Judentum und Christentum ist auch der Islam eine abrahamitische Religion. Daraus kann allerdings nicht geschlossen werden, daß die drei Religionen zueinander im gleichen Abstand stünden, als ein absolutes Dreieck.

Im Gegenteil: Dogmatisch, rituell und organisatorisch stehen Judentum und Islam einander weitaus näher als beide dem Christentum. Dies hat seine Ursache in den religiösen Quellen des Islam, Qur`an und Sunna, und fand seinen Niederschlag in einer seit 1400 Jahren ununterbrochenen, ereignisreichen gemeinsamen Geschichte. Man wird sehen, wie weit das gegenwärtige jüdisch-muslimische Verhältnis den religiösen Grundlagen des Islam und dem bisherigen Verlauf der Geschichte entspricht.

II. Islamische Quellen

Die mosaische Religion spielt im Qur`an eine außerordentlich große Rolle.

Moses ist die im Qur`an noch vor Abraham am häufigsten erwähnte Persönlichkeit, weit vor Maria und Jesus. Er wird ohne Abstriche positiv dargestellt, ähnlich den anderen 25 im Qur`an erwähnten hebräischen und arabischen Propheten, einschließlich Lot, Jakob, Isaak, Joseph, Aaron, Salomon und David. Das von der Bibel bisweilen recht drastisch geschilderte Fehlverhalten einzelner Propheten übernahm der Qur`an nicht.

Jedenfalls werden alle Muslime über den Qur`an mit dem jüdischen Prophetentum und der israelischen Heilsgeschichte vertraut. Sie begegnen insbesondere neben Adam, Abraham, Hiob und Noah auch Johannes dem Täufer und Jesus als Propheten. So sagt die 42. Sure im Vers 13:

Er hat euch als Religion anbefohlen, was Er Noah vorschrieb und was Wir dir [Muhammad] offenbarten und Abraham und Moses und Jesus auftrugen...

Der Islam zeigt sich hier als weltökumenischer Monotheismus, der keinen höheren menschlichen Status als den des Propheten kennt und die Lehren aller Propheten als eine und dieselbe versteht.

Dies fand seinen klassischen Ausdruck im 67. Vers der 3. Sure, wo es heißt:

Abraham war weder Jude noch Christ; vielmehr war er rechtgläubig.

Er war der "Gott Hingegebene" schlechthin und damit Muslim im weitesten, im urspünglichen Sinne. Dies ist nicht als unzulässiger, ja aggressiver Inklusivismus zu verstehen, sondern als unvermeidliche Konsequenz der Annahme, daß die drei monotheistischen Weltreligionen in ihrem Kern das Gleiche aussagen.

Dem entspricht, daß der Qur`an sich geradezu als Manifest eines positiv bewerteten religiösen Pluralismus verstehen läßt, etwa wenn der 48. Vers der 5. Sure neben einer ganzen Reihe ähnlicher Verse folgendes verkündet:

> **Und Wir sandten zu Dir in Wahrheit das Buch hinab, bestätigend, was ihm an Schriften vorausging und Gewißheit gebend. ... Jedem von euch gaben Wir ein Gesetz und einen Weg. Wenn Allah gewollt hätte, hätte Er euch zu einer einzigen Gemeinde gemacht. Doch Er will euch in dem prüfen, was Er euch gegeben hat. Wetteifert darum im Guten. Zu Allah ist euere Heimkehr allzumal. Und Er wird euch dann darüber aufklären, worüber ihr uneins seid.**

Ähnlich stellt die 49. Sure in Vers 13 fest;

O ihr Menschen! Wir erschufen euch ...zu Völkern und Stämmen, damit ihr einander kennenlernt. Doch der vor Allah am meisten Geehrte von euch ist der Gottesfürchtigste unter euch.

Kurzum: Aus islamischer Sicht ist das Nebeneinander von Religionen gottgewollte Normalität.[1]

Wenn der Islam auf so grandios tolerante Weise Judentum und Christentum anerkennt, weshalb fusioniert er dann nicht mit ihnen? Oder umgekehrt, warum fusionieren sie nicht mit ihm, wo doch die Hingabe an Gott, also "Islam", laut Qur`an Gottes eigene Religion ist (3: 19)?

Dies ist die Frage nach dem Islam-spezifischen, welche bei aller grundsätzlichen Toleranz nun doch zur Grenzziehung führt.

Konkret wirft der Qur`an sowohl Juden- wie Christentum vor, von dem von Abraham vorgezeichneten geraden Weg abgewichen zu sein und dabei - was das Judentum anbetrifft - Kernaussagen von Thora (at-taura) und Psalmen (az-zabur) mißachtet zu haben. Dabei äußert sich der Qur`an in nicht weniger als 363 Versen zur Geschichte des Volkes Israel und seiner Propheten sowie zu seinen Glaubensüberzeugungen. Dies geschieht nicht nur in Suren, welche Namen von Propheten tragen, wie "Abraham" (14), "Jonas" (10) und "Joseph" (12), sondern am ausführlichsten in den großen, späten, in al-Madina geoffenbarten Suren Nr. 2, 3 und 5.

In ihnen spiegelt sich die frühe muslimisch-jüdische Auseinandersetzung in al-Madina wider; denn jetzt liegt der Akzent des Qur`an nicht mehr auf dem religiösen Pluralismus, sondern auf der Enttäuschung über das Verhalten der drei jüdischen Stämme der Oasenstadt. Jetzt werden die Juden als die erbittertsten Gegner der Gläubigen geschildert (5: 82), die man sich keinesfalls als Beschützer nehmen darf

1. Vgl. Muddathir ´Abd al-Rahim, Islam and Non-Muslim Minorities, Penang 1997; Muhammad Ayoub, Islam and Pluralism, Markfield, LE: Islamic Foundation 1996.

(5: 51). Sie würden mit den Muslimen ohnedies nicht zufrieden sein, solange sie keine Juden werden (2: 120, 135).

Auch wird den Juden vorgeworfen, ihre eigene Religion verfälscht zu haben (2: 211) und den Qur`an nicht als eine Offenbarungsschrift anzuerkennen (46: 10), obwohl der Islam doch die gottgefällige Religion schlechthin sei (3: 19).

Diese Vorwürfe an die jüdische Adresse werden im Qur`an vor allem an der behaupteten "Auserwähltheit des Volkes Israel" und seines vertraglichen "Bundes" mit Gott festgemacht. Der Qur`an leugnet nicht, daß das Volk Israel und seine 12 Stämme eine besondere Rolle in der Offenbarungsgeschichte gespielt und göttliche Verheissungen erhalten hat, spricht Juden aber das Recht ab, sich immer noch und allesamt als Gottes "Schutzbefohlene" oder gar als "Kinder Allahs und Seine Lieblinge" zu bezeichnen, wie Vers 6 der 62. Sure und Vers 18 der 5. Sure es formulieren.

Denn die Israeliten hätten ihre Versprechungen gegenüber Gott immer wieder gebrochen (4: 154 f.; 5: 12 f.) und sich immer wieder gegen Ihn aufgelehnt, so daß sie Seinem Zorn verfallen seien (2: 61, 64, 83-85). Gottes Versprechen gelte eben Ungerechten gegenüber nicht (2: 123). Wir waren nicht ungerecht gegen sie [die Juden], sagt Sure 61, Vers 118, vielmehr waren sie gegen sich selbst ungerecht.

So enthält der Qur`an zweierlei Aussagen zum Judentum:

Einerseits solche, wonach Muslime und Juden Brüder sind, welche zwar auf getrennten Wegen, aber doch zum gleichen Ziel, dem gleichen, einen und einzigen Gott, unterwegs sind. Andererseits solche, die scharfe Kritik am jüdischen Selbstverständnis und an der jüdischen Praxis üben. Es fällt allerdings auf, daß die qur`anische Kritik der jüdischen Dogmatik weit milder ausfällt als die Kritik an den christlichen Dogmen von Gottessohnschaft und Trinität. Dafür fällt die moralische Kritik des Qur`an an den Juden schärfer aus als diejenige an Christen.

Isoliert und ungeschichtlich betrachtet können diese Passagen Anti-Semitismus Vorschub leisten, müssen dies aber nicht.

Gottlob überwog in der Geschichte der beiden Religionen das Positive.

Damit sind wir bereits beim nächsten Kapitel, dem über die gemeinsame Geschichte, angelangt.

III. Muslimisch-jüdische Geschichte

Die Geschichte der Beziehungen zwischen Juden und Muslimen begann mit einer zwar sehr kurzen, aber auch sehr tragischen Periode in al-Madina, gefolgt von 1300 Jahren der gegenseitigen kommunalen Befruchtung und Toleranz - nicht nur in Andalusien - die den Stolz vieler Muslime ausmachen.

Wir wissen über die frühgeschichtlichen Turbulenzen weniger aus der Hadith-Literatur, also den Überlieferungen des Propheten, als aus der frühen muslimischen Geschichtsschreibung (as-sira), insbesondere den Propheten-Biographien von Ibn Ishaq[2] und at-Tabari[3].

1. Frühgeschichte

Yathrib, später "Stadt" (al-Madina) des Propheten genannt, war zu seiner Zeit eine von drei jüdischen und zwei arabischen Stammesverbänden besiedelte und für ihre Datteln berühmte Oase, die in der Geschichte des Islam die entscheidende Rolle spielen sollte; denn eine kleine Gruppe dortiger Muslime - später al-ansar (Helfer) genannt - lud ihre bis aufs Blut gequälten und boykottierten Glaubensbrüder in Mekka zu sich ein. Dies führte zur sog. hidschra, der 400 km weiten Wanderung der mekkanischen Muslime

2. Ibn Ishaq, The Life of Muhammad, Oxford: Oxford Univ. Press 1955, S. 178 f., 214-219, 230-232.
3. At-Tabari, Mohammed Sceau des Prophètes, Paris: Sindbad 1980, S. 363 f., 437 f., 461-464.

- jetzt al-muhadschirun ("Auswanderer") genannt - nach al-Medina.

Als letzte kamen Muhammad und Abu Bakr, sein bester Freund (und späterer 1. Kalif) am 24. September 622 in Medina an. Damit war die Voraussetzung für die Errichtung eines muslimisch-jüdischen Staatswesens und - nach Zurückschlagen dreier mekkanischer Belagerungen al-Madinas in den Jahren 624 (Badr), 625 (Uhud) und 627 (Khandaq) - für die Ausbreitung des Islam auf der arabischen Halbinsel geschaffen. Es war eminent sinnvoll, den Beginn der islamischen Zeitrechnung auf dieses Ereignis zu datieren.

In diesem Zeitpunkt bestand fast die Hälfte der medinensischen Bevölkerung aus arabisch sprechenden (aber in hebräischer Schrift schreibenden) Juden.

Das Charisma Muhammads und sein Ruf als gerecht und ehrlich - as-siddiq - führten jedoch zu seiner sofortigen Anerkennung durch alle Stämme al-Madinas. Daher konnte er der Oasenstadt schon 623 eine von allen anerkannte, immer noch modern wirkende föderative Verfassung geben. Es handelt sich bei diesem Dokument (al-sahifa) in 47 Artikeln um die älteste geschriebene staatliche Verfassung der Weltgeschichte.

Darin wurde Muslimen und Juden religiöse, rechtliche und richterliche Autonomie und Selbstverwaltung zugesichert. Der Stadtstaat war nur für die Außenbeziehungen zuständig. Im Verteidigungsfalle waren alle Stämme verpflichtet, solidarisch zusammenzustehen (Art. 44), zumindest aber nicht mit dem Angreifer zu kollaborieren. Insbesondere war untersagt,

* zu rebellieren (Art. 13),
* militärische Expeditionen auf eigene Faust zu unternehmen (Art. 45),
* Separatfrieden abzuschließen (Art. 36),

* dem feindlichen Stamm der Quraisch von Mekka beizustehen (Art. 43).[4]

Nach der detaillierten muslimischen Geschichtsschreibung brachen die drei jüdischen Stammesverbände, die Banu Qaynuqa, die Banu Nadir und die Banu Qurayza, nacheinander ihre gegenüber der Gemeinschaft von al-Madina eingegangenen Verpflichtungen, und zwar während der Belagerungen al-Madinas in den Jahren 624, 625 und 627. Dies führte im Falle der beiden erstgenannten Stämme wegen offener Feindschaft bzw. Mordanschlägen gegen den Propheten zur Ausweisung der meisten ihrer Angehörigen. Die Banu Qaynuqa siedelten nach Palästina um, die Banu Nadir nach Nordarabien und Syrien.

Im Falle der Banu Qurayzah führte der Vorwurf des Hochverrats, nämlich der Kollaboration mit den mekkanischen Belagerern, auf Grund eines von Muhammad offenbar so nicht erwarteten Schiedsspruchs zur Hinrichtung der wehrfähigen Männer. Der Schiedsrichter hatte auf den jüdischen Stamm jüdisches Rechts angewandt, nämlich Deuteronomium XX 10-14.

Alle muslimischen Quellen gehen davon aus, daß es für die Bestrafung dieser drei jüdischen Stämme keinerlei religiöse Begründung gab. Ausschlaggebend war offenbar die Staatsräson. Die von Mekka äußerst gefährdete muslimische Gemeinschaft wollte das Risiko weiterer Kollaboration mit dem Feind nicht länger tragen.

Nichts hat dem Ansehen des Propheten im Westen mehr geschadet als diese Tragödien in der Gründerzeit des Islam.[5]

---

4. Vgl. den ins Englische übersetzten Verfassungstext bei Muh. Hamidullah, The Prophet`s Establishing a State and His Succession, Islamabad: Pakistan Hijra Council 1988, S. 65-74; Ibn Kathir, The Life of the Prophet Muhammad, Vol. II, Reading: Garnet Publ. 1998, S. 212-214, und Akram D. Umari, Madinan Society at the Time of the Prophet, Herndon, VA: IIIT 1991, S. 107-110. Dort finden sich auch Quellen für die Authentizität der Verfassung (Annex II, S. 157-159).

5. Vgl. bei Jabal M.Buaben, Image of the Prophet Muhammad in the West, Markfield, LE: Islamic Foundation 1996, vor allem S. 263 ff.

2. Vom Frühmittelalter zur Neuzeit.

a) Rechtliche Grundlagen.

Nach den turbulenten Anfängen verlief die muslimisch-jüdische Geschichte gottlob erfreulicher, wenn auch nicht immer modellhaft. Grundlage dafür war das auf vorislamische Übung zurückgehende muslimische Minderheitenrecht. Dessen Liberalität ist bis heute unerreicht, auch nicht von den Menschenrechtspakten der Vereinten Nationen und des Europarats[6], da es u.a. partikuläres Familien- und Erbrecht zuläßt.

Nach diesem von der muslimischen Jurisprudenz ausgestalteten Minderheitenstatut (as-siyar) genossen religiöse Minderheiten (adh-dhimmi) wie Juden, Christen, Sabäer und Zoroastrier das Recht autonomer Selbstverwaltung nicht nur in religiösen Dingen, sondern auch im Familien-, Erb-, Handels-, Straf- und Gerichtsverfahrensrecht. So konnten Juden die Muslimen verbotenen Zinsgeschäfte tätigen; Christen durften Wein anbauen.

Der islamische Staat bestand also nicht wie heutige Nationalstaaten auf einem Rechtsmonopol, sondern duldete ein hohes Maß an Exterritorialität in Form einer Pluralität von Rechtsordnungen auf seinem Territorium, so wie dies in Deutschland mit dem Sonderrecht des Adels in namens- und erbrechtlicher Hinsicht bis 1919 der Fall war.

Die religiösen Minderheiten (adh-dhimmi) konnten einem Außenstehenden mit Wirkung gegenüber allen die Staatsbürgerschaft verleihen oder Asyl gewähren (al-aman al-ma´ruf). Sie waren vom Wehrdienst befreit und konnten im gemeinsamen Staatsverband alle politischen Ämter unterhalb des Staatsoberhauptes erklimmen. (Bis in die jüngste Zeit gab und gibt es in muslimischen Ländern wie Marokko, Ägypten und Jordanien christliche und jüdische Kabinettsminister.)

---

6. Vgl. Universelle Erklärung der Menschenrechte vom 10. 12. 1949, die europäische Menschenrechtskonvention vom 04. 11. 1950 sowie den Internationalen Pakt über bürgerliche und politische Rechte vom 19. 12. 1966, vor allem seinen Art. 27.

Die Schutzbefohlenen zahlten der Zentralinstanz pro Kopf eine Wehrersatzsteuer (al-dschizya), die nicht notwendig höher ausfiel als die von den Muslimen zu zahlende Zakat -Steuer.

Als sogenannte Schutzbefohlene genossen die Nichtmuslime den staatlichen Schutz von Leib, Leben und Eigentum, insbesondere ihrer Kirchen und Synagogen.[7] Einen Juden zu töten wurde an einem Muslim genau so geahndet wie Mord unter Muslimen.[8] Schließlich soll Muhammad nach einem von al-Bukhari überlieferten Hadith gesagt haben: "Wer einem Schutzbefohlenen weh tut, tut mir weh, und wer mir weh tut, tut Allah weh."

Im Gegenzug verpflichteten sich die Muslime, die Interessen der Minderheiten nach Außen zu vertreten und militärisch zu verteidigen. Als dies dem muslimischen Befehlshaber im heutigen Jordanien, Abu ´Ubaida, in der 2. Hälfte des 7. Jahrhunderts zeitweise nicht gelang, zahlte er Juden und Christen auf Weisung des Kalifen ´Umar die Kopfsteuer zurück.

b) Geschichtlicher Verlauf

Auf dieser Rechtsgrundlage gestalteten sich die muslimisch-jüdischen Beziehungen bis in die Neuzeit weitaus glücklicher und harmonischer als die christlich-jüdischen Beziehungen - auch wenn es natürlich auf beiden Seiten Ausnahmen von der Regel gab. Das jüdische Gemeindeleben in Köln, Mainz, Worms und Speyer war nicht immer von Kreuzzugshysterie und Inquisition bestimmt. Andererseits behandelten die Muslime ihre schutzbefohlenen Juden nicht immer wie vom islamischen Recht vorgeschrieben.

Dabei spielte eine Fehlinterpretation des 29. Verses der 9. Sure eine unglückliche Rolle. Dort heißt es nach heutiger Lesart:

---

7. Vgl. dazu Islam Kamel Salem, Islam und Völkerrecht, Berlin 1984, S. 153.
8. Vgl. dazu Ahmad al-Misri, Reliance of the Traveller, Beltsville, MD.: amana 1994, w52. 1 (382).

Bekämpft jene Schriftbesitzer, die nicht an Gott und den Jüngsten Tag glauben und nicht verbieten, was Gott und Sein Gesandter verboten haben, ... bis sie sich schließlich ergeben und die Kopf-Steuer nach ihrem Vermögen entrichten.

Im Mittelalter hatte man den letzten Halbsatz dahin mißverstanden, daß die Nichtmuslime unterworfen und gedemütigt werden sollten, obwohl dies dem gesamten übrigen Qur`an widerspricht.

Gleichwohl kam es im geschichlichen Verlauf zwischen Muslimen und Juden nie zur Vertreibung (wie nach der spanischen Reconquista), nie zur ethnischen Säuberung (wie durch Serbien) und erst recht nie zu einem Holocaust.

Im Gegenteil, die in Spanien verfolgten Juden flohen meist nicht nach Amsterdam, sondern nach Nordafrika, Saloniki und Istanbul, also auf muslimisches Gebiet. Ausweislich der den Palästen benachbarten Judenviertel (Mellahs) wurden die jüdischen Flüchtlinge unter den unmittelbaren Schutz der marokkanischen Sultane gestellt.

"Beieinander" waren Muslime und Juden aber auch in der Verfolgung durch christliche Herrscher. So hatten die Angehörigen beider Religionen nach der Reconquista in Spanien nur die Wahl zwischen Zwangsbekehrung zum Katholizismus oder Vertreibung. Als am 5. Juli 1099 die gesamte Bevölkerung Jerusalems, ca. 70. 000 Menschen, von den Rittern des 1. Kreuzzugs massakriert wurde, traf dies auch die Juden.[9]

Gleichwohl war das jüdisch-muslimische Beieinander in Andalusien über lange Zeiträume so fruchtbar, daß es zum nie mehr erreichten Vorbild geworden ist: Symbolisiert vom arabisch schreibenden, universell gelehrten Rabbi Mose ben Maimon (+ 1204), den die Christen besser als Maimonides

---

9. Vgl.Carole Hillenbrand, The Crusades - Islamic Perspectives, Edinburgh: Univ. Press 1999, S. 66, und Salma Khadra Jayussi, Special Issue on Jerusalem, Islamabad: Islamic Studies 2001, Vol. 40, no. 3-4.

und die Juden als Rambam kennen. Zeitgenosse von Ibn Rushd alias Averroës und wie er im Goldenen Zeitalter des muslimischen Andalusien in Cordoba geboren, war er als Universalgelehrter in jeder Hinsicht sein Gegenstück. Cordoba, Sevilla und Granada, Zentren der muslimischen wie der jüdischen Kultur, hatten damals außer in Baghdad zivilisatorisch keine Konkurrenz weltweit.

Auf muslimischer Seite jedenfalls gibt es so etwas wie Nostalgie nach Andalusien.

IV. Gegenwärtige Tendenzen

Die muslimisch-jüdische Symbiose, im Istanbuler Stadtteil Beyoğlu noch präsent, nahm erst nach 1300 Jahren ein jähes Ende mit dem zionistischen Zugriff auf Palästina. Das israelische Vorgehen gegen die dortige muslimische Bevölkerung dominiert heute die muslimisch-jüdischen Beziehungen weltweit.

Doch dies müßte nicht so sein, wenn man nur auf muslimischer Seite zwischen Judentum und Zionismus zu unterscheiden wüßte und auf jüdischer Seite zwischen Anti-Zionismus und Anti-Semitismus. (Muslimen Anti-Semitismus vorzuwerfen, ist ohnedies kurios, da der Prophet des Islam als Araber Semit war und der Qur`an in einer semitischen Sprache verfaßt ist.)

Wir stehen somit auf beiden Seiten vor erheblicher Aufklärungsarbeit.[10]

Die Muslime müssen begreifen, daß es sich beim Palästina-Konflikt nicht um einen religiösen Konflikt und bei der zionistischen Bewegung nicht um eine religiöse Bewegung handelt, sondern um einen Machtkampf um Land aufgrund von ethnischen, also im Grunde nationalistischen Kriterien.

10. Vgl. Karl Josef Kuschel, Vom Streit zum Wettstreit der Religionen, Düsseldorf: Patmos 1998; Azzam Tamimi, Muslim Attitudes towards the Jews in the West, Middle East Affairs Journal 2002, Vol. 8, no. 1-2.

So schwer dies auch fällt, müssen die Muslime insbesondere begreifen, daß man - wie Theodor Herzl - auch als Säkularist, ja als Atheist Jude bleiben kann. Es geht gegenüber Israel also nicht um Religion, sondern um Gerechtigkeit. Der Qur`an bietet für so motivierte Konflikte keine Lösungen an.

Andererseits müssen die Juden begreifen, daß es sich beim palästinensischen Widerstand ebenfalls im Kern nicht um einen Religionskrieg, sondern um Selbstverteidigung handelt, auch wenn der Islam dabei höchst selektiv als Rechtfertigungsideologie herangezogen wird. (Daß der Qur`an im Vers 29 der 4. Sure Selbstmord verbietet, wird beispielsweise vernachlässigt.) Auch sollte die jüdische Seite sich eingestehen, daß die Bibel für die Lösung des Konflikts keine göttlichen Vorgaben macht.[11]

Ich räume ein, daß die Erfolgschancen dieser Aufklärungsarbeit gering sind, zumal der amerikanische Präsident und die ihn stützende amerikanische neokonservative Christliche Rechte religiös argumentieren. Die evangelikalen christlichen Zionisten in den Vereinigten Staaten stehen einer Konfliktlösung genau so im Weg wie ein Ariel Sharon.

Es ist nicht zu übersehen, daß es einen anwachsenden jüdischen Anti- bzw. Post-Zionismus gibt, wie er z.B. von Susan Sontag, Naom Chomsky und Marc Ellis vertreten wird: Jüdische Intellektuelle, welche sich nicht damit abfinden wollen, daß Arabern im jüdischen Namen heute viel des Unrechts angetan wird, dessentwegen viele Juden aus Europa nach Palästina geflüchtet sind.[12] Doch ändert dies nichts daran, daß die große Mehrheit der Diaspora-Juden

11. Vgl.Carole Hillenbrand, The Crusades - Islamic Perspectives, Edinburgh: Univ. Press 1999, S. 66, und Salma Khadra Jayussi, Special Issue on Jerusalem, Islamabad: Islamic Studies 2001, Vol. 40, no. 3-4.

12. Vgl. Rabbi Yisroel Dovid Weiss, Judaism and Zionism, Middle East Affairs Journal 2001, Vol. 8, No. 1-2, S. 147-156.

ebenso fraglos sich mit Israel solidarisiert wie die meisten Muslime dies mit den Palästinensern tun. Diese Polarisierung hält leider jedem Dialog und Trialog stand.

Daß es in Teilen der muslimischen Welt am 11. September Sympathie für al-Qa`ida gab, erklärt sich aus dieser politischen Zuspitzung des muslimisch-jüdischen Verhältnisses.[13] Fast alles wird von beiden Seiten unter dem Blickwinkel des Palästina-Konflikts gesehen, und die Vereinigten Staaten als neokolonialistischer Mittäter, also als kriegsführende Partei.

Unter diesen Umständen war es für die Muslime in Deutschland eine positive Überraschung, als sich Paul Spiegel als Vorsitzender des Zentralrats der Juden Anfang März 2005 in einem AP-Interview gegen die pauschale Verdächtigung der Muslime hierzulande aussprach und der Jüdische Kulturverein Berlin eine Stellungnahme "Wider die Islamophobie" veröffentlichte.

Dies gibt Hoffnung auf Wiederbelebung des guten muslimisch-jüdischen Verhältnisses von einst.

13. Vgl. Ahmed Yousef, The Zionist Fingerprint on the post-September 11 World, Annendale, VA: UASR 2003.

ISLAM UND DIE MEDIEN

Das Thema "Islam und die Medien" wird von deutschen muslimischen Medienspezialistinnen wie Irmgard Pinn und Sabine Schiffer[1], eingehend bearbeitet. Auch Muhammad Aman Hobohm hat darüber eineStudie vorgelegt. Daß ich mich trotzdem an dieses Thema wage, hat vier Gründe:

* Meine juristische Doktorarbeit betraf ein Gebiet des deutschen und amerikanischen Presserechts.[2]
* Von 1983 - 1987 war ich Informationsdirektor der NATO in Brüssel, also für die gesamte Öffentlichkeitsarbeit der westlichen Allianz verantwortlich.
* 1992 führten deutsche Medien gegen mich eine Hinrichtungskampagne.[3]
* 1996 und 1997 hatte ich Gelegenheit, die Medienarbeit der Muslime in den Vereinigten Staaten zu beobachten.

Das Thema "Islam und die Medien" hat zwei Aspekte, nämlich (i) wie hält es der Islam mit den Medien und (ii) wie halten es die Medien mit dem Islam. Damit möchte ich beginnen.

---

1. Die Darstellung des Islams in der Presse, Sprache, Bilder, Suggestionen. Inauguraldissertation an der Philosophischen Fakultät II der Univ. Erlangen-Nürnberg.
2. Contempt of Court by Publications im deutschen und amerikanischen Recht.
3. Wegen meines damals erschienenen Buchs "Der Islam als Alternative".

I.

1) Ich möchte dafür zunächst drei banale Thesen aufstellen:

* Die Medien sind nicht besser als die öffentliche Meinung bzw. jedes Volk hat die Medien, die es verdient.
* Wie in jedem Beruf gibt es auch in den Medien gute und schlechte Vertreter.
* Medien machen bewußt Politik.

Das bedeutet, daß wir in den deutschen und übrigen westlichen Medien alle Vorurteile widergespiegelt finden, die in der westlichen Gesellschaft seit der Kreuzzugszeit im 12. / 13. Jahrhundert tief verwurzelt sind. Auch die Medien werden vom "kollektiven Gedächtnis" einer Nation mitbestimmt. Genau betrachtet führt dies zu einem Teufelskreis: Die Medien geben die Vorurteile der Allgemeinheit wider. Damit werden diese Vorurteile bestätigt und verstärkt.

Durch die Bank stößt man daher auf die immer gleichen Stereotypen: Der Islam sei weniger eine Religion als eine intolerante, jede Gewalt rechtfertigende arabische Ideologie mit einer brutalen, "mittelalterlichen" Rechtsordnung, welche Frauen unter der Drohung, gesteinigt zu werden, versklave, das Abhacken von Händen propagiere und Männern - wie schon ihrem kriegerischen Propheten, einem Lüstling - nach Lust und Laune jede Menge Frauen gestatte. Das ganze nenne sich "Gottesstaat" und ziele darauf ab, die ganze Welt zu erobern.

Hier ist nicht der Platz zu analysieren, wie es zu diesen Primitivvorstellungen kommen konnte und warum positive Aspekte des Islam ausgeblendet werden - seine pluralistische religiöse Toleranz, seine Spiritualität und Mystik, sein kultureller und wissenschaftlicher Beitrag zur westlichen Zivilisation, seine Rationalität. Um nicht zu blauäugig zu sein, müssen wir zunächst einfach hinnehmen, daß der Islam und sein Prophet im Okzident weiterhin vogelfrei sind. Der in Dänemark 2005 ausgelöste "Karikaturen-Streit" hat dies erneut unter Beweis gestellt.

Auch ist hier nicht der Platz darzulegen, was alles geschehen müßte - von der schon eingeleiteten Schulbuchrevision über die staatliche Anerkennung des Islam bis hin zur Normalisierung des Moscheebaus - um den strukturellen anti-semitischen anti-Islamismus und die spezifische Türkenfurcht der Deutschen zu korrigieren. Denn selbst mittelfristig ist damit nicht zu rechnen, zumal jede Verfemung des Islam die von manchen Kreisen gewünschte politische Nebenwirkung hat, die Solidarität der Öffentlichkeit gegenüber Israel zu stärken.

In Europa spielt dieser Aspekt keine bewußte Rolle. In den USA, deren Medien stark zionistisch beherrscht sind, halten viele Medienverantwortlichen jede Schädigung des Islam-Bildes für eine gute Tat im Kampf für das Überleben Israels.

Gegen diese Konstellation kämpfen auch qualifizierte Journalisten, die dem Islam ohne Antipathie gegenübertreten und ihre Hausarbeiten machen, vergeblich an. Denn die Redaktionen sorgen dafür, daß kein positives Gesamtbild von islamischen Dinge entstehen kann. Dafür ein sprechendes Beispiel: Am 21. April 1997 veranstaltete der Zentralrat der Muslime in Deutschland in einem der besten Hotels von Bonn eine Gala-Veranstaltung zum Jahr gegen den Rassismus, an dem Vertreter aller wichtigen deutschen Medien teilnahmen. Gleichzeitig wurde der Beirat des Zentralrats, darunter Frau Prof. Annemarie Schimmel und Frau Fatima Grimm, vorgestellt. Tenor war, daß der Islam jede Form des Rassismus bekämpft, und das mit beachtlichem Erfolg.

Kein deutsches Presseorgan, keine Radio - oder Fernsehstation berichteten darüber auch nur mit einem einzigen Wort. Bis dahin dachte ich, daß "no news is good news". Jetzt weiß ich, daß auch gilt: "good news is no news."

2) Dies alles erklärt denn auch die tagtäglichen Vorfälle, welche Muslime entsetzen. Ich führe dafür sechs Beispiele auf:

Im Dezember 1996 behauptete der Präsident der Evangelischen Kirche in Hessen-Nassau, Prof. Peter Steinacker, in einer Fernsehdiskussion, daß die Muslime einen anderen Gott als die Christen hätten. Man mache sich klar, was damit in den Köpfen der Zuschauer ausgelöst wurde: Da hier niemand mehr polytheistisch ist, also, wenn überhaupt, nur an einen Gott glaubt, bedeutete die Äußerung Steinackers, daß die Muslime gar keinen Gott anbeten, sondern einen Götzen: Eine beleidigende, den inneren Frieden gefährdende, Unterstellung. Ich forderte Steinacker übrigens auf, das Mißverständnis aufzuklären; doch er blieb bei seiner bösen Behauptung.

Nach einem fürchterlichen Attentat in Oberägypten kam es zu einer Diskussionsrunde über den Islam in Fernsehprogramm "Talk im Turm". Bezeichnenderweise lud man dazu keinen Muslim ein, wohl aber jemand, Herrn Raddatz, der als Islam-Experte gilt, weil er dem Islam maßlos kritisch gegenübersteht, sowie Herrn Scholl-Latour mit seinem notorischen Schwarz-Weiß-Denken. Herr Böhme, sonst doch so tolerant, insistierte bis zum Schluß, daß es eine besondere Affinität des Islam zur Gewalt geben müsse.

Der Präsident des Bundesamts für Verfassungsschutz, Peter Frisch, gab dem SPIEGEL 1997 ein Interview[4] unter dem bezeichnenden Tiel "Rechtfertigung zum Töten" - ohne Fragezeichen dahinter! - in dem er panische Furcht vor "Islamismus" schürte und dabei sogar ein verfälschtes Qur`an-Zitat verwandte. Mit Kopfschütteln kann man nur quittieren, daß Herr Frisch sich sogar darüber beklagte, daß der Islamische Arbeitskreis Hessen fordere, die Schulbücher von anti-islamischen Inhalten zu befreien.

---

4. Ausgabe Nr. 36.

Das klingt, als seien Fehlinformationen über den Islam von Amts wegen zu verteidigen.

Das Bundesinnenministerium ließ sich 1997 vom Deutschen Orient-Institut eine Studie über "Islamische Organisationen in Deutschland" anfertigen. Irmgard Pinn kommt in ihrem Verriß der Studie[5] zu dem Ergebnis, sie erinnere frappierend an anthropologische Forschungsberichte aus der Kolonialzeit, mit denen unmündige und potentiell gefährliche Eingeborene unter Einübung der eigenen alten Vorurteile untersucht wurden. Nils Feindt-Riggers, der Autor, war so unbedarft, daß er wegen einer grotesken Personenverwechslung dem saudischen Religionsminister unterstellte, Geheimdienstchef zu sein. Er warf den Muslimen in Deutschland vor, noch immer nicht völlig assimiliert zu sein, als sei dies eine staatsbürgerliche Pflicht.

Auch an dieser Studie über die Muslime wurden natürlich kein Muslime beteiligt.

Im November 1997 hörte ich im Bayrischen Rundfunk die absurde Behauptung, daß es zur Identität eines Muslims gehöre, bewaffnet zu sein. (Damals war Beckstein noch kein bayrischer Innenminister.)

Nehmen wir schließlich das Islam-Heft von SPIEGEL Spezial (Nr.1 aus 1998), das angeblich über den Islam unterrichten sollte. Tatsächlich diente es der Angstmache vor allem Islamischen. Der Islam wurde in dem Heft unter allen möglichen Gesichtspunkten betrachtet, nur nicht als Religion, sondern als eine bloße Ideologie. Man stelle sich vor: In dem beigefügten Lexikon "Islam von A-Z" fehlten sogar die Stichworte "Allah" und "Muhammad"; auf diesen ging man unter dem Stichwort "Prophet" ein, als gebe es aus islamischer Sicht nur ihn als Propheten. Daß man sogar behauptete, die Ka´aba sei aus Holz erbaut und der Schwar-

---

5. Newsletter der Gesellschaft Muslimischer Sozial-und Geisteswissenschaftler, Nr. 2, Köln 1997, S.11 ff.

ze Stein sei an einem Pfeiler angebracht, zeigte, daß man nach wie vor lieber über Muslime schreibt als sie über sich aufklären zu lassen.

Ich erzähle dies - und daran anschließend auch meine persönlichen Erfahrungen - nicht, um zu Weinerlichkeit und Pessimismus, ja Fatalismus, aufzurufen, sondern - im Gegenteil - zu Realismus. Wir müssen ohne jede Weinerlichkeit bei allem, was wir tun, die Tatsache in Rechnung stellen, daß im Medienbereich für Muslime keine Waffengleichheit herrscht, daß sie diskriminiert und mit zweierlei Maß behandelt werden. Das bringt uns nicht um. Das sind nun einmal unsere Umweltbedingungen. Allah hat uns im Qur`an keineswegs versichert, daß wir in Ruhe leben könnten, nur weil wir Muslime geworden sind. Ganz im Gegenteil! Auch hat uns der Qur`an bereits wissen lassen, daß gute Information nichts nützt, wenn keine Bereitschaft zum Zuhören besteht. 30: 59 sagte schlicht: **Allah versiegelt Verstand und Gemüt derer, die nicht wissen wollen.**

3) Besonder lehrreich ist in diesem Zusammenhang die Geschichte des Erscheinens meines Buchs "Der Islam als Alternative" im Jahre 1992. Sie begann übrigens schon vor seinem Erscheinen:

Der Eugen Diederichs Verlag hatte das Buch im Sommer 1991 angenommen. Im Herbst 1991 bat mich der Verlagsleiter jedoch, gegen Zahlung einer größeren Abfindung den Vertrag aufzulösen, weil es unter den Verkäufern des Verlags einen Aufstand gegen das Buch gegeben habe; sie wollten es nicht vertreiben.

Ein schier unglaublicher Vorgang, wenn es sich nicht ein islamisches Buch gehandelt hätte. Der Eugen Diederichs Verlag veröffentlicht bekanntlich Bücher über alle Religionen und alles Esoterische dieser Welt, Glauben und Aberglauben. Niemals zuvor kam es zu einem Aufstand der Vertreter.

Ich hielt an dem Vertrag fest, und so wurde das Buch für April 1992 angekündigt. Dies provozierte ein zweites

Ereignis: Unter Vermittlung durch das Auswärtige Amt gab ich Frau Elisabeth Pfister vom Hessischen Fernsehen ein Interview zu dem Buch für die Sendung "Titel, Thesen, Temperamente", und zwar mit Sperrfrist bis zum Erscheinen des Buches, worauf auch der Diederichs-Verlag bestanden hatte. Trotzdem wurde das Interview sofort gesendet, fast vier Wochen vor Erscheinen des Buchs.

Eine Sperrfrist zu brechen, gehört zum Schlimmsten, was sich ein Journalist leisten kann. Normalerweise kommt er nach einem solchen Vergehen auf eine schwarze Liste und ist damit beruflich tot.

Nicht so im Falle Pfister; es ging ja nur um einen Muslim.

Noch schlimmer waren jedoch die Tricks, Lügen, Verleumdungen und üblen Nachreden, mit denen mehrere Medien auf das Buch reagierten.

Frau Pfister entstellte das Interview völlig durch suggestive Collagen. So wurde mein Gebet in der Residenz unter das Bild des Bundespräsidenten in der Botschaft verlegt. Zwei gläserne Briefbeschwerer der UNESCO mit der arabischen Aufschrift "Allah" und "Muhammad" wurden zu einem "Hausaltar" in der Botschaft arrangiert. Auch wurden vermummte Frauen aus Algerien eingeblendet, als setzte sich das Buch dafür ein.

Aus dem Manuskript wurde die Seite 169 an linksideologische Frauen in Politik und Medien verbreitet. Der letzte Satz auf dieser Seite lautet: "Dem Erhalt der Ehe dient auch die so oft mißverstandene Vorschrift des Koran, wonach der Ehemann seine Frau >schlagen< dürfe (3: 34)". Auf der folgenden, nicht mitverteilten Seite 170 hatte ich dargelegt, warum ein Muslim nach Vorbild des Propheten seine Frau niemals schlägt.

Dies wiederum führte dazu, daß Frauen, die das noch nicht erschienene Buch garnicht gelesen haben konnten, in hemmungsloser Weise über mich herfielen, darunter Frau Däubler-Gmelin, welche sich nicht schämte, Außenminister

Genscher aufzufordern, dieses schreckliche Buch - das sie selbst nicht gelesen hatte - doch endlich zu lesen, damit er wisse, was für einen Macho er als Botschafter in Rabat habe. Ich müsse sofort abberufen werden.

Man beachte: Ausgerechnet diejenige Partei, welche sich so vehement gegen ideologische Berufsverbote eingesetzt hatte, forderte aus ideologischen Gründen ein Berufsverbot gegen mich, und das aufgrund von Hörensagen. Aber es ging ja schließlich nur um einen Muslim.

Ebenso lehrreich war die Hinrichtungskampagne, welche BILD am Sonntag drei Wochen nacheinander - immer noch vor Erscheinen des Buchs - gegen mich führte. In der ersten dieser Ausgaben wurde wahrheitswidrig behauptet, ich propagierte u.a. Schlagen der Ehefrau, Steinigen von Ehebrechern und Polygamie. In der zweiten Ausgabe behauptete man wahrheitswidrig, ich hätte die (nichtmuslimischen) Mitarbeiterinnen meiner Botschaft zum Kopfttuchtragen gezwungen. In der dritten Ausgabe behauptete man schließlich wahrheitswidrig die Ungeheuerlichkeit, ich hätte einen früheren Mitarbeiter an der Botschaft in Algier, der sich später in Bonn vor seiner Frau und Tochter aus dem Fenster gestürzt hatte, in den Selbstmord getrieben.

Der Qur`an sagt geradezu ironisch: **Vermutungen ersetzen die Wahrheit nicht** (53: 28). Sämtliche dieser Vorwürfe wäre in der Tat ganz leicht als falsch zu erweisen gewesen. Es war klar, daß es mir ein leichtes sein würde, all diese Behauptungen später zu widerlegen. Doch das war BILD am Sonntag offenbar egal. Meine eigentliche Schuld war es ja, Muslim zu sein, und insoweit war ich ja geständig. Auf andere Details kam es da nicht an.

BILD am Sonntag fand sich dabei in guter Gesellschaft. Als Friedrich der Große im 18. Jahrhundert seinen Freund Voltaire brieflich rügte, daß er in seinem Mahomet-Drama den Propheten wider besseres Wissen verzeichnet habe, verteidigte sich der als liberal geltende französische Philosoph damit, es komme auf den Effekt des Dramas in Europa an, nicht auf historische Wahrheit ...

Wenn mir Ähnliches in den Vereinigten Staaten passiert wäre, wäre ich durch Schadensersatz Dollar-Millionär geworden. In Deutschland verhandelt ein Zivilkammer des Landgerichts in Hamburg ständig gegen die dort ansässigen Presseorgane. Die dabei zugesprochenen geringen Summen zahlen sie aus der Portokasse.

Das Auswärtige Amt gab durch seinen Pressesprecher im April 1992 eine Ehrenerklärung für mich ab, nachdem es endlich das Buch hatte prüfen können. Die Presse nahm davon keine Notiz. Ich blieb Botschafter in Rabat, aber ich hatte gelernt, wozu deutsche Presseorgane fähig sind, wenn es gilt, einen Muslim zu erlegen.

1996 mußte Frau Professor Annemarie Schimmel ähnlich Erschreckendes erleben, obwohl sie sich nicht zum Islam bekennt; bei ihr genügte schon ihre Sympathie für den Islam als eine politisch unkorrekte Einstellung.

Man kann neben dieser Intoleranz gegenüber Muslimen beobachten, daß Europäer gegenüber anderen Religionen wie Buddhismus, Hinduismus, Schamanen- oder Judentum erfreulich tolerant sind. Nur wenn es sich um den Islam handelt. liegt die Schwelle zu Intoleranz, ja zu Gewalt, erschreckend niedrig. Darauf müssen wir uns einstellen. **Allah genügt als Beschützer,** sagt an-Nisa 132.

II.

Damit sind wir bei der zweiten Frage, wie es denn der Islam mit den Medien hält: Der Islam nicht als Objekt, sondern als Subjekt.

Als Muslim ist man bei jedem Gegenstand geneigt, sich an der frühislamischen Geschichte und der Sunna des

Propheten zu orientieren. Leider erbringt dies im Medienfall nichts Konkretes; denn vor und nach der Hidschra wie während der Regierung der *khulafa ar-rashidun* gab es zwar schon Ansätze einer öffentlichen Meinung, aber noch keine Medien in unserem Sinne.

Nachrichten wurden durch Spione und die Erzählungen von Karawanen-Reisenden übermittelt. Die Verbreitung der Kenntnis vom Islam erfolgte durch eine Briefaktion des Propheten an die umliegenden Potentaten im Jahre 628 und durch ausschwärmende Prophetengefährten, welche den Qur`an auswendigt gelernt hatten.

Für uns, die wir die jüngste, die dritte der industriellen Revolutionen miterleben, die Kommunikationsrevolution, ist daraus wenig zu entnehmen, außer daß der Islam sich von Anfang an für eine universelle Religion mit potentiell universeller Geltung hielt. Daraus ist für uns der Schluß zu ziehen, daß wir die wirtschaftlich-technologische Globalisierung nicht als eine Einbahnstraße verstehen dürfen, gar als eine gegen uns gerichtete, sondern von allen technischen Möglichkeiten, den Islam anzubieten, Gebrauch machen dürfen und müssen - CD-Rom, PC-Software, Komputerspiele, online-Dienste, INTERNET.

Was nun den konkreten Umgang mit den westlichen Medien anbetrifft, erneut drei banale Thesen:

* Journalismus ist ein Beruf wie jeder andere auch, läßt sich also erlernen und muß erlernt werden.
* Journalisten sind an sich weder gut noch böse; wie andere Menschen sind aber auch manche Journalisten bequem oder ein bißchen faul.
* Mit Hilfe der Medien läßt sich von einem Profi schlechterdings alles verkaufen, also auch der Islam.

Wenn die Muslime sich, wie festgestellt, über ihre Medien-Behandlung zu beklagen haben, liegt es nahe, daß sich junge Muslime dem Studium des Journalismus widmen. Dabei geht es nicht um die "Unterwanderung" feindlicher Institutionen - in solchen Kategorien denken wir nicht - sondern darum, Fachpersonal verfügbar zu haben, auch für künftige islamische Radio- und Fernsehanstalten und die bereits zahlreich existierenden islamischen Zeitschriften, einschießlich Leute, die sich in der Akquisition von Werbung auskennen. Die amerikanischen Muslime betreiben die Journalistenausbildung bereits systematisch mit Stipendien.

Ein Journalist ist häufig ein gehetzter Mensch. Ereignisse und die Erscheinungstermine jagen sich. Quellensuche und Faktenüberprüfung kosten Zeit. Es ist daher erfolgversprechend, wenn die Muslime das, was sie veröffentlicht sehen möchten, mundgerecht, d.h. druckfertig zubereiten - als Texte, die sich nach Sprache, Stil und Länge, d.h. Kürze, zur sofortigen Veröffentlichung eignen, begleitet von Hintergrundinformationen, welche diese Texte abdekken. Gefragt sind dabei weniger Meinungen als objektive Fakten. Die Pressestelle des Zentralrats der Muslime und ihr Internet-Beauftragter leisten in diesem Sinne gute Arbeit sowohl in der Selbstdarstellung wie in der Unterrichtung der Öffentlichkeit über islamische Angelegenheiten wie das Ramadan- und das Opferfest.

All dies läßt sich relativ einfach erlernen. Das fängt beim Leserbriefschreiben an und hört bei der formgerechten Forderung nach Gegendarstellung gemäß Pressegesetzes auf. Für beides sind Formalien zu beachten.

Wenn es richtig ist, daß Journalisten keine Zeit haben, kann man dies auch dadurch ausnutzen, daß man ihnen bei Fehlverhalten zusätzliche Arbeit macht.

Dafür ein Beispiel aus den USA, wo es eine muslimische Bürgerrechtsorganisation gibt, den Council of American-Muslim Relations, dessen Abkürzung "CAIR" wie "to care" ("sich Sorgen machen") klingt. Ein Mitglied von ihnen überprüft täglich via INTERNET, was am Vortag unter den

Stichworten "Islam", "Muslim" oder "Muhammad" in amerikanischen Medien erschienen ist. Wenn sich darunter etwas sehr Anstößiges findet, löst der Vorstand von CAIR einen vorprogrammierten "action alert " aus. Dies führt dazu, daß 50.000 angefaxte Mitglieder von CAIR den Sünder mit Anrufen, Briefen, Telexen, Faxen, Telegrammen und e-Mails so bombardieren, daß er schon wegen der geschäftsschädigenden Blockierung seiner Kommunikationsmittel widerruft und Besserung verspricht.

Unter Einschaltung von Anwälten geht CAIR auf ähnliche Weise gegen Diskriminierung von Muslimen im Berufsleben oder bei Grenzkontrollen sowie gegen anti-islamische Produkte vor - wobei allerdings zu Buche schlägt, daß so gut wie alle der sechs Millionen Muslime in den USA amerikanische Staatsbürger sind, also nicht - wie hierzulande - bei festem Auftreten Ausweisung befürchten müssen.

Ich sagte, daß sich gut medienverpackt schier alles verkaufen läßt, selbst nukleare oder chemische Waffen oder eine Doktrin des defensiven nuklearen Ersteinsatzes, wofür der NATO Information Service zu meiner Zeit den Beweis geliefert hat. Unter richtiger Verpackung sind eine Wortwahl und Argumentation zu verstehen, welche die Besonderheiten der Leser, Hörer bzw. Zuschauer in Rechnung stellt: ihr Bildungs- und Sprachniveau, ihre eigene Argumentationsweise und ihre Voreingenommenheiten.

Aus diesem Grunde sind viele muslimische Publikationen, die aus der indo - pakistanischen, arabischen oder türkischen Welt zu uns kommen, häufig nicht nur wertlos, sondern kontraproduktiv.

Nehmen wir z.B. die Schriften von Said Nursi. Sie bekämpfen einen Feind, den es heute in Westeuropa garnicht mehr gibt, nämlich den naturwissenschaftlichen Positivismus des 19. Jahrhunderts, aus dem vergangenen Zeitalter der klassischen Newton`schen Physik. Leute, welche die Neue

Physik - nach Planck, Einstein, Heisenberg, Schrödinger - und die zeitgenössische mikro - und makro-Physik bzw. Biophysik verinnerlicht haben, besitzen ein ganz anderes Verhältnis zur Materie als Marx, Engels, Mach und die türkischen Kemalisten.

Oder nehmen wir Schriften der syrischen Gelehrten al-Kaftaro oder al-Buti.

Sie gehen davon aus, daß sich ein Europäer durch Naturbetrachtung zum Glauben an Gott bekehren ließe. Doch dies ist meist ein Irrtum, zumindest bei denjenigen, die in der Schule aufgepaßt haben, als David Hume, Immanuel Kant oder Ludwig Wittgenstein durchgenommen wurden; denn die informierte öffentliche Meinung im Westen ist heute von der Überzeugung geprägt, daß alle Metaphysik auf Sprachspiele hinausläuft, daß es also aufgrund unserer bloßen Perzeption keine Gottesbeweise gibt, seien sie nun kausal, ontologisch oder historisch-psychologisch.

Solche ihrer eigenen Perzeption gegenüber skeptischen Geister kann man viel besser mit einer biophysikalischen Wahrscheinlichkeitsrechnung à la Richard Swinburn beeindrucken, wonach es in höchstem Maße unwahrscheinlich ist, daß Gott nicht existiert.

Mit anderen Worten, in der Medienarbeit müssen sich die westlichen Muslime auf sich selbst verlassen. Diese aber sind in der Lage, den Islam in einer Weise zu präsentieren, die dem zu gewinnenden, westlich erzogenen Gläubigen seine Intelligenz und intellektuelle Würde beläßt.

Der Islam ist keine Sekte, sondern eine Weltreligion mit einer 1400-jährigen Geschichte und einer klaren, sich an die gesamte Menschheit richtenden Botschaft: Gott als die wichtigste Lebenstatsache anzuerkennen, sich Ihm anheimzugeben und Ihn zu loben und zu preisen, wie es nur die Menschen vermögen, die eben darum und nicht etwa zum Scherz erschaffen wurden (23: 115; 38: 27).

Eine solche Religion hat ihre Würde. Das verbietet, sie mit Hilfe von Aufklebern (bumper-stickers) oder wie Zeugen Jehovas anzupreisen. Ja, echte da´wa unterscheidet sich auch von christlicher Missionierung, nicht nur durch das qur`anische Gewaltverbot in Glaubensdingen - la ikraha fi-d-din -: Der muslimische da´i propagiert nicht; er informiert. Er wirft keine Perlen vor die Säue. Muslime wissen: **Wem Allah kein Licht gibt, der hat kein Licht** (24: 40), aber auch, daß Allah zwischen den Menschen und sein Herz tritt (8: 24), wenn Er dies will.

Doch all dies schließt nicht aus, daß die Muslime mit Verstand vorgehen. Dementsprechend müssen wir z.B. einräumen, daß ein islamisches Fernsehprogramm noch weniger als die Öffentlichrechtlichen eine Chance hätte, neben den Privatsendern und ihrer fast hemmungslosen Jagd auf niedrige Instinkte zu bestehen, außer für muslimische Zuschauer. Dies aber wäre ein "preaching to the converted". Im Fernsehbereich können wir allenfalls hoffen, von Muslimen oder in ihrem Sinne gemachte Dokumentationssendungen unterzubringen.

Beim - weit unterschätzten - Radio steht es deutlich besser. Radio kann man auch am Steuer und beim Kochen in der Küche oder beim Babywickeln hören. Auch wendet sich der Hörfunk stärker an den Intellekt und weniger an die emotionale Seite des Menschen. Außerdem sind Rundfunksender viel billiger. Ein islamischer Radiosender in Deutschland wäre schon viel früher möglich gewesen, wenn die türkischen Muslime hier etwas weniger Interesse an der Zukunft der Türkei und etwas mehr Interesse an der Zukunft des Islam in Deutschland gezeigt hätten.

Es fehlte lange an einer islamischen Zeitung in Deutschland, was allerdings wegen der hohen Kosten des Vertriebs leicht erklärlich war. Inzwischen wird die früher in Weimar beheimatete "Islamische Zeitung" von Rechtsanwalt Abu Bakr

Rieger in Berlin verlegt, erscheint demnächst zweiwöchentlich und ist bereits an einigen Kiosken zu haben. In ihrer Wirksamkeit und Aktualität hat sie die frühere, in München erscheinende Monatszeitschrift "Al-Islam" weit übertroffen.

Schließlich fehlt es in Deutschland noch an einer schlagkräftigen Menschenrechts- bzw. Bürgerrechtsorganisation nach amerikanischem (CAIR) und englischem (FAIR) Vorbild. Man kann nur hoffen, daß der Zentralrat der Muslime in Deutschland nach und nach auch diese Funktion mit eigenem Stab ausfüllen kann.

III.

Die Medien und der Islam - der Islam und die Medien. Beides keine erheiternden Themen.

Doch schließlich wurde ich nicht als Unterhalter eingeladen und habe auch nicht versprochen, meine Zuhörer zum Lachen zu bringen.

DAS BUCH ALS BRÜCKE[1]

Die Beziehungen zwischen Okzident und Orient sind seit der Geburt des Islam für beide Seiten oft schmerzhaft gewesen. In unserer Zeit traf dies für Kaschmir, Palästina, Algerien, Afghanistan, ʿIraq, Iran, Tschetschenien, Bosnien und das Kosovo zu. Gleichwohl waren der wirtschaftliche und kulturelle Austausch zwischen den christlichen und muslimischen Anrainern des Mittelmeers kaum je unterbrochen.

Für den interkulturellen Kontakt auf hoher Ebene gibt es beeindruckende historische Beispiele. Auf theologischem Gebiet begann er schon im Gründungsjahrhundert des Islam mit dem streitbaren Johannes von Damaskus. Doch erst der katalanische Religionsphilosoph Raimundus Lullus (1232-1316) wollte militärische Anstrengungen völlig durch die christliche Islam-Mission ersetzen. Mitten im Zeitalter der Kreuzzüge brach er zu Bekehrungsreisen nach Sizilien und Nordafrika auf. Sein Breviculum, ein 12-blättriger missionarischer Bilderzyklus in Miniaturformat, kann als sehr edler Vorfahre unseres comic strip gelten.

Im gleichen Jahrhundert wurde Franziskus von Assisi 1219 erlaubt, in Ägypten vor dem Sultan al-Malik al-Kamil zu predigen, obwohl der Heilige im Troß des 5. Kreuzzugs angereist war.

Ebenso bemerkenswert war 1229 der Besuch des arabischsprechenden Staufer-Kaisers Friedrich II. in Jerusalem, als Gast des gleichen Sultans.

---

1. Vortrag gehalten auf der Frankfurter Buchmesse 1999.

Beispielhaft desgleichen das Wirken des muslimischen Andalusiers Leo Africanus (1490-1550), Berater des Papstes und Wanderer zwischen zwei Welten.

In die gleiche Zeit fällt die Entstehung westlicher Saladin-Legenden: So nachhaltig war der Eindruck der moralischen Überlegenheit des Bezwingers der Kreuzfahrer, des kurdischen Sultans an-Nasir Salah ad-Din Yusuf al-Ayubi.

Selbstverständlich hat Literatur bei diesem Austausch eine bedeutsame Rolle gespielt, wenn auch lange auf einer ostwestlichen Einbahnstraße. Zu denken ist dabei in erster Linie an die moralisierenden Tierfabeln Kalila wa Dimna (8. Jhd.), das Rolandslied (11. Jhd.), das Mathnawi von Dschalal ad-Din Rumi (13. Jhd.) und den Diwan des persischen Dichters Hafiz (14. Jhd.).

Eine Sonderrolle als grenzüberschreitende Literatur spielten allerdings die Geschichten von Tausendundeiner Nacht (alf laila wa laila). Schon im 10. Jahrhundert kursierten sie auf arabisch. Im 13. Jahrhundert sickerten Teile davon über Andalusien nach Europa. Seit der westlichen Gesamtausgabe durch Antoine Galland im Jahre 1704 - frühes Beispiel eines Weltbestsellers - hat Scheherazade das Orientbild des Europäer tief geprägt, so wie später (leider) Karl May das deutsche Orientbild aus seiner eurozentrischen, ja rassistisch-bigotten Sicht.

Ein kulturübergreifender Befruchtungsprozeß ist in mindestens vier Fällen nachzuweisen:

* Der Andalusier Ibn Tufayl hatte mit seinem genialen philosophischen Roman Hayy al-Yaqzan, unter dem Titel "Philosophicus autodictatus" übersetzt, im Westen einen gewaltigen Erfolg - schon lange vor Jostein Gaarder.
  Daniel Defoe´s Robinson Crusoe ist ein minderer Abklatsch davon.

* Ebenso nachhaltig war die Prägung des Troubadour-Gesangs der provenzalischen Minnesänger durch an-

dalusische Liebespoesie, bekannt als al-muwaschahat, in arabisch-romanischer Mischsprache. Dieser Trend wurde vor allem von einem Buch mit psychologischem Tiefgang gefördert, nämlich die Liebeslehre "Das Halsband der Taube" (Tauq al-Hamama) des andalusischen Universalgelehrten Ibn Hazm.

* Man mag bezweifeln, ob Tristan und Isolde auf das persische Epos Wis u Ramin zurückgeht.
* Unbestreitbar verdankte jedenfalls der Averroist Dante Alighieri Teile seiner Divina Comedia arabischen Schilderungen der Himmelsreise (miradsch) des Propheten Muhammad.

Als sich der Welt größte Bibliotheken noch in Baghdad und Cordoba fanden, strömte viel antikes und hellenistisches Wissen auf islamo-arabischen Kanälen in die frühmittelalterliche Welt, allerdings fast ausschließlich Werke der Philosophie und Naturwissenschaften und keine religiöse islamische Literatur. Niemand bezweifelt, daß dies unwillkürlich zu einem Anschub der Renaissance führte. Man denke an Galen`s Schriften, an Standartwerke der muslimischen Heilkunst wie Ibn Sina`s Qanun, hier canon medicinae genannt. Besonders einflußeich waren im scholastischen Westen die nicht weniger als 38 Aristoteles-Kommentare von Ibn Ruschd alias Averroës (1126-1198), dem großen andalusischen Philosophen. Für Abaelard (gest. 1142) waren "Philosoph" und "Muslim" daher identisch.

Um es mit Sigrid Hunkes Buchtitel zu sagen: Damals leuchtete Allahs Sonne über dem Abendland. Dank der aktiven Übersetzerwerkstatt, dem Bait al-Hikma im Baghdad des 9. Jahrhunderts und im wiedereroberten Toledo, floß orientalisches Wissen immer reichlicher in die Stuben der Scholastik, manchmal sogar nur in den Westen. Während der "Averroismus" im 13. Jahrhundert an der Pariser Universität eine geistige Revolution (und Gegenreformation) auslöste, die Thomas von Aquin auf den Plan rief, blieb der

Auslöser all dessen, Ibn Rushd, wegen seines Monopsychismus im islamischen Orient so verdächtig wie ein echter Häretiker.

Dort siegte nicht seine rationalistische Ontologie, sondern die spekulative Theosophie des ebenfalls andalusischen Scheichs Muhy ad-Din Ibn ´Arabi., obwohl auch er verdächtig war, nämlich des Pantheismus. Allerdings gibt es auch das gegenteilige Beispiel, daß ein gigantischer Autor nur im Orient reüssierte. Die Rede ist von Ibn Khaldun und seiner Muqqadima (1377), die vom Westen 600 Jahre zu späte als Begründung der Soziologie und der wissenschaftlichen Historiographie wahrgenommen wurde.

Ein besonders positives Kapitel zur gegenseitigen literarischen Befruchtung trugen gewiß Johann Wolfgang von Goethe - ohne persönliches Risiko - und - mit erheblichem persönlichen Risiko - Gotthold Ephraim Lessing bei. Daß in seinem Nathan der Weise, einem Manifest der Weltökumene lange vor Hans Küng und John Hick, ausnahmslos Muslime eine positive Rolle spielten, fiel der Kirche schon 1779 unangenehm auf. Da der Islamkenner und Dichter des West-östlichen Diwan sich in den dazugehörigen Materialien zum Muslimsein im weitesten Sinne bekannt hatte, vereinnahmen orientalische Muslime Goethe noch immer gerne; doch Goethes Islam war nie mehr als ein der Natur abgelauschter Deismus.

Wie von Norman Daniel in "Islam and the West, The Making of an Image" präzise beschrieben, wurde Literatur in der christlich-islamischen Auseinandersetzung bisweilen auch als Knüppel eingesetzt. In Abt Petrus Venerabilis von Cluny (1094-1156) kann man den Erfinder der psychologischen Kriegführung mittels Desinformation sehen. Er hatte dafür die erste Übersetzung des Qur`an ins Lateinische in Auftrag gegeben. Die von Robertus Ketenensis und Herman von Dalmatien 1143 in Toledo vollendete Übersetzung war nicht schlecht. Als sie auf Betreiben von Martin

Luther genau 400 Jahre später, nämlich 1543, in Basel endlich gedruckt wurde, machte der Qur`an-Text jedoch nur ein Fünftel des Volumens aus. Alles andere, darunter eine Widerlegung des Islam durch Melanchthon, bestand aus ziemlich übler Geschichtsklitterung, Haßtiraden und billiger islamophober Propaganda.

Die Verleumdungen, welche auf solcher Grundlage in zahlreichen mittelalterlichen Traktätchen über den Propheten des Islam ausgegossen wurden, verstiegen sich bis ins Absurde. Muhammad wurde schon 700 Jahre vor Salman Rushdie nicht nur als Zauberer, Götze, Epileptiker, Weiberheld und abtrünniger Kardinal geschildert, sondern als "Mahound" und Anti-Christ. In dieses Bild paßt, daß Dante Muhammad in den schlimmsten Höllenpfuhl verdammte und noch Voltaire ihn in seinem Drama Mahomet als Gauner und Mörder darstellte.

Das ging dem Preußenkönig Friedrich II übrigens zu weit. Er monierte gegenüber Voltaire, daß er doch über die Geschichte des Frühislam besser unterrichtet gewesen sei. Voltaire antwortete, daß es ihm auf historische Korrektheit nicht ankomme; wollte er doch - ohne Risiko und auf dem Rücken des wehrlosen Islam - lediglich dem katholischen Klerus eins auswischen. Er schlug den Sack und meinte den Esel.

Die erste deutsche Qur`an-Übersetzung durch Salomon Schweigger erschien 1616 in Nürnberg. Ihr folgte 1688 in Hamburg Johann Langes Übersetzung und 1772 in Frankfurt die von Goethe benutze des David Friedrich Megerlin. An allen ist bemerkenswert, daß sie im Titel den osmanischen Feind ins Visier nahmen: als "Der Türcken Alcoran, Religion und Aberglauben", als "Vollständiges türkisches Gesetz-Buch" und als "türkische Bibel".

Offensichtlich wurde der Weg zum vorbehaltlosen Studium des Islam erst frei, nachdem dank Prinz Eugen die "eilende" beziehungsweise "beharrliche Türkenhilfe" nicht mehr auf der Tagesordnung der Reichstage erschien und

1763 die realistischen Briefe der britische Botschaftersgattin in Istanbul, Lady Mary Wortley Montagu, gedruckt worden waren. Schon kurz danach verdrängte die Türkenmode im Zeichen der Tulpe die modische Chinoiserie. Der türkische Phantasie-Orient wurde im 18. Jahrhundert fluggs zu einer Provinz des europäischen Rokoko, bevölkert von Wesiren, Odalisken und Eunuchen.

Gleichwohl: Wie vom protestantischen Palästinenser Edward Said in seinem Bestseller "Orientalism" nachgewiesen, war das, was westliche Orientalisten, darunter Missionare, Zionisten und Marxisten, seither über den Islam produzierten, oft wenig mehr als eine Projektion von Vorurteilen und heimlichen Männerwünschen. Karl Ulrich Syndram nennt dies den "erfundenen Orient".

Vor allem britische und französische Islam-Experten des 18. und 19. Jahrhunderts, Wegbahner des zeitgenössischen kulturellen Imperialismus, studierten die islamische Welt etwa so, wie man einen zu Recht kolonisierten, exotischen, im Aussterben begriffenen Stamm anthropologisch unter die Lupe nimmt, bevor er verschwindet.

William Muir, Daniel Salomon Margoliuth, Alfred von Kremer, Julius Wellhausen, Ignaz Goldziher, Carl Heinrich Becker, Snouk Hurgronje, Joseph Schacht, Gustave von Grunebaum und viele andere gingen so vor. Neben romantischer Neigung zu einem zauberhaften Orient und gelehrtem Spezialistentum sind ihre Schriften geprägt von dem für das 19. Jahrhundert typischen Gefühl westlicher Überlegenheit. *Im homo islamicus* sahen sie ein essentiell anderes Wesen. Sie nahmen nur islamspezifische Besonderheiten wahr und leugneten universelle Züge. Die Sicht, die aus Freya Starks Buchtitel "East is West" (1945) spricht, blieb den meisten Orientalisten fremd.

Für sie blieb der Islam ein zur Niederlage verdammter Feind, der in der 2. Hälfte des 20. Jahrhunderts schließlich zum Popanz, der "grünen Gefahr", wurde.

Auch Max Henning alias August Müller, dessen von Muslimen geschätzte Qur`an-Übersetzung ich überarbeiten durfte, schrieb 1901 in seinem Vorwort dazu, daß der Islam seine politische Rolle offenbar ausgespielt habe.

Heute klingt das wie eine Verhöhnung der Orientalistenzunft.

Seit Edward Said`s Attacke ist die bittere Kritik an den Altmeistern der Orientalistik nicht mehr verstummt. Sie alle sind als versteckte Kolonialagenten à la R. E. Lawrence ins Gerede gekommen. Zur Ehre der heutigen Orientalistik, die sich nunmehr "Islamologie" nennt und - wie in der Postmoderne üblich - mehr soziologisch als linguistisch vorgeht, sei aber festgehalten: Seit dem Autodidakten Johann Jacob Reiske (1716-1774), dem Habsburger Josef von Hammer-Purgstall (1774-1856) und der Gründung der Zeitschrift der Deutschen Morgenländischen Gesellschaft (1849) gab es stets deutschsprachige Orientalisten, die dem Islam gerecht zu werden suchten: unpolitisch, sachbezogen, philologisch kompetent.

Zu nennen sind u.a. Gustav Weil, August Müller, Theodor Nöldecke und Carl Brockelmann mit seiner bekannten Geschichte der arabischen Literatur. Sie und ähnlich gesinnte westliche Kollegen wie Louis Massignon, Henri Corbin, Louis Gardet, Daniel Gimaret und Marshall Hodgson haben die Islamwissenschaften auch aus muslimischer Sicht bereichert.

Dies gilt vorbildhaft für Nöldeckes "Geschichte des Qorâns" (1860), einem Versuch zur Datierung der Qur`an-Verse; für Friedrich Rückerts unvollendete Über-Dichtung des Qur`an (1888); für Rudi Parets philologische Qur`an-Übersetzung; und für Fritz Meiers umfassende Feldstudien in der muslimischen Welt.

Die meisten der jüngeren Islamologen - eine Gudrun Krämer, Angelika Neuwirth, Angelika Hartmann, ein Daniel Brown, Neal Robinson oder John Esposito - gelten auch

Muslimen als um Objektivität bemühte, ihren Studiengegenstand keineswegs mehr verachtende integre Wissenschaftler.

Gleichwohl war der bedeutendste wissenschaftliche Schriftsteller des 20. Jahrhunderts auf islamischem Gebiet kein Islamologe, sondern Muslim: der ehemals jüdische Deutsch-Pakistani Muhammad Asad alias Leopold Weiss (1900-1992). Der luzide Kommentar zu seiner Qur`an-Übersetzung ins Englische (The Message of the Qur`an, 1980) gilt als unübertroffen. Sein Weltbestseller "Der Weg nach Mekka" hat mehr als jede andere Publikation neuzeitlichen Menschen den Zugang zum Islam geebnet.

Neben ihm ist im deutschsprachigen Bereich Annemarie Schimmel zu nennen, die erste deutsche Orientalistin, die ihrem Studiengegenstand, der islamischen Mystik, mit vorbehaltloser Sympathie entgegengekommen war.

Es fällt auf, daß die während Kreuzzügen, Reconquista und Türkenkriegen gewachsenen Vorurteile gegenüber dem Islam weder durch die moderne, zum Islam positiv eingestellte Islamologie, noch durch die massive Präsenz von Muslimen in Westeuopa und Amerika merklich verringert werden konnte. Die Aufgabe des Brückenbaus zwischen Orient und Okzident, sie stellt sich noch immer.

"OKZIDENT" UND "ORIENT"

- Kulturen-Religionen-Politik -

I.

Beim Stellen dieses Thema habe ich "Okzident" und "Orient" in Anführungszeichen gesetzt, weil ich mir der kulturanthropologischen Fragwürdigkeit dieses Begriffspaars bewußt bin. In der Tat sagen beide Begriffe heute ideengeschichtlich mehr aus als ihnen als geographischen Kategorien anzusehen ist.

Der "Westen" bzw. Okzident hatte sich nur langsam zu einem spezifischen westeuropäischen Kulturbereich entwickelt. Wichtigste Etappen dabei war die Spaltung der apostolischen Kirche in eine West- und eine Ostkirche, welcher die Spaltung des christlich-römischen Reiches in West- und Ostrom entsprach. Erst mit dem Untergang von Byzanz im 15. Jahrhundert wurde der Westen mit seiner gegen den Islam vollzogenen Selbstfindung schließlich zu dem, woran man heute denkt: Zum christlich-humanistischen Europa, das sich nun bis Nordamerika und Australien erstreckt und mit dem Bereich der sogenannten Moderne zu decken glaubt.

In seiner ethno- und eurozentrischen Betrachtungsweise hat sich der westliche Mensch davon überzeugt, daß seine Kultur und Zivilisation einzigartig seien, was zugleich bedeutet, daß andere Kulturen und Zivilisationen grundlegend bzw. dauerhaft anders sind. Man nennt diese Betrachtungsweise in der Sozio-Anthropologie und Kultursoziologie zu Recht Essentialismus, weil sie bestimmte kulturelle Elemente der Modernität - z.B. die Rolle der Vernunft gegenüber dem Mythologischen, des sog. Fortschritts gegenüber der Tradition oder der sog. Zivilgesellschaft gegenüber dem Staat - ausschließlich für sich beansprucht.

Konkret bedeutet dies, daß man im Westen dazu neigt, anderen Kulturen die Modernisierungsfähigkeit abzusprechen. Man geht davon aus, daß sich die sogenannten westlichen Werte nur durch Europäisierung bzw. Amerikanisierung auf dem Wege einer als Einbahnstraße verstandenen Globalisierung der übrigen Welt verwirklichen können. Diese laufe andernfalls Gefahr, marginalisiert zu werden. Unter diesem Gesichtswinkel betrachtet gibt es heutzutage nur zwei Größen: "The West, and the rest" - eine Sichtweise, die im Orient als besonders arrogante Form des Kulturimperialismus verstanden wird.

Exklusivistische Schlüsselworte in diesem Zusammenhang sind "Aufklärung" und "Projekt der Moderne"; denn der Nachvollzug dieser europäischen Erlebnisse wird ständig von den übrigen Kulturen eingefordert. Gemeint sind damit die philosophisch-theologische Revolution und der Wertewandel, welche die geistige Landschaft des Okzidents und sein Lebensgefühl seit dem späten 17. Jahrhundert zunehmend geprägt haben.

In der Rückschau ging es dabei um weit mehr als die vordergründige Rückdrängung der viel mißbrauchten Vormacht des Klerus sowie die Wiedergeburt - Renaissance - der aristotelischen Wissenschaftlichkeit. Auch wenn Aufklärer wie Descartes, Lessing, Voltaire, Friedrich II., Goethe, Hume und Kant keine Atheisten, sondern Deisten waren, ebnete die Aufklärung doch den Weg zu Nietzsches Verkündung des Todes Gottes und zur Verdrängung der Restreligiosität ins Private. (Es ist diese westliche Definition von Religion, an der viele Deutsche heute messen, was den Muslimen als religiöse Manifestationen zuzugestehen sei oder nicht.)

Der Westen ist in der Tat aus einer einzigartigen Situation einen einzigartigen Weg gegangen, zu dem nicht nur der liberale Pfad, sondern auch die faschistischen und kommunistischen Irrwege zu rechnen sind. Niemals zuvor in seiner Geschichte hatte sich der Mensch als Maß aller Dinge postuliert und damit bis zur Verspottung absoluter moralischer Maßstäbe Ernst gemacht. Die Privatisierung der Religion führte entweder zu ihrem Verschwinden oder zu einer subjektiven Ethik der Beliebigkeit, für die es plastische Beispiele gibt:

Kürzlich sah ich ein T-Shirt, das sofortigen Genuß - *instant gratification* - mit den lakonischen Worten "FUN. NOW." einforderte. Ebenso illustrativ sind junge Frauen, die meinen, sich selbstzubestimmen - "mein Bauch gehört mir!" - wenn sie über das Leben eines anderen verfügen, den sie bewirten. Ich könnte auch eine türkische Unternehmerin anführen, die mir sagte: "Ich glaube an Gott, aber ich lasse mir [von Jhm] keine Vorschriften machen."

Die Symptome der von dieser Haltung verantworteten tiefen Kulturkrise sind im Westen unübersehbar. Man denke nur an das katastrophale Schlittern in eine strukturelle Drogenabhängigkeit, zu der neben Zigaretten und Ecstacy auch das Internet gerechnet werden mögen; oder an den verheerenden Trend zur "alleinerziehenden Mutter"; oder an die Kriminalisierung unserer Innnenstädte.

Es ist in der Tat kurios zu beobachten, wie der "Westen" gleichwohl unverdrossen und triumphalistisch sich als Hort der Vernunft und Menschlichkeit feiert, so als habe es die beiden viehischen Weltkriege - mit chemischer Kriegführung -, die Stalinistische Massenschlächterei, den entsetzlichen Holocaust, Atombobeneinsatz auf japanische Städte, Apartheid und den anti-muslimischen Religionskrieg in Bosnien gar nicht gegeben. Habermas räumte mit Rücksicht auf solche "Unfälle" - die in Wirklichkeit systemimmanent waren - immerhin ein, daß das Projekt der Moderne unvollendet geblieben sei. Er erkannte jedoch nicht, daß es unvollendbar bleibt, solange der Westen das Sakrale und das

Transzendentale nicht wiederentdeckt - in einer religiösen Aufklärung, möglicherweise dank einer Auseinandersetzung mit dem Islam.

Damit sind wir bei dem alternativen Begriff - "Orient" - angelangt, der sich geographisch betrachtet bis auf Ostasien, also auch auf die taoistische, hinduistische und buddhistische Welt erstrecken sollte, dafür aber das maghribinische Nordafrika aussparen müßte, wo sich mit Fes die orientalischste Stadt der Welt findet.

Doch auch hier haben wir es ja mit einem kulturanthropologischen Begriff zu tun, den allerdings kaum noch ein Orientalist oder Islamologe an westlichen Universitäten in den Mund zu nehmen wagt. Grund dafür ist die vehemente Orientalismus-Kritik, die 1963 mit einem Artikel des Ägypters Anouar Abdel- Malek über "L`Orientalisme en Crise" eingeleitet, von dem französischen Philosophen Michel Foucault stark gefördert und dem christlichen Palästinenser Edward Said in den USA vollendet worden ist - mit Büchern wie "Orientalism" (1978) und "Covering Islam" (1981).

Literatur-archäologische Arbeiten zum Aufdecken der Genealogie von Vorurteilen führten zu der bitteren Erkenntnis, daß der Orient, wie er in den Köpfen westlicher Menschen - also auch von Journalisten - existiert, eine projizierte Erfindung der englischen, französischen, niederländischen und amerikanischen Islam-Wissenschaft ist. (Die deutsche hat einen besseren Ruf, obwohl auch sie ihre schwarzen Schafe hatte, darunter Carl H. Becker, Max Weber, Ignaz Goldzieher und Gustave von Grunebaum.)

Wichtigste Einsicht dieser Kritik war, daß klassische Islamwissenschaftler - wie Gibb, Margoliouth und Watt - schon in der frühen Kreuzzugsepoche geförderte Vorurteile gegen den Islam verstärkt und manipulativ zu einem Herrschaftswissen zugunsten der Kolonisierung im 19. Jahrhundert ausgebaut hatten. Dabei wurde der Orient mit der muslimischen Welt identifiziert und im wesentlichen als eine irrationale, rückwärtsgewandte, hermetische, reformunfähige, dem Individuum feindliche, kriegerische und despotische Welt geschildert. Diese Sicht schlägt uns noch immer aus zahlreichen Medien entgegen. Seit dem arabisch-israelischen Krieg 1973 nebst Ölembargo und dem 2. Golfkrieg ist zu den genannten Vorurteilen hinzugekommen, daß die islamische Welt als eine ständig krisengeschüttelte Welt gesehen wird, eine Welt bestimmt von "oil and turmoil" (Said).

Vor diesem Hintergrund gilt es nun, "den Westen" - konkret die europäische Welt bzw. den "American Way of Life" - unter einigen Gesichtspunkten von Religion, Kultur und Politik mit "dem Orient" - der islamischen Welt im Nahen Osten und Mittleren Osten sowie in Nordafrika - zu vergleichen. Angesichts der geballten stereotypen Vorurteile, die auf beiden Seiten seit Jahrhunderten gepflegt worden sind, ist dies ein riskantes, emotional geladenes Unterfangen, dem man allenfalls gerecht werden kann, wenn man gleiches mit gleichem vergleicht, Theorie mit Theorie und Praxis mit Praxis, und wenn man sich vor Essentialisierung der einen oder der anderen Seite hütet, also vor der Unterstellung, permanenter, wesenhafter kultureller Unterschiede.

II. Religion:

1. Bei einem theoretischen Religionsvergleich von Christentum, Judentum und Islam fällt zunächst ins Auge, daß sie in der Vorstellung von einem personalen transzendenten Gott im großen und ganzen übereinstimmen. Abweichungen ergaben sich aber durch die konkrete Ausformung des Gottesbildes. Die Vorstellung, daß Gott ein bestimmtes Volk auserwählt habe, ist von Muslimen (nur) als geschichtliche Tatsache nachzuvollziehen, weil der Durchbruch zur Eingottvorstellung einzigartig beim jüdischen

Volk gelungen ist. Doch weder für Muslime noch für Christen ist es mit ihrem Gottesbild vereinbar, daß Gott sich mit einem Volk - welchem auch immer - in ein Vertragsverhältnis mit gegenseitigen Rechten und Pflichten begeben und dieses Volk allen anderen ontologisch vorziehen könnte.

Augenfällig ist zweitens, daß das mangelnde Interesse der Kinder Israels an der Universalisierung ihrer Religion diese zwar vor Fremdeinflüssen bewahrte, Jahwe jedoch aus der Sicht Außenstehender zu einem Stammesgott herabzumindern droht.

Aus islamischer Sicht ging Jesus als der letzte große jüdische Reformer ("der letzte vor Karl Marx", pflegt Prof. ´Ali Masrui zu sagen) gegen diese beiden Charakteristika des mosaischen Glauben an. Jedenfalls ergab sich für Paulus die Möglichkeit, unter Berufung auf Jesus den jüdischen Glauben in christlicher Form zu universalisieren. Dabei - wie könnte es anders sein - absorbierte das Christentum religiöse Vorstellungen vieler Völker, zumal es angetroffene Religionen grundsätzlich nicht tolerierte. Als Ergebnis der erzwungenen Assimilierung, aber auch echter Bekehrungen, drangen zahlreiche Elemente anderer Religionen in das Christentum ein und sind hier bis heute als Fremdkörper identifizierbar. Beim deutschen Weihnachten ist dies ebenso offensichtlich wie bei religiösen Ritualen der Indios.

Am gravierendsten waren jedoch nah- und mittelöstliche Einflüsse. Dazu gehören kosmologische Vorstellungen des Neo-Platonismus und der persischen Gnosis eines Plotin, einschließlich der Engelslehre des falschen Dionysios Areopagita; ferner neo-pharaonische Trinitätstheoreme aus der Welt des Philon von Alexandria; aber auch mazdäische Vorstellungen von Priestertum, Mysterien und Sakrament sowie altpersisches Inkarnationsdenken und manichäische Leibfeindlichkeit. Diese Elemente haben das Christentum stark geprägt. Das mögen sich diejenigen gesagt sein lassen, die immer noch meinen, daß der Islam nicht nach

Europa passe, weil sein Kulturerbe rein christlich-humanistisch sei. Es gilt zu erkennen, daß dieses Erbe de facto christlich-iranisch-germanisch-islamisch-humanistisch, also viel komplexer - und viel orientalischer - ist.

Die Muslime verstanden den Islam von Anfang an als eine universelle Religion. Auch hat sich der Islam im 7./8. Jahrhundert noch schneller als das Christentum in seiner Fühzeit geographisch ausgebreitet - bis nach Spanien und Indien. Gleichwohl ist es dem Islam gelungen, seine kompromißlose Eingottvorstellung vor jeder Nuancierung oder Qualifizierung - etwa im Sinne der zahlreichen Varianten der byzantinischen Christologie (einschließlich des Glaubensbekenntnisses von Nizäa) zu bewahren. Doch wie war dem Islam möglich, was dem Christentum nicht möglich war?

Entscheidender Unterschied war die theologische Toleranz des Islam, der sich nie als alleinseligmachende Religion betrachtet hatte, sondern dem Qur`an gemäß als eine von mehreren, von Gott gewollten Religionen.

Dies war nicht nur Theorie, sondern eine Praxis, die den Islam vor der Assimilierung fremder Glaubensvorstellungen, also Synkretismus, weitestgehend bewahrte. Dies war nur möglich, weil die Muslime statt zu absorbieren von Anfang an ein multikulturelles Nebeneinander einübten: eine Verhaltensweise, die man in Europa mangels geschichtlicher Praxis erst heute mühsam erlernen muß.

Am schwersten fiel die Reinhaltung der islamischen Doktrin gegenüber den Einflüssen der griechischen Philosophie, die aber schon im 10. Jahrhundert durch den Sieg der erkenntniskritischen Ash´aritischen Philosophenschule, der hanbalitischen Rechtsschule sowie der traditionellen Ahl al-Sunna-Bewegung über die spekulative Metaphysik der mu`tazilitischen Philosophenschule gesichert wurde. Am wenigsten erfolgreich war die Verteidigung der islamischen Doktrin in Persien, wie sich an der Fortentwicklung der schiitischen Glaubensvorstellungen im Iran ablesen läßt.

Ebenso wichtig erscheint mir eine zweite theologische Unterscheidung zwischen Islam und Christentum, nämlich der unterschiedliche theoretische Stellenwert von Vernunft und Nüchternheit, deren islamische Konsequenz u.a. die Ablehnung von Mysterien, Heiligenverehrung, Erlösungmythos und Sakramenten (und allem anderen Magischen) ist.

Hier stoßen wir erneut auf eine Absurdität: Der Okzident hält sich als Hort der Vernunft. Doch es ist der Islam, der im Religiösen in viel stärkerem Maße an Vernunft appeliert und aus Nüchternheit ein existentielles Merkmal gemacht hat. Unter allen heiligen Schriften insistiert nur der Qur`an darauf, daß der Mensch Verstand, Urteilskraft und seine Beobachtungsgabe gebraucht sowie die göttlichen Schriften selbst liest. Mit der Aufforderung dazu - dem Befehl: "Lies!" - begann die qur`anische Offenbarung. Dies hatte trotz des heute hohen Analphabetismus in der muslimischen Welt zwei bemerkenswerte Konsequenzen:

(i) Der Islam wurde zur Schriftreligion par excellence, weil jeder Muslim gehalten ist, arabisch zu lernen und da der Qur`an selbst nach 1400 Jahren von arabophonen Menschen verstanden werden kann, zumal er die Sprachentwicklung selbst gesteuert hat. Man vergleiche dies mit der Schriftferne, die vor allem im katholischen, orthodoxen, koptischen und armenischen Bereich eingetreten ist, wo der Laie auf das Geheim- und daher Machtwissen klerikaler Schriftgelehrter angewiesen ist. Ob es weltweit höhere Auflagen des Qur`ans oder des Neuen Testaments gibt, bleibe dahingestellt. Anzunehmen ist jedenfalls, daß der Qur`an häufiger gelesen wird. Ohne Zweifel gibt es auch sehr viel mehr Menschen, die den Qur`an auswendig können, als Christen, welche die Evangelien im Gedächtnis haben.

Diese intensive, letztlich basisdemokratische Schriftlichkeit des Islam setzt sich heute in der Komputerwelt fort. Jeder Muslim hat heute über die entsprechende Software unmittelbaren Zugang auch zu den umfangreichen Sammlungen der Überlieferungen seines Propheten - für Apple Fans verfügbar als "MacQur`an" und "MacHadith" - ist also sein eigener "mudschtahid", Schriftausleger.

(ii) Nüchternheit verlangt vordergründig nur Absage an jede Substanz, welche den Verstand benebeln könnte, geht aber als Lebenshaltung weit darüber hinaus. Ein guter Muslim ist jederzeit bereit, nicht nur Zecher nachhause zu fahren, sondern vor den Richterstuhl Gottes zu treten. Allzeit bereit, wie es Pfadfinder sein möchten. Es gibt Muslime, die trinken, und es gibt maßvolle oder antialkoholische Christen. Gleichwohl kann man behaupten, daß es für die Suchtgefährdung einen bedeutsamen Unterschied macht, ob man schon beim ersten Schluck Unrechtsbewußtsein hat. Eine Religion, welche den Genuß von Wein zu ihren religiösen Riten zählt, eignet sich wohl schlechter als der Islam dazu, etwa amerikanische Slum-Viertel drogenfrei zu machen, wie dies tatsächlich geschieht.

(iii) Die mysterienfeindliche Betonung der Vernunft führte im Islam zu einem Pluralismus in der Jurisprudenz, der geschichtlich seinesgleichen sucht. Obwohl die Wurzeln bzw. Quellen der Scharia nach islamischer Auffassung göttlich sind, führte das Vernunftgebot zur Entwicklung von mindestens sieben gleichberechtigten Rechtsschulen, also zum Gegenteil einer zentralen gerichtlichen Instanz wie etwa der Rota Romana. Dies erklärt bis heute die Schwierigkeit deutscher Behörden, maßgebliche Sprecher für alle Muslime in Deutschland zu finden: sie sind eben geborene juristische Individualisten.

(iv) Weitere Konsequenzen der genannten Wesenmerkmale des Islam sind die Abwesenheit eines Klerus i.e.S. sowie eine weitverbreitete Skepsis gegenüber Mystik.

Im Gegensatz zum Christentum gibt es keine religiöse Verpflichtung eines Muslims, welche die Mitwirkung eines andere voraussetzt. Jeder kann Vorbeter sein. Jeder ist grundsätzlich zur Auslegung der Quellen berechtigt. Keiner kann sich anmaßen zu behaupten, den Islam als solchen zu repräsentieren.

Daß es in der Lebenswirklichkeit auch im Islam Autoritäten gibt, denen einige Folge leisten - z.B. hocas in türkischen Moscheen - und daß es auch im Islam immer wieder zu Heiligenkult gekommen ist - wie z.B. an den Gräbern von Idris I. im marokkanischen Moulay Idris oder am Schrein der Zaynab, Enkelin des Propheten in Kairo - steht auf dem Blatt "Verirrungen". Doch ist es dem geradezu unfaßlich zähen Festhalten der islamischen Massen an der Orthodoxie unter kommunistischer, faschistischer und kommunistischer Herrschaft zu verdanken, daß der Islam solche Systeme (möglicherweise besser als die Kirchen) überstanden hat.

(v) Man mag darüber spekulieren, ob ein Mensch zu einem Demokraten taugt, der religiös in eine Hierarchie eingebunden und gehalten ist, an Mysterien zu glauben, und sich Gott nur indirekt - von Priestern oder Heiligen vermittelt - zu nähern. In der Tat hat sich Demokratie im Westen ja erst mit der religiösen Emanzipierung des Bürgers, ja seiner Entchristlichung langsam durchgesetzt.

Nach dieser Logik müßte ein Muslim, der ja keine existentielle Autorität zwischen Gott und sich akzeptiert, von der psychologischen Ausgangslage her der geborene Demokrat sein. In der Wirklichkeit ist ein solcher Unterschied allerdings nicht verifizierbar. Autoritätsgläubigkeit fördert ein Denken in absoluten Kategorien halt auch dann, wenn nur Gott als einzige Autorität anerkannt wird. Politische Despotie hat wohl ihre eigene Logik...

III. Kultur:

Damit wurde die Grenze zur kulturellen Betrachtung der beiden Welten schon überschritten. Dies war unvermeidlich, da jede Religion sich zugleich als Zivilisation und Kultur entfaltet, wenn sie den Namen verdient. Doch auch dieser Vergleich hat Schwierigkeiten, die in der unterschiedlichen Ausgangslage der Religionen begründet ist.

1. Jesus und seine Jünger nahmen offenbar an, daß der Untergang der Welt nahe bevorstehe. Die ersten Christen glaubten, die letzten zu sein. In einer solchen Situation wäre es nicht gerechtfertigt gewesen, Gesetze für das künftige Gemeinwesen zu formulieren.

Im Gegensatz dazu entstand der Islam unter akribischem Festhalten an allem, was Muhammmad gesagt, getan oder geduldet hat, also als eine in hohem Maße normative Religion mit Tendenz zur Verrechtlichung.

Ich erhalte nicht selten Anrufe von Muslimen, die von mir eine Art fatwa für ihr Verhalten in der Universität oder in Beruf und Familie erwarten. Diese ständige Sorge, sich in jedem Detail Gottes Willen entsprechend zu verhalten, scheint eine Christen fast völlig abhandengekommen Einstellung zu sein. Ist sie doch das Gegenteil zum "anything goes!"

Dabei muß ein im Westen lebender Muslim ständig prüfen, was an seinem Islam-Verständnis Glaubensbestandteil und was nur im zivilisatorischen Sinne muslimisch ist.

Der Gegensatz zur christlichen Welt ist frappierend: Ganz gleich, wohin ein westlicher Tourist reist, er wird nirgends auf eine Kultur stoßen, die den Verzicht auf Wesenselemente der christlichen Kultur verlangt. Er kann essen, was er will und wie er will und sich reinigen, wann er will und wie er will. Vom Muslim hingegen wird ständig Anpassung gefordert, weil er mit konkreten Verhaltensregeln ausgestattet ist.

Wenn man - abgesehen vom bereits Gesagten - den kulturellen Unterschied von Islam und Christentum auf eine simple, grobe Formel bringen müßte, könnte man sagen, daß der Westen zur Welt des Quantitativen geworden und der Islam eine Welt des Qualitativen geblieben ist. Doch dies bedarf der Erläuterung:

Die Aufklärung hat über die Vergötzung des Menschen zur Vergötzung der Wirtschaft als Quelle allen Wohlstands geführt. Unmerklich sind dabei Maximen der Volkswirtschaft wie die Maximalisierung des Profits und die Optimalisierung der Produktion zu allgemein menschlichen Maximen geworden, die sogar in Familie und Erziehung nachweisbar sind - natürlich auch in Sport, Tourismus und Vergnügen. Alles, selbst das Sexuelle, wird zur Leistung oder zum Produkt und damit quantifizierbar.

Im Gegensatz dazu ist die muslimische Welt noch so glücklich rückständig, daß es dort leichter fällt, immaterielle Werte zu bewahren. Noch gibt es dort Taxifahrer, die mit der Arbeit vorzeitig aufhören, wenn sie genug verdient haben, um sich der Familie zu widmen. Noch ist es dort üblich, daß niemand in der Familie hungert, wenn auch nur einer verdient. Noch sieht man dort keinen Grund, auf Fasten und Gebet zu verzichten, um Maschinenleerlauf zu vermeiden.

Früher hat man das anders bezeichnet - mit der Spiritualität des Ostens, aus dem das Licht komme (ex oriente lux). Gemeint war dasselbe, darunter die merklich andere Einstellung zur Zeit. Der Westen - "time is money " - hat auch die Zeit quantifiziert, beschleunigt und damit rar gemacht; im Orient weiß man sich noch in der Zeit geborgen, vielleicht - oder gerade - weil man sie als Illusion versteht.

Die muslimische Form des Wirtschaftens erlaubt gewiß keine Maximierung des Gewinns, doch auch mit weniger kann man zufrieden sein. Um dies im Westen zu erleben, muß man ein Aussteiger werden; im Osten genügt es, in das orientalische Zeitempfinden einzutauchen. Allerdings erzwingt das Handy auch dort immer mehr Termindruck.

IV. Politik:

Wenn man bedenkt, wie unpolitisch Jesus war und wie unpolitisch seine pazifistische, nicht auf Macht, sondern Liebe bauende Lehre, ist es faszinierend zu verfolgen, zu welch einer eminent politischen Religion zumindest das katholische Christentum spätestens seit Augustinus geworden ist. Es ist immer noch atemberaubend zu verfolgend wie das Christentum das römische Imperium eroberte, das Papsttum entwickelte und aus einer Lehre der Gewallosigkeit eine Kirche entstand, welche sehr viel Blut fließen ließ. Die Kreuzzüge, die Inquisition, die Hexenverfolgung, die Verbrennung der Katharer und Albigenser, die Ausrottung indianischer Kulturen, die Reformationskriege, Giordano Bruno, Sklavenhaltung...

Die blutigen Exzesse der Neuzeit sind schon erwähnt. Mag man den anti-schwarzen und anti-semitischen Rassismus oder Hiroshima und Nagasaki den Kirchen nicht unmittelbar anlasten, so bleibt doch festzuhalten, daß die abendländische Zivilisation keines der neuzeitlichen Massaker verhindert hat.

Vor diesem Hintergrund klingt ist es seltsam, den Islam als kriegerische Religion zu qualifizieren, oder ihm die Tatsache vorzuhalten, daß muslimische Herrscher seit der Umayaden-Dynastie in Damaskus meist despotisch gewesen sind. Es genügt festzuhalten, daß beide Religionen der Versuchung unterlagen, von weltlicher Macht zu profitieren, und daß beide unfähig waren, ihr weltliches Mißbrauchtwerden zu verhindern.

Beide Religionen entwickelten ihr Kriegsrecht parallel. Beide lassen heute nur noch militärische Verteidigung zu.

Das Politische ist das Menschliche par excellence, und in dieser Hinsicht sind Gläubige aller Religionen sich nahe.

Wichtiger ist die praktische Frage, ob es in den beiden Regionen und Religionen etwa unterschiedliche Potentiale für die Entwicklung von Demokratie und Menschenrechten gibt.

Die christliche Welt war während ihrer ersten 1800 Jahre gewiß kein Hort der Demokratie, sondern verteidigte bis hin zu George Washington das Gottesgnadentum monarchischer Herrscher. Demokratie mußte sich de facto gegen die Kirchen entwickeln. Diese machten schließlich gute Miene zum bösen Spiel. Demokratie entwickelte sich gegen das Christentum.

In der muslimischen Welt verlief es ähnlich. Allerdings enthält der Qur`an im Gegensatz zum Neuen Testament mehr Vorschriften zur Gestaltung der Politik, also der verfassungsrechtlichen Ordnung eines Gemeinwesens. So wurden Fundamente gelegt, auf die sich parlamentarische, parteienpluralistische muslimische Republiken abstützen können.

Trotz dieser konstitutiven Elemente ist der Islam allerdings auf dem Weg zur Demokratie nicht besser gefahren als die christliche Welt.

Ähnlich verhält es sich mit den Menschenrechten, einer Kategorie, die antikem und mittelalterlichem Denken in beiden Religionen gleich fremd war; denn schließlich ist Gott ihr einziger Gesetzgeber. Daß der Mensch als Individuum, quasi als Rechtsinhaber, dank rechtlicher Reflexe aus göttlichen Normen profitieren kann, war den Juristen aller Religionen bis zur Neuzeit unvorstellbar. Erst dann entwickelte sich im christlichen wie im muslimischen Bereich die Vorstellung von überstaatlichen Menschenrechten, basierend auf der Würde der Gotteskinder.

Heute weiß man, daß es sich nur um definitorische Schwierigkeiten gehandelt hatte, und akzeptiert islamische Menschenrechtskataloge.

So verbleibt im Politischen vor allem die Frage nach der Relevanz des Islam bei zeitgenössischen, sogenannten islamistischen Bewegungen.

Auch in dieser Hinsicht sehe ich keine wesentlichen Unterschiede zwischen Okzident und Orient. Im Westen ist seit langem anerkannt, daß es ein Widerstandsrecht gegen Tyrannen gibt, wie es am 20. Juli 1944 ausgeübt worden ist. Wenn es undemokratisch, ja willkürlich, in einem Staat zugeht, der von Katholiken bewohnt wird, wird sich - wie in Polen - der Widerstand gegen den kommunistischen Unrechtsstaat katholisch legitimieren und motivieren. In einer lutherischen Gesellschaft - wie im Leipzig der ehemaligen DDR - wird sich gleiches auf evangelischer Basis vollziehen und in der muslimischen Welt unter Berufung auf den Islam. Das ist keine Besonderheit.

Neu ist allerdings, daß sich in der muslimischen Welt tatsächlich Widerstandsbewegungen gegen undemokratische Regime bilden; denn - mit Ausnahme der kharidschitischen Bewegung im 7. Jahrhundert und der schiitischen Welt - wurden Muslime bisher meist dazu angehalten, im Zweifel nicht zu rebellieren, jedenfalls solange ein Herrscher nicht eindeutig vom Islam abgefallen ist.

V.

Als Fazit bietet sich die Feststellung an, daß Religionen sich in all den Aspekten ähneln, die vom Menschlichen geprägt sind; daß sie aber unähnlich sind, insoweit sie mit ihren Offenbarungen - aus gleicher göttlicher Quelle - unterschiedlich umgegangen sind. Besonnene Muslime werden sich daher davor hüten, den Westen in Pausch und Bogen zu verwerfen, so wie besonnene Christen und Agnostiker sich davor hüten sollten, den Islam insgesamt zu verteufeln.

Solche Muslime dürfen sich gleichwohl der "Errungenschaften" des Westens nur selektiv bedienen, sich also integrieren, ohne sich zu assimilieren, weil sie sonst die moralischen Heilkräfte, die vom Islam auf den Westen ausstrahlen könnten, verlören.

Die meisten dieser Muslime sind schließlich gerade deshalb in den Westen gekommen, weil es hier weniger administrative oder Polizeiwillkür gibt, dafür aber unabhängigere Gerichte, weniger Zensur und Korruption, mehr soziale Gerechtigkeit und demokratische Mitwirkungsmöglichkeiten.

Bei dem für den Westen so dringend notwendigen Heilungsprozeß sitzen die gläubigen Menschen aller Religionen im gleichen Boot, in einem immer weiter sich ausdehnenden atheistisch-agnostischen Meer. Da ist es weniger wichtig, welchen Titel wir Maria einräumen und wie das Verhältnis von Jesus zu Gott heute zu interpretieren ist. Wichtiger ist es, daß das schwindende Häuflein echter Christen von der Glaubensstärke der Muslime profitiert, von ihrem Gehorsam gegenüber Gottes Geboten und von ihrer Verteidigung altmodisch wirkender sittlicher Werte, darunter Ehe, Familie und das ungeborene Leben.

Vielleicht kommt es so doch noch einmal zu der christlich-jüdisch-islamisch-humanistischen Kultur, der die Welt schon einmal so nahe war - im Andalusien des arabischen Ibn Rushd, des lateinischen Averroes, im sagenhaften Cordoba.

ISLAM UND POLITIK

ISLAM UND POLITIK

I.

Das Thema "Islam und Politik" fragt, wie die Religion des Islam sich in der Welt, also auch in Staat und Wirtschaft, einbringen, umsetzen, verwirklichen will. Daß sie dies will, ist eindeutig. Der Islam ist keine Religion der Weltflucht. Muslime beten vielmehr täglich "**Herr, gib uns Gutes in dieser Welt und Gutes im anderen Leben** ..." (2:201). Der Qur`an ermahnt sie sogar: **Vergiß deinen Anteil an der Welt nicht!** (28:77).

Gott ist für die Muslime transzendent und immanent. Sie sind daher aufgerufen, sich auch auf Erden anzustrengen, die zum Wohl der ganzen Menschheit notwendigen, gottgefälligen Verhältnisse herzustellen. Dies setzt indessen voraus, daß sie selbst gottergeben sind; **denn Allah ändert die Lage eines Volkes nicht, ehe es nicht sich selbst von Grund auf[1] ändert** (13:11).

Viele westlich geprägte Menschen meinen, daß es insoweit einen klaren Gegensatz zum Islam gebe. Doch dem ist nicht so. Allerdings räume ich gerne ein, daß das frühe Christentum und der Islam eine unterschiedliche Einstellung zum Politischen hatten:

Jesus entstammte keiner führenden Familie und wuchs nicht in der Hauptstadt des jüdischen Königreichs auf. Muhammad hingegen wurde in Mekka, dem wirtschaftlichen Zentrum Arabiens, in eine Honoratiorenfamilie mit erblichen stadtpolitischen Funktionen geboren. Dieser Unterschied

1. Wörtlich: "Was in ihrem Inneren ist."

akzentuierte sich, weil Jesus davon ausging, daß das Letzte Gericht unmittelbar bevorstehe. In solch einer dramatischen, eschatologischen Situation wäre es kaum sinnvoll gewesen, sich mit der Gründung eines christlichen Staate zu befassen - ganz abgesehen davon, daß sich Jesus nicht als Religionsstifter sah, sondern als Reformer seines Judentums.

Muhammad hingegen ging sowohl von der Möglichkeit eines baldigen Weltendes aus wie von der Möglichkeit eines längeren Fortgangs der Geschichte. Ihm drängte sich die Notwendigkeit einer Staatsgründung im übrigen schon deshalb auf, weil die in Mekka bis aufs Blut verfolgten Urmuslime sich nicht - wie die Juden - in der Emigration zerstreuen mußten, sondern von Sympathisanten nach Yathrib, dem heutigen al-Madina, eingeladen wurden und dort ihr eigenes Staatswesen gründen konnten.

Vor diesem jeweils unterschiedlichen Hintergrund ist es verständlich, daß das Neue Testament nur wenige Vorschriften rechtlicher Natur - etwa hinsichtlich der Ehescheidung - enthält, während Qur`an und Sunna, die Überlieferungen des Propheten Muhammad, Vorschriften für alle Aspekte des Lebens, also auch für Staat und Wirtschaft, enthalten. Die islamische Umma, die Gemeinschaft aller Muslime, trat wie eine Nation in die Weltgeschichte ein, deren Staatsangehörigkeit sich erstmals und bis heute einzigartig nicht an Sprache, Hautfarbe oder Abstammung knüpfte, sondern allein an den Glauben.

Gleichwohl haben sich Christentum und Islam mindestens 1200 Jahre lang hinsichtlich ihrer Politikwirksamkeit nicht unterschieden. Mit Eroberung des römischen Kaisertums in der Person Kaiser Konstantins wurde auch das Christentum seit dem 4. Jahrhundert eine staatstragende Religion. Was sich dabei herausbildete, ist wohl bekannt.

Schon wenige Begriffe wie Gottkönigtum, Zwei-Schwerter-Lehre, Investiturstreit, Canossa, Vatikan-Staat und

Concordat, Kreuzzüge, Inquisition, Hexenprozesse und Reconquista (des Allerkatholischsten Königspaars Ferdinand und Isabella) sprechen Bände. Sowohl Renaissance wie Reformation und Aufklärung in Europa lassen sich ja nur als Reaktion auf die erdrückende, allgegenwärtige kirchliche Dominanz im politischen Bereich erklären.

II.

Man mag Geschichte Geschichte sein lassen, aber doch nur, wenn Geschichte nur noch Geschichte ist. Eine Analyse des westlichen Säkularismus zeigt jedoch, daß Staat und Gesellschaft, also Politik im weitesten Sinne, weiterhin christlich geprägt sind - ob nun von christlicher Religion i.e.S. oder christlicher Zivilisation.

Nehmen wir die Bundesrepublik Deutschland, in der Staat und Religion angeblich getrennt sind. Hier finden wir staatlich geschützte kirchliche Feiertage, staatlich anerkannte Religionskörperschaften des öffentlichen Rechts, für die der Staat Kirchensteuer einzieht. Hier wird Religionsunterricht an staatlichen Schulen durch staatliche Lehrkräfte erteilt. Auch sehen wir, daß bei Gericht und in der Bundeswehr Eide auf Gott geschworen werden, auf Den in der Präambel des Grundgesetzes Bezug genommen wird. Die Bundeswehr beschäftigt Militärgeistliche; das Kreuz hängt an Schulwänden, im StGB gibt es einen Blasphemie-Paragraphen zum Schutz religiöser Gefühle, und der Bundeskanzler spricht an Weihnachten zu seinem Volk.

Die Deutschen empfinden dies nicht als mittelalterlichen Obskurantismus, sondern als aufgeklärten Säkularismus. Warum aber dann den Islam als Verfechter der Gottesstaatsidee verteufeln? In der Tat, auch er will ja nichts anderes als einen Staat dieses deutschen Zuschnitts, in dem Religion und Politik, Religion und Wirtschaft, harmonisch aufeinander bezogen sind, und nicht etwa eine theokratische Klerikerherrschaft.

Es gibt radikale Liberale und Sozialisten sowie militante Atheisten aus allen Lagern, denen die fortdauernde Verstrickung von Religion und Kirche ein Greuel ist, denen also die faktische Entchristlichung der Bundesrepublik nicht weit genug geht. Menschen dieser Einstellung nehmen sich Mexiko und Frankreich als wirklich "laizistische" Staaten zum Vorbild. Dabei täuschen sie sich allerdings auf zweierlei Weise:

Zum einen verkennen sie, daß das Religiöse in unterschiedlichem Gewand auftreten kann, z.B. in Form eines militanten türkischen Kemalismus oder eines nicht weniger militanten französischen Laizismus. Das unter liberalem Vorzeichen in den USA wie bei uns auftretende Phänomen von "political correctness" ist ein Symptom dafür. Für diese Tabuisierung bestimmter Themen in Politik und Medienwelt sowie für aggressive Intoleranz gegen religiöse Erscheinungen in einigen Medien gibt es keine bessere Erklärung, als daß wir es hier - wie schon beim Kommunismus - mit Ersatzreligionen zu tun haben.

Zum anderen: Ebenso wie Mitglieder von "Opus Dei" oder Evangelikale gibt der Muslim seine Religion nicht an der Garderobe ab, wenn er in die Arbeitswelt eintritt. Das steht zwar im Widerspruch zum modernen Ideal völlig subjektivierter und individualisierter Beziehungen zum Göttlichen. Die Befürworter einer Privatisierung der Religion - jeder mit seinem eklektischen Privatglauben ("On-Line und allein") - verkennen jedoch, daß kein Staatswesen auf längere Sicht ohne transzendentale Verankerung überleben kann.

Schon Novalis hatte erkannt, daß weltliche Kräfte sich nicht selbst ins Gleichgewicht bringen lassen, sondern zu einem Interessendschungel führen, wenn die Gesellschaft nicht von einer Religion zusammengehalten wird. Auch auf die Einhaltung von Menschenrechten ist keine Verlaß, wenn Menschenrecht-Chartas lediglich ausgehandelte Texte ohne göttliche Sanktionen sind.

Harvard-Professor Daniel Bell hatte in seinem Buch "The Cultural Contradictions of Capitalism"[2] schon vor Jahrzehnten darauf aufmerksam gemacht, daß der nach Max Weber ("Die protestantische Ethik und der Geist des Kapitalismus") ursprünglich protestantisch gewachsene Kapitalismus zur Selbstzerstörung führt, wenn er zum ökonomischen und wissenschaftlichen Fortschrittswahn wird; denn dann schlagen alle ursprünglichen Tugenden - wie Fleiß, Treue, Sparsamkeit, Diszipin, Leistungsbereitschaft - in ihr Gegenteil um und vergiften die Basis des Systems: als Konsumerismus, sexuelle Libertinage, Gleichmacherei, "kein Bock"-Syndrom und ähnliches. Die post-industrielle Welt produziert fast alles, aber kein Antwort auf die Frage nach dem Sinn von Leben und Sein.

Im Westen beobachten wir bereits bedrückende Symptome einer solchen Sinn- und Werte-Krise, darunter den Verfall der Familie (mit immer mehr "alleinerziehenden Müttern" und der modellhaften Aufwertung der Homosexualität), strukturelle Drogensüchtigkeit und Kriminalität, darunter Kinderpornographie, aber auch kalte Herzlosigkeit und Korruption in nie gekanntem Ausmaß.

Vor diesem Hintergrund sagte der britische Thronfolger am 10. Juli 1996 folgendes: "Die Wissenschaft hat versucht, über unser Weltverständnis ein Monopol - oder vielmehr eine Diktatur - zu errichten, indem sie Religion und Wissenschaft trennte... Ich glaube, daß das Überleben zivilisierter Werte... vom Überleben eines tiefen Empfindens für das Sakrale in unseren Herzen abhängt."

Der Prinz von Wales fuhr fort: "Ich bin fest davon überzeugt, daß eine Welt, in der Wissenschaft und Religion integrierte Teile unseres Weltverständnisses sind, in besserem

2. London: Heinemann, 1976.

Gleichgewicht, zivilisierter und weiser ist... Die islamische Welt hat diese integrierte spirituelle Weltsicht in einem Maße bewahrt wie uns das im Westen nicht möglich war."[3]

III.

Es geht letzlich also um das richtige Maß an Integration von Religion und Staat: Das muslimische (nicht: qur`anische) Schlagwort dafür ist "din wa daula"(Glaube und Staat). Damit ist gemeint, daß es zwischen Glauben (din) und Staat (daula) eine Beziehung geben muß. Man beachte, daß es nicht etwa heißt, der Glaube sei der Staat, beide seien eins und dasselbe. Im Gegenteil, auch für Muslime sind dies unterschiedliche Dinge, die lediglich harmonisch auf einander zu beziehen sind.

Die Muslime sind dazu angehalten, ein Staatswesen zu gründen - möglichst nur ein einziges, das alle Gläubigen umfaßt - in dem Gleichheit, Gerechtigkeit, Wohlergehen, Freiheit und Würde für alle - ohne Rücksicht auf Hautfarbe oder sonstige Stammeszugehörigkeit - strukturell gewährleistet ist: Also keinen nationalistischen Staat, in dem Armenier ebenso wie Kurden, Muslime wie Nichtmuslime ihren geschützten Platz haben.[4]

Einem solchen idealen Gemeinwesen bescheinigt der Qur`an: **Ihr seid die beste Gemeinschaft, die für die Menschen entstanden ist. Ihr gebietet, was Rechtens ist, und ihr verbietet das Unrechte, und ihr glaubt an Gott** (3:110). Dies ist idealerweise eine Gemeinschaft von Brüdern und Schwestern (49: 10) - als welche sich Muslime ja tatsächlich ansprechen.

---

3. Rede auf dem Investcorp Dinner.

4. vgl. Muhammad Asad, State and Government in Islam, 2. Aufl., Gibraltar: Dar al-Andalus 1980, S. 4.

Das islamische Recht verlangt dafür keine bestimmte Staatsform. Jede muslimische Generation ist vielmehr dazu aufgerufen, diejenige staatliche Organisation für sich zu finden, die ihrem Entwicklungsstand und ihrer Tradition am besten entspricht. Das kann eine Monarchie sein, zumal der Qur`an von Königen wie Saul und der Königin von Saba berichtet. Das kann aber auch eine Demokratie sein, obwohl sich die Vorstellung von "Volkssouveränität" theoretisch nicht mit Religion verträgt. Keinesfalls verlangt das islamische Staatrecht eine Theokratie i.e.S., etwa wie im Iran, nämlich als Herrschaft des Klerus.

Da es in Europa überall die für Demokratien essentielle "civil society" gibt, also eine des Lesens und Schreibens kundige, relativ begüterte, bürgerliche Gesellschaft frei von Stammesbindungen, käme für einen islamischen Staat in unseren Breiten nur eine Demokratie in Frage.

Ausschlaggebend für die Vereinbarkeit eines konkreten Staatswesens mit dem Islam ist letzlich nur, daß in ihm unter Zustimmung der Regierten, also mit breitem Konsens, regiert wird.

Und damit nun zu den islamischen Vorschriften für die Ausgestaltung von Staat und Wirtschaft. Diese sind zu einem kleinen Teil in der sogenannten Scharia, also geoffenbarten Normen aus Qur`an und Sunna, zu finden. Der größte Teil besteht aus von Juristen aus Qur`an und Sunna abgeleiteten Regeln, also aus keineswegs sakrosanktem, überprüfbarem Menschenwerk Wichtiges Prinzip dieser Jurisprudenz ist es, alles für erlaubt zu halten, was nicht ausdrücklich verboten wurde.

Anhand dieser Normen zeigt sich, wie falsch es ist zu behaupten, daß der orthodoxe Islam mit Demokratie unvereinbar sei. Bezeichnend für diese Voreingenommenheit sind Buchtitel wie "Demokratie ohne Demokraten? Die Erneuerung der Politik in der muslimischen Welt " - wenngleich ihr Inhalt die gestellte Frage verneint.[5]

5. Democracy without Democrats ? The Renewal of Politics in the Muslim World, ed. Ghassan Salamé, London 1994.

An der Spitze eines islamischen Staates hat ein Staatsoberhaupt zu stehen, also ein Individuum - ein Amir oder Sultan - und keine Politbüro; der Islam hält nichts von Räteregierungen.

Dieses Staatsoberhaupt sollte der frömmste der sachlich qualifizierten Staatsbürger sein; denn nur ein Muslim, der an die göttliche Natur der qur`anischen Normen glaubt, wird sie auch als solche behandeln.

Der Regierungschef - im osmanischen Reich Großvizir genannt - muß in einem islamischen Staat hingegen nicht notwendig Muslim sein.

Viele Muslime glauben, daß eine Frau nicht ohne Schaden für das Staatswesen Regierungschefin sein könne. Doch die Überlieferung, auf welche diese Ansicht zurückgeht, ist schwach.[6] Tatsächlich hat die muslimische Welt mit Benazir Bhutto (1988) und Begum Khaleda Zia (1991) bisher mehr weibliche Regierungschefs hervorgebracht als Deutschland, Frankreich, England und die Vereinigten Staaten zusammen.

Aus der Geschichte der frühen Nachfolger des Propheten ergibt sich, daß das Staatsoberhaupt ohne festgelegtes Verfahren zu wählen ist. Tatsächlich wurde Abu Bakr, sein 1. Nachfolger, nach streitiger Aussprache unter Muslimen aus Medina und Mekka gewählt. Umar, der 2. Nachfolger, wurde durch Akklamation bestellt. Der 3. Nachfolger, ´Uthman, ging aus einem 6-köpfigen Wahlmänner-Gremium hervor.

Daraus ergibt sich, daß der Islam Monarchie nur als Wahl-Monarchie zuläßt. Der neue König muß also zumindest durch Akklamation bestätigt werden, besser aber im sogenannten bai´a - Verfahren, bei dem der Thronfolger mit

6. Es handelt sich um ein sehr spät von Abu Bakrah während der "Schlacht des Kamels" zwischen´A`isha und ´Ali überliefertes und von Al-Bukhari übernommenes, in der damaligen Situation politisch verdächtig zweckmäßiges Hadith.

7. 2:30; 6: 165; 24: 55; 27: 62; 35: 39.

Volkvertretern einen Vertrag über die beiderseitigen Rechte und Pflichten schließt. Der König von Marokko vollzieht alljährlich wenigstens pro forma eine solche Zeremonie.

Die Nachfolger des Propheten als Staatsoberhaupt nannten sich Kalif.

Dieser Titel, der "Statthalter" (Gottes auf Erden) bedeutet, kommt allerdings - wie der Qur`an an fünf Stellen klarstellt[7] - jedem einzelnen Gläubigen, jedem muslimischen Individuum, zu. Daher gibt es auch im Islam so etwas wie "Volkssouveränität".

Der Qur`an schreibt ferner vor, daß der Regierende in Beratung mit den Regierten zu regieren hat, und behandelt diese Pflicht in der 42. Sure, Vers 38, gleichrangig mit Gebet und Armenfürsorge.[8] Nach richtiger Auslegung bedeutet "Beratung" (schûra) in diesem Zusammenhang, daß das Konsultationsergebnis bindend ist, daß der Amir also nicht nur im Benehmen, sondern im Einvernehmen mit dem Beratergremium zu regieren hat. Erst dann sind alle Gläubigen bzw. Bürger zum Gehorsam verpflichtet (4: 59).

Für die bindende Wirkung der Konsulation spricht, daß der Qur`an eben nicht nur den Amir als Stellvertreter Gottes auf Erden betrachtet, sondern jeden einzelnen Gläubigen. Im übrigen hat sich Muhammad selbst dem Verfahren der Schura unterworfen.[9] Vor der Schlacht am Berge Uhud am 23. März 625, hielt er sich gegen seine besseres Urteil an das Beratungsergebnis. Die Muslime verloren, weil sie sich entgegen dem Rat des Propheten auf offene Feldschlacht mit den mekkanischen Belagerern von Medina eingelassen hatten.

Auf jeden Fall ist mit dem Schura-Prinzip im Qur`an das Fundament für eine parlamentarische islamische Demokratie gelegt; denn in der heutigen Massengesellschaft

8. Schura wird im Qur`an ein zweites Mal in der Sure 3: 159 erwähnt.
9. Siehe bei Muhammad Hussain Haikal, Das Leben Muhammads, Siegen 1987, S. 219, 221, 232, 242, 252, 254.

ist Konsultation praktisch nur über ein repräsentatives Gremium - ein madschlisasch - aschura durchzuführen.[10]

Parlamentarische Demokratie impliziert ein Mehrparteiensystem. Muslime können zwar nicht mittels Mehrheitsvotum über Glaubenswahrheiten entscheiden. **Wenn du der Mehrheit derer auf Erden folgen würdest, würden sich dich von Gottes Weg abirren lassen,** sagt der Qur`an dazu (6: 116).

Wohl aber kann die Mehrheit eines muslimischen Parlaments über Fragen der Tagespolitik befinden. Unterschiedliche Auffassungen hierüber sind nach einem Prophetenwort sogar erwünscht: "Die Meinungsunterschiede unter den Kenntnisreichen meiner Gemeinde sind eine Gnade Gottes," sagte Muhammad.[11]

Dem entsprechend gibt es in der vorbildlichsten islamischen Demokratie unserer Zeit, in Malaysia, neben einer muslimischen Regierungs-, auch eine islamischen Oppositionspartei.

In weitesten Sinne ist auch eine islamische Demokratie "theokratisch", weil Muslime alle staatliche Souveränität und Gesetzgebungskompetetz letztlich auf Gott zurückführen. Dies hat praktische Bedeutung allerdings nur im Bereich der Legislative; denn die Muslime gehen davon aus, daß alle bindenden Gesetze entweder in Qur`an und Sunna enthalten oder aus diesen beiden normativen Quellen zu entwickeln sind. Streng genommen kann ein islamischer Jurist Gesetze nur auffinden, nicht erfinden, und dies gilt auch für ein muslimisches Parlament. Es darf im Grunde nur Verordnungen erlassen, entweder zur Ausführung eines Gesetzes der Scharia oder auf einem Gebiet, zu dem die Scharia schweigt.

So kommt es beispielweise, daß Qur`an und Sunna - und keine Gesetzeskodifikation davon - in Saudi-Arabien unmittelbar geltendes Recht sind.

---

10. Gemäß Qur`an 7: 15 hatte schon Moses eine 70-köpfige Volksvertretung berufen.
11. überliefert in As-Suyuti, Al-Jami´as-saghir.

Eine islamische Demokratie ist also nicht in jeder Hinsicht mit derjenigen von Westminster identisch. Der Führer der algerischen Hamas-Partei, Scheich Machfudh Nachnach sprach daher lieber von einer "schuraqratiyya".

Als Konsequenz dieser Situation braucht auch ein islamischer Staat ein von Exekutive und Legislative unabhängiges Verfassungsgericht, das beider Handeln am göttlichen Recht mißt, ohne dabei an Präjudizien der muslimischen Jurisprudenz gebunden zu sein. Die sog. Türe zur eigenständigen juristischen Auslegung (al-bab al-idschtihad), die man im Mittelalter für geschlossen hielt, ist offen und muß offen bleiben.

Angesichts der Tatsache, daß der Qur`an zu einem Verhalten verpflichtet, das auf den Schutz des gesamten Kernbereichs der Menschenrechte hinausläuft, kommt einem solchen obersten Gerichtshof eine ausschlaggebende Rolle für die Enwicklung der islamischen Demokratie zu.

Ein Blick auf das Grundgesetz und die Rechtsprechung des Bundesverfassungsgerichts zeigt, daß auch die säkularistische Bundesrepublik den Willen des Bundestags begrenzt und letztlich einem Richterspruch unterwirft, welcher an Normen mißt, die oberhalb der Verfassung stehen, weil sie unabänderlich sind. Das islamische Modell ist daher kein Rückfall in obskurantistisches Mittelalter.

Es geht jedenfalls nicht an, Demokratie so zu definieren, daß eine an Gott glaubende und daraus ihre Konsequenzen ziehende Bürgerschaft als unvereinbar damit gilt. In diesem Falle wären sogar die meisten US-Amerikaner demokratieunfähig; denn Entchristlichung ist ein europäisches, kein amerikanisches Phänomen.

IV.

Eine Darlegung des islamischen Politikverständnisses wäre ohne einige Worte zur islamischen Wirtschaftstheorie unvollständig, zumal das Phänomen weltweiter Globalisierung westlicher Vorstellungen und Produkte vor allem ein wirtschaftliches bzw. technologisches Phänomen ist. Leute wie Francis Fukuyama[12], Bernard Lewis und Samuel Huntington[13] gehen mit ihren Theorien vom "Ende der Geschichte" oder "Zusammenprall der Zivilisationen" ja davon aus, daß es demnächst nur noch eine, vernetzte, MacDonaldisierte und Coca-Colisierte Welt geben wird, wie dies auf allen Flughäfen dieser Welt bereits der Fall ist.

So arrogant dies klingen mag: Die islamische Welt hält sich kulturpolitisch, aber auch wirtschaftspolitisch - trotz vieler Übereinstimmungen - für eine Alternative dazu.

Das Stichwort dafür ist "Zinsverbot[14], obwohl sich dies zunächst für jeden naiv anhört, der weiß, welche Rolle der Zins bei Effizienzkontrolle, Konjunkturpolitik und Kapitalbildung spielt. Es ist jedoch nicht zu bestreiten, daß sich - besonders in Europa, und hier besonders in Deutschland - innerhalb des angeblich kapitalistischen Systems so viel umsorgender Sozialismus breitgemacht hat, daß der typische Europäer rundum risikoscheu geworden ist - auch beim Kapitaleinsatz.

Der dem Privateigentum verpflichtete Islam stellt gegen diese Entwicklung sein Konzept der Gewinn-und-Verlust-Beteiligung, wie es im Aktienhandel und bei Investmentfonds gilt. Ein Muslim, der sein Kapital gewinnbringend einsetzen will, ist nach islamischem Recht gezwungen,

---

12. "The End of History ?" in: The National Interest, Frühjahr 1990.
13. Samuel Huntington, The Clash of Civilizations, Foreign Affairs, Sommer 1993.
14. Dies ist in enthalten in 2: 275 - 279; 3: 130; 30: 39.

sich auf diese oder andere Art mit einem Unternehmer zu liieren - z.B. in einer OHG oder KG - oder zum echten Mitunternehmer zu werden - so wie manche Großbank, wenn sie gezwungenermaßen bei einem Großschuldner einsteigt.

Ich meine, daß die Übernahme dieses zentralen Grundsatzes islamischen Wirtschaftens - nicht nur zinsfreie Bankkonten - der satten europäischen Versorgungs-Mentalität gut täte; und der Wirtschaft auch. Dann würden Multis keine Kredite mehr nachgeworfen, ohne konkrete Prüfung der echten Profitträchtigkeit ihrer Projekte.[15]

V.

Leider kann ich nicht behaupten, daß die islamische Staats- und Wirtschaftslehre die Wirklichkeit der islamischen Geschichte geprägt hätte. Zeiten, in denen es rechtsstaatliche Verhältnisse gab, in denen die Herrscher in vollem Konsens mit den Bürgern in islamischem Geist regierten, waren in der muslimischen Welt eher Ausnahme als Regel, wie in der christlichen Geschichte auch. Überwiegend begegnen wir doch im Geschichtsverlauf beider Religionen - zum Teil bis in unsere Tage - Despoten aller Art, oft in Uniform, denen Theologen den Spiegel des Rechts ohne großen Erfolg vorhielten, und manchmal noch nicht einmal das.

Viele der größten Juristen der islamischen Rechtsgeschichte landeten im Gefängnis. "Aber", schreibt Professor Ali Mazrui[16] ganz richtig, "wenn der Islam im 20. Jahrhundert nicht die fruchtbarste Erde für Demokratie war, so war er doch ein weniger fruchtbarer Boden für einige der größten Übel dieses Jahrhunderts: Nazismus, Faschismus, Kommu-

15. Im Einzelnen s. Umar Chapra, Towards a Just Monetary System, Leicester, U.K. 1985.
16. Direktor des Instituts für Globale Kulturstudien an der Staatsuniversität von New York in Binghampton.

nismus, und Völkermord... Muslime werden oft dafür kritisiert, nicht das Beste zustandezubringen, aber man gratuliert ihnen nicht dafür, daß ihr Standard zwischenmenschlicher Beziehungen das Schlimmste verhindert. Es gibt kein muslimisches Äquivalent für Nazi-KZ-Lager, rassistische Lynchjustiz in Amerika, Apartheid unter der Holländisch-Reformierten Kirche, ... oder Völkermord unter Stalin und Pol Pot."[17]

Es wäre jedenfalls ein Fehlschluß, aus ihrer Geschichte zu schließen, daß Muslime sozusagen mit einem demokratischen Geburtsfehler behaftet seien. Schließlich haben und hatten alle Gegenden der Welt, ob christlich, konfuzianisch, buddhistisch, hinduistisch, jüdisch oder islamisch ihre großen Probleme mit der Demokratie. Man schaue nur nach Schwarzafrika, China oder Südamerika. Auch die europäische demokratische Entwicklung, einschließlich der politischen Rolle von Frauen, dauerte Jahrhunderte und erlebte Rückschläge.

Ich räume aber ein, daß die muslimische Welt - wie andere Wertesysteme auch - Autorität weniger radikal in Frage stellt als dies bei anti-autoritärer Erziehung der Fall ist; im Gegensatz zu sozialer Harmonie etwa wird Skepsis in muslimischen Schulen nicht so stark als Wert in sich gepflegt wie im westlichen Wissenschaftsbetrieb. Doch dies macht Muslime nicht demokratieunfähig - solange es hoffentlich noch kein konstitutives Merkmal einer Demokratie ist, daß ihre Bürger werteneutral, ja werteagnostisch, und auch im philosophischen Sinne agnostisch sind.

Es wäre ein weiterer Fehlschluß, wegen der oft gewaltsamen Auseinandersetzungen in der muslimischen Welt - wie in Algerien, Tunesien, Ägypten - Muslime als potentielle Demokraten zu disqualifizieren. Bei diesen Auseinandersetzungen geht es meist um Versuche junger, idealisti-

17. Ali Mazrui, Islam and the End of History, in: The American Journal of Islamic and Social Sciences, 1993 no. 4.

scher Menschen, den politischen, wirtschaftlichen, sozialen und kulturellen status quo in ihren Heimatländern - darunter Nepotismus, Mißwirtschaft, Ausbeutung und Korruption - in Richtung auf die islamischen Ideale von Gleichheit, Gerechtigkeit und Brüderlichkeit zu verändern - in Situationen, in denen friedliche politische Veränderungen, etwa über freie Wahlen, völlig ausgeschlossen sind. Bezeichnenderweise werden Widerstandsbewegungen, welche absolut auf Gewalt verzichten - wie die ägyptische Hizb at-Tahrir - noch härter verfolgt als gewaltbereite Bewegungen.

Viele Führer solcher islamischen Bewegungen, die man gerne als "islamistisch" bezeichnet, haben in Europa und den Vereinigten Staaten studiert und sind doch gute Muslime geblieben. Sie sind nicht anti-westlich eingestellt und schon garnicht feindlich gegenüber der westlichen Technologie. Im Gegenteil: Sie nutzen moderne Methoden, um ihre Heimatländer zu re-islamisieren und dabei zugleich demokratische und rechtsstaatliche Prozesse einzuführen. Dieses Ziel mag in der Spirale eskalierender Gewalt aus dem Auge geraten, ist aber da.

So bekennen sich z.B. die ägyptischen Muslim-Brüder ausdrücklich zu Parteien-Pluralismus und zum aktiven und passiven Stimmrecht der Frau.[18] Auch der exilierte Chef der tunesischen Widerstandbewegung M.T.I.[19], Scheich Rashid Ghannouchi, setzt sich für gewaltenteilige parlamentarische Demokratie und Parteienpluralismus ein.[20]

Man tut solchen Bewegungen oft Unrecht, wenn man sie nicht islamisch, sondern "islamistisch" nennt, indem man unterstellt, daß sie sich des Islams nur bedienen, ihn also für rein politische Zwecke instrumentalisieren. Auch das kommt natürlich vor. Überwiegend motivieren und

---

18. Die Dokumente hierzu wurden in "Encounters", No. 2, Leicester 1995, abgedruckt.
19. Mouvement de la Tendance Islamiste.
20. R.Ghannouchi, Al-Hurriyat al- ´Ammah fi-al-Dawlah al-Islamiyyah, Beirut 1993; Zum Gesamtkomplex vgl. The Islamist Dilemma, ed. Laura Guazzone, Reading 1995.

legitimieren die fraglichen jungen Leute ihren Widerstand aber nicht anders als es ihre Altersgenossen in Polen als Katholiken oder in der DDR als evangelische Christen gegen kommunistische Unrechtsregime getan hatten: mit einer Religion im Rücken, die befiehlt, das Gute zu tun und dem Bösen zu wehren.

Auch der Islam erlaubt schließlich Widerstand gegen Tyrannentum. In der 42. Sure heißt es dazu: ...**Wahrlich, Er liebt die Ungerechten nicht. Und diejenigen, welche sich wehren, nachdem ihnen Unrecht geschehen ist, sind von Tadel frei** (Vers 40 f.).

Einen Muslim "islamistisch" zu nennen, nur weil er sich für den Islam und seine Werte politisch einsetzt, ist schon deshalb fragwürdig, weil der Islam nun einmal eine Religion ist, welche - wie früher das Christentum auch - die Welt - also auch Staat und Wirtschaft - durchdringen und formen will.

Dieses islamische Politikverständnis verständlich zu machen, war die Aufgabe.

DIE EUROPÄISCHE MENTALITÄT UND DER ISLAM

I. Der Befund

Auf dem religiösen Supermarkt unserer Tage wird alles gehandelt, von der alten Anthroposophie Rudolf Steiners bis zu heutiger Esoterik, mit Satanskult oder toxischer Bewußtseinssteigerun à la Carlos Castaneda. Bemerkenswert ist die Toleranz, mit der man im Westen dem modernen Sektenwesen bei gleichzeitigem Verfall der etablierten Kirchen begegnet.

Hare Krishna Jünger auf der Fußgängerzone oder Baghwan-Adepten lösen keine Aggression aus. Man nimmt sie halb interessiert, halb belustigt zur Kenntnis. Wenn ein Star wie Richard Gere sich als Buddhist bekennt, gilt dies quasi als normal. Gleicherweise kann man, wenn man indianischer Schamane wird, mit ernsthaften, ja behutsamen Fernsehreportagen rechnen, zumal Indianer als geborene Umweltschützer "in" sind. Ähnlich wohlwollend gehen die Medien mit zeitgenössischen Druiden um, die wie Christa Mulack "Auf den Spuren der Göttin" (Marl, 1992) zu weiblichen Gottheiten in Anatolien pilgern und Gedichte an Lethe veröffentlichen. Feministische Phänomene sind ohnedies tabu.

Besonders interessant ist die westliche Medienreaktion auf alle Formen der jüdischen Religionsausübung orthodoxer Prägung, etwa bei den Lubawitchern in Jerusalem oder New York. Bei ihnen herrscht bekanntlich weitgehend Geschlechtertrennung. Ehen werden von den Eltern arrangiert. Die Männer tragen stets Hüte und lassen ihre Stirnlokken wachsen. Am Sabbat erstarrt ihr äußeres Leben, und Fleisch essen sie nur, wenn es nicht vom Schwein stammt und das Tier geschächtet wurde. Westliche Medien berichten immer wieder über diese orthodoxen Juden - wie sich das gehört, mit größtem Respekt und ohne die leiseste Kritik. Nie wird der Verdacht laut, die Anhänger des großen Rebbe oder des ermordeten Meir Kahane könnten etwa Menschenrechte verletzen, seien fanatisch oder gar rückständig. Als ehemalige notorische Antisemiten und als Drittweltideologen - tiers mondistes - sind wir uns diesen Beweis unserer geistigen Wende schuldig.

Wir haben in der Tat in unserer pluralistischen Gesellschaft (fast) die Devise des großen Preußenkönigs verwirklicht, einen jeden nach seiner Façon selig werden zu lassen, sei er Spät-Marxist oder Neo-Thomist, Mystiker in der Nachfolge des Johannes vom Kreuz oder bekennender Astrologe, Atheist oder Agnostiker.

Nur eines sollte man hierzulande besser nicht sein: Muslim. Denn wenn wir aufgeklärten, dem Humanismus in christlich-abendländischer Sicht verpflichteten, modernen Demokraten dem Phänomen Islam begegnen, hören der Spaß, die multikulturelle Neugierde und die geschilderte vorbildliche Toleranz meist abrupt auf. Verhaltensweisen, die bei Anhängern anderer Religionen akzeptiert werden, gelten im Falle des Muslims als fanatisch, primitiv, grundgesetzwidrig, mittelalterlich.

Wenn die drei Millionen Muslime in Deutschland um die Erlaubnis nachsuchen, rituell so schlachten bzw. schächten zu dürfen, wie es den 60.000 hiesigen Juden gestattet ist, lehnt man es den Muslimen just mit den Argumenten ab, welche die den Juden erteilte Erlaubnis hätten verhindern müssen. Zweierlei Maß!

Ähnlich verhält es sich mit der verweigerten Anerkennung der Muslime als Religionskörperschaft des öffentlichen Rechts gemäß der vom Grundgesetz insoweit übernommenen Weimarer Verfassung. Zweierlei Maß!

Wer von diesem traurigen Befund noch nicht überzeugt ist, verfolge die Praxis westlicher Medien bei der Schilderung von politischem Terrorismus und Kriegslüsternheit. So wenig man seinerzeit von Hitler als Katholiken oder von Stalin als orthodoxem Christen sprach, beklagte man sich über den katholischen Faschisten Franco oder die serbisch-orthodoxen Christen Karaciç und Mladic.

Wenn jedoch jemand aus einem muslimischen Land eine Waffe in die Hand nimmt, wird er sofort als Muslim gebrandmarkt, selbst wenn es sich um einen atheistischen, kommunistischen oder christlichen Araber handelt. Schlimmer noch, wo immer eine Bombe hochgeht, sei es in Oklahoma City oder in der Pariser Metro, wird der Anfangsverdacht auch ohne Anhaltspunkte dafür sofort auf Muslime gelenkt. Zweierlei Maß!

Die auf Nagasaki und Hiroshima abgeworfenen Atombomben nannte man zu Recht nicht christliche Bomben. Stellt jedoch ein muslimisches Land wie Pakistan eine solche Waffe her, ist sofort von einer "islamischen Bombe" die Rede.

Zweierlei Maß!

Noch vielsagender ist die Reservierung des Eigenschaftsworts "fanatisch" für Muslime. Ein Qadhafi, Khomeini, Saddam Hussein ist fanatisch, ein Milosevic ist es nicht. Attentate in Nordirland oder in Spanien werden nicht von "fanatischen Katholiken", "fanatischen Protestanten", "fanatischen Basken" oder "fanatischen Katalonen" ausgeführt. Doch jedem jungen Mann aus der muslimischen Welt, der irgendwo Gewalt ausübt - sei es in Notwehr oder rechtswidrig - wird von den Medien regelmäßig Fanatismus bescheinigt.

Zweierlei Maß!

Auch ich bin nach westlichen Kriterien wohl ein Fanatiker; denn ich bete, faste, gehe auf Pilgerschaft nach Mekka, spende um Gottes Willen, und tue noch mehr solcher fanatischen Sachen...

II. Analyse

Der Befund ist klar. Wie steht es mit den Ursachen?

Meines Erachtens handelt es sich bei den geschilderten Symptomen eines anti-Islamismus, einer Islamo-Phobie, im wesentlichen um einen Anti-Arabismus, also eine moderne Form des Anti-Semitismus, der sich aus vielen Wurzeln speist.

Jedenfalls ist diese Animosität gegen alles Islamische Bestandteil der europäischen - das heißt letztlich der okzidentalen - Mentalität.

Es mag wie umgekehrter Rassismus klingen, wenn von der Realität solcher mentaler Faktoren die Rede ist, als seien sie genetisch und damit vererblich.

Nun: sie sind zum Teil "ererbt", nämlich im Sinne eines kollektiven Gedächtnisses. Im übrigen haben wir im Westen längst akzeptiert, daß es kulturelle Entwicklungshindernisse in der Dritten Welt gibt, die in gewachsener Mentalität verankert sind. Warum also nicht bei uns?

Lassen Sie mich auf sechs Faktoren näher eingehen, die ich bezeichne als

* Bunkermentalität und Verteufelung
* Kreuzzugsmentalität und -schock
* Beleidigungs- und Neidsyndrom
* Sexualneid
* Anti-Arabismus und
* Türken-Angst.

1. Bunkermentalität und Verteufelung.

Der westliche Mensch hat nicht vergessen, daß der Islam im 7. Jahrhundert sich innerhalb weniger Jahrzehnte in mehr als die halbe damals bekannte Welt ergoß. Der christlichen Welt war es unbegreiflich, ja ein bis heute nachwirkendes Ärgernis, daß nach Jesus - dem Ende der Heilsgeschichte - ein weiterer von Gott Gesandter kommen sollte, und daß die Christen im Nahen und Mittleren Osten und in Nordafrika dieser neuen Religion in Scharen zuströmen würden.

Man reagierte darauf einerseits mit der historisch unhaltbaren Legende von der Ausbreitung des Islam "mit Feuer und Schwert", die immer wieder neu aufgelegt worden ist - statt darüber nachzudenken, wie es einem kleinen, in sich zerstrittenen Völkchen wie den Nomaden der arabischen Halbinsel denn physisch möglich gewesen sein sollte, innnerhalb kürzester Zeit Mittelfrankreich, Indien und Konstantinopel zu erreichen?

Zum anderen verteidigte man sein gestörtes Bewußtsein durch eine hemmungslose Verteufelung, ja Dämonisierung des Propheten Muhammad, die ebenfalls - siehe Salman Rushdie - bis in unsere Tage hinein unter Applaus fortgesetzt wird. Prof. Annemarie Schimmel schrieb einmal: "Mehr als irgendeine andere historische Gestalt hat Muhammad in der christlichen Welt Furcht, Haß, ja Verachtung erregt, und wenn Dante ihn in seiner göttlichen Komödie in den tiefsten Höllenpfuhl verdammt, so drückt er damit nur das Gefühl ungezählter mittelalterlichen Christen aus..." (Und Muhammad ist Sein Prophet, München 1981, S.7).

Daß inzwischen kenntnisreiche, positive Biographien des Propheten auch in Deutsch vorliegen - man denke an diejenigen von Emile Dermenghem (Reinbeck 1960), Ibn Ishaq (Tübingen 1976), Muhammad Hussein Haikal (Siegen 1987) und Karen Armstrong (München 1993) - ändert wenig an diesem Urteil. Es ist daher bedeutsam - worauf Hans Küng immer wieder hinweist - daß der Vatikan sich zwar dazu durchgerungen hat, den Islam als einen - sagen wir einmal - Um-Weg zum Heil anzuerkennen, keineswegs jedoch Muhammad als rechtgeleiteten Führer auf diesem Weg.

2. Kreuzzugsmentalität und Kreuzzugsschock

Man kratze bei einem Europäer ein bißchen, und unter dünnem Lack kommen Wunden und Motive aus der Kreuzzugszeit des 12.-14. Jahrhunderts hervor.

Diese Wunden sind durch den Schock entstanden, der die Kreuzfahrer traf, als sie feststellen mußten, daß ihnen die bösen "Heiden" im Nahen Osten zivilisatorisch auf jedem Gebiet - außer im Festungsbau und bei der Panzerung - hoch überlegen waren.

Die Weisheit, Großzügigkeit, Ritterlichkeit, Ehrlichkeit und Toleranz des kurdischen Helden Salah ad-Din ("Saladin") hat auf Europa zurückgewirkt. Im übrigen hatten sich viele Kreuzritter vor sich selbst und der Welt diskreditiert, weil sie in erster Linie als Beutegeier gekommen waren. Ihre größte Beute kam in der Tat von der Plünderung und Verwüstung der griechich-orthodoxen Hauptstadt Konstantinopel während des 4. Kreuzzugs im Jahre 1205.

Daher rühren ein verdrängtes schlechtes Gewissen und uneingestandener nagender Zweifel an der eigene Überlegenheit.

Die Kreuzzugsmentalität blieb ebenfalls lebendig. In Westeuropa ist man sich kaum bewußt, daß die vertragbrüchige, religiös-ethnische "Säuberung" Spaniens von Juden und Muslimen nach 1492 durch die Allerkatholischsten Könige eine Fortsetzung der Kreuzzüge war, so wie auch die irrsinnigen Versuche des portugiesischen Königs Sebastiao, den Maghrib im 16. Jahrhundert zu rechristianisieren (1578, Dreikönigsschlacht bei Ksar al-kebir in Nordmarokko).

Was war denn auch der westliche Kolonialismus, wenn nicht ein weltweiter, nicht wirklich säkularisierter Kreuzzug im imperialistischen Format. Die Missionare, etwa die Weißen Väter, kamen spätestens mit dem zweiten Schiff. Man sehe sich die protzigen, provokativen Kathedralen an, welchen die Franzosen als "Notre Dame d`Afrique" hoch über Algier, Annaba und im Zentrum von Tunis bauten!

Gleichwohl ist es fast unglaublich, daß der griechische König Konstantin I. sich als Kreuzritter sah, als er 1920 - jawohl, 1920 - versuchte, nicht nur die Ägaisküste, sondern Inneranatolien nach 500 Jahren zurückzuerobern: Er ging bei Izmir bedeutungsschwer dort an Land, wo König Richard I. "Löwenherz" 1190 als Ritter des 3. Kreuzzugs seinen Fuß auf anatolischen Boden gesetzt hatte...

Diese Kreuzzugsmentalität ist offenbar auch in unseren Tagen noch wach, auch wenn sie heute eher als Kulturimperialismus à la Francis Fukuyama oder Samuel Huntington in Erscheinung tritt.[1]

Die von ihnen seit Beginn der 90er Jahre vertretenen Thesen über "Das Ende der Geschichte" bzw. den " Zusammenprall der Zivilisationen" lassen sich bis auf die Zeit der Aufklärung zurückverfolgen.

Noch in meiner Jugend war sich ein Gymnasiast bewußt, was Europa früheren Zivilisation verdankt, zumindest den "alten Griechen" und Rom. All dies, nicht nur die Erinnerung an die islamische Kulturblüte in Andalusien, ist verblaßt. Seitdem der europäische Mensch der Hybris verfallen war, als Maß aller Dinge mit seiner Vernunft das Glück auf Erden herstellen zu können, hat er sich zunehmend davon überzeugt, daß seine Zivilisation die bestmögliche, also zuletzt dominierende ist.

Sein Völkerrecht, seine Menschenrechte, sein Wirtschaftssystem, seine Wissenschaft und seine Philosophie des"Endes aller Philosophie" (Ludwig Wittgenstein) gelten jetzt als Weltkultur, popularisiert als "American Way of Life".

Auf diesem Weg sind wird dank Marlboro, Coca Cola, CNN, Bauhausarchitektur und YAHOO tatsächlich weit fortgeschritten, soweit man dabei von Fortschritt sprechen kann. Weder im Hotel noch im Flughafen, wo auch immer, weiß man, ohne zu fragen, wo man ist. Die westliche

1. F. Fukuyama, The Ende of History and the Last Man, New York 1993; S.P.Huntington, The Clash of Civilizations, Foreign Affairs, Vol.72, No. 3, Summer 1993 5.2.

Zivilisation ist von einer alles verdrängenden normativen Kraft, sozusagen das obligatorische Modell.

Eßgewohnheiten und Mode, das weibliche und das männliche Schönheitsideal, Sexualmoral und Tagesablauf richten sich fast weltweit danach. Selbst in Paris ißt man nicht mehr aufwendig zu Mittag, sondern schlingt sein "Brunch" in einem "Fast Food Restaurant" hinunter.

Hinter diesen Äußerlichkeiten verbirgt sich das Essentielle: die Vertreibung des Religiösen aus dem Alltag und aus den Herzen, die Umsetzung einer atheistischen Grundeinstellung in einen krassen Materialismus, der auch die Triebfeder des westlichen Technologie-Fetischismus ist.

Kurzum, vor diesem Hintergrund ist es nicht verwunderlich, daß der westliche Mensch jede andere Lebensweise und Weltanschauung als reif für das Museum (oder den zoologischen Garten) betrachtet, alle anderen Kulturen vor sich hinschmelzen sieht und sich berechtigt glaubt, als Missionar ohne Gott dabei fest mitzuhelfen. Der Prototyp des zeitgenössischen westlichen Menschen steht dem Religiösen völlig verständnislos gegenüber; der Begriff "Blasphemie" sagt ihm daher garnichts, so daß er auch die Reaktion von Muslimen auf "Die Satanischen Verse" oder die dänischen Muhammad-Karikaturen nicht begreifen kann. Das Religiöse übersteigt tatsächlich seinen Horizont.

3. Das Beleidigungs- und Neidsyndrom.

In dieser Situation stellt der Islam selbst eine beleidigende Provokation dar. Er widersetzt sich vielen "Segnungen" des Okzidents, propagiert sich als Alternative zur westlichen Lebensbewältigung, hält eisern an seinen transzendenten Bindungen fest, und will einfach nicht dahinschmelzen. Im Gegenteil: er breitet sich weltweit mehr aus als seit 1000 Jahren, und die Muslime sind heute noch weniger missionierbar als im 19. Jahrhundert.

Schlimmer noch: Die Entwicklung der katholischen und protestantischen Theologie, vor allem der Christologie, und die historische Textkritik am Neuen Testament nähren in westlichen Seelen den schlimmen Verdacht, daß die Muslime mit ihrer im Qur`an verankerten Auffassung von der Rolle Jesu Recht haben könnten. Wer aber gesteht sich leidenschaftslos ein, 1600 Jahre lang - nämlich seit dem fatalen Konzil von Nizäa - Unrecht gehabt zu haben? Jahrhundertelang hatte man den Muslimen unterstellt, ihr Prophet habe seine Christologie von Christen abgeschrieben, und zwar falsch. Und jetzt sollte sich herausstellen, daß die Christenheit Falschem aufgesessen ist?

Hinzu kommt der, ebenfalls uneingestandene Neid darüber, daß die Muslime mit ihrer Offenbarungsquelle, dem Qur`an, keinerlei historische bzw. textkritische Probleme haben. Und erst Recht keine dogmatischen Probleme vergleichbar mit dem vom Dreifaltigkeitsdogma ausgelösten intellektuellen Wirrwar.

4. Der Sexualneid.

Genau so real wie dieser Befund ist der Sexualneid des Europäers gegenüber dem von ihm als lasziv und schwül eingeschätzten exotischen Orient. Edward Said hat mit seinem berühmten Buch über den Orientalismus nachgewiesen, in welchem Ausmaß das Orientbild des Westen eine Wunschprojektion darstellt (Orientalism, New York 1979).

Dieses Bild des Orients hat einen wahren Hintergrund, der in dem Satz "ex oriente lux " zum Ausdruck kommt. Alle großen Religionen stammen aus dem Osten - vom Hinduismus und Buddhismus über den Mazdaismus und Zoroastrismus bis zu den drei monotheistischen Weltreligionen. Und bis heute hat sich der Osten eine Qualität des Lebens bewahrt, die im Gegensatz zum Westen nicht von der Quantität an Dingen abhängt. Noch heute ist die Spiritualität, soweit sie überhaupt existiert, im Osten beheimatet.

Darüber hat der Okzident jedoch sein eigenes Bild vom Orient gestülpt, als ein großer Harem voll lüsterner Frauen. Schon die Vorstellung, daß der Muslim vier Frauen haben dürfe, die zuhause ständig "oben ohne" herumlaufen, läßt dem westlichen Mann das Wasser im Mund zusammenlaufen, obwohl er dies nie zugeben wird. Doch dieser Neid hat seine Konsequenzen bis in den touristischen Alltag hinein.

5. Der Anti-Arabismus

Dabei spielt eine fatale Rolle, daß der durchschnittliche Europäer im Islam eine arabische Religion sieht, also übersieht, daß die große Mehrheit der Muslime keine Araber sind, und daß er seine Vorurteile über die Araber glatt auf den Islam überträgt.

Wer wissen will, wie dieses Vorurteil aussieht, braucht sich nur Unterhaltungsfilme anzuschauen, die in der arabischen Welt spielen. Stereotyp werden die Araber dabei als faul, feige, hinterlistig, dumm, blutrünstig, fanatisch und geil geschildert - alles Eigenschaften, die schon Karl May den Deutschen als arabisch aufgebunden hatte.

Wenn der Islam in solchen Wüstenfilmen vorkommt, dann in der groteskesten Form, bar jeder Spiritualität. Das Gebet wird als Turnübung dargestellt; der Fastenmonat Ramadan als ein einziges nächtliches Zechgelage; und die Pilgerfahrt als heidnisches Primborium. Prototyp des Medien-Arabers ist der lüsterne Wüstenscheich mit einem Zelt voller halbnackter Frauen und einer Ölquelle gleich dabei...

Diese Form des anti-islamischen Anti-Semitismus, der Anti-Arabismus, ist in Europa keineswegs tabu, ganz im Gegensatz zum anti-jüdischen Anti-Semitismus.

Daß Deutschland den Islam kennende und schätzende Dichter und Denker wie Johann Wolfgang von Goethe, Gotthold Ephraim Lessing und Friedrich Rückert hatte, konnte diese Deformation des deutschen Araber- und Islam-Bildes nicht verhindern. Dies lag vielleicht auch daran, daß sich unter den Islamologen zu viele Wissenschaftler, darunter einige Priester, fanden, die ihr Fach als eine Waffe gegen den Islam handhabten und ihrem Studienfach mit Verachtung, ja Haß, begegneten.

6. DieTürken-Angst.

Damit komme ich zum letzten, besonders gewichtigen Faktor: der Angst vor dem Islam. Auch sie hat historische Wurzeln, vor allem in den Türkenzügen bis ins 18. Jahrhundert. Anläßlich der Belagerungen von Wien drangen türkische Reiter schließlich bis nach Bayern vor.

Diese Angst verbindet sich heute mit der Gastarbeiter - und Asylantenwanderung aus dem Osten und Süden. Heute kommt der Türke nicht mehr mit dem Krummsäbel, sondern mit einem Visum. Doch damit kommt er heute nicht nur bis vor Wien, sondern bis nach Kreuzberg, und er wird nicht zurückgeschlagen, sondern er bleibt. Dem biederen Europäer ist nicht zu verdenken, daß er sich von Marseille über Lyon bis nach Köln davor fürchtet, überrollt - ein Fremdling im eigenen Land - zu werden. Und entsprechend emotional unterfüttert sind seine Reaktionen gegen muslimische Gastarbeiter.

Die Situation wird dort verschärft, wo die meisten Neueinwanderer Muslime sind, weil dies auf beiden Seiten zusätzliche Verständigungsprobleme schafft, zumal die wenigsten Gastarbeiter und Asylanten in der Lage sind, ihre Religion so zu vermitteln, daß sie Europäern einsichtig wird. Insofern ist es nicht absurd, daß die tatsächliche Begegnung mit Muslimen die bestehende Vorurteile nicht gemindert, sondern oft noch verstärkt hat, außer dort, wo besonders aktive Ausländerbeauftragte oder Islambeauftragte der Kirchen dem entgegenwirkten.

Auch in diesem Zusammenhang spielen manche Medien eine fatale Rolle, indem sie unterstellen, daß die unruhige, gewaltbereite, dem Terrorismus verfallene islamische Welt südlich des Mittelmeers sich anschicke, im Dschihad über Europa herzufallen. Man will halt nicht zur Kenntnis nehmen, daß die Unruhe dieser Länder davon verursacht ist, daß die dortige Jugend einfordert, was sie von Europa gelernt hat: Demokratie und Menschenrechte. Darum - nur darum - geht es dort, nicht um Expansion in Richtung Europa.

Wenn diese muslimische Jugend sich zunehmend antieuropäisch geriert, ist das eine natürliche Folge ihrer Enttäuschung. Sie erleben, daß sich Europäer um den letzen politischen Gefangenen in China kümmern, aber um keinen politischen Häftling muslimischen Glaubens. Sie sehen mit Bitterkeit, daß die Europäer, wie in Algerien, ein brutal vorgehendes Militärregime dulden, solange es eine islamische Regierung verhindert, auch wenn dies dem Willen der Wähler widerspricht.

III. Die Konsequenzen

Nach dem Befund und seiner Analyse nun zu den Konsequenzen, welche diese Mentalität hat, und zu den daraus von den Muslimen zu ziehenden Schlüssen.

1. Wie im Falle des deutschen Anti-Semitismus sind die Folgen dieser verformten Mentalität dramatisch.

Das traurigste Beispiel dafür war Bosnien, wo ein Religionskrieg tobte und einem muslimischen Volk, wie in Srbrenica, ein Holocaust bereitet wurde, während die übrigen europäischen Völker am Bildschirm "betroffen", aber zu keinem echten Opfer bereit, zuschauten. Man nannte die Bosnier Muslime, aber ihre Peiniger und Schlächter nicht Christen, obwohl ihr irrer Durst nach Rache für die Schlacht auf dem Amselfeld vor 600 Jahren von den griechisch-orthodoxen und serbisch-orthodoxen Patriarchen unterstützt wurde.

Man mag einwenden, daß die Untätigkeit des Westens, die ihn zum Mitschuldigen am Tod von Zehntausenden macht, mit religiösen Vorurteilen nichts zu tun habe. Feiger Egoismus sei doch ganz menschlich, nur allzu menschlich, vor allem in einer dekadenten Konsumwelt!

Kann man sich denn nicht vorstellen, wie der Westen reagiert hätte, wenn die Serben Muslime wären und Bosnien von Katholiken und orthodoxen Christen "säubern" wollten? Im Namen der abendländischen Kultur wäre man gewiß sofort gegen solche "muslimische Barbaren" eingeschritten.

Ist es vorstellbar, daß man dem christlichen Opfer einer muslimischen Aggression die Waffen zu seiner Verteidigung vorenthalten hätte, ohne es selbst zu verteidigen? Die Frage ist rhetorisch.

Es war halt ein Jammer, daß die armen Bosnier keine unter Naturschutz stehenden Delphine waren, um wenigstens Green Peace auf ihrer Seite zu haben, und auch, daß sie - anders als Kuweit - das Pech hatten, keine Ölfelder zu besitzen.

Als Leiter des NATO-Referats im Auswärtigen Amt nahm ich wiederholt an Krisenbewältigungsübungen der NATO teil, genannt HILEX und WINTEX. Dabei wurde im Detail geübt, wie man einer drohenden Aggression glaubhaft und damit erfolgreich entgegentritt - ohne oder mit minimaler Gewaltanwendung. Voraussetzung dafür ist natürlich, daß man rechtzeitig droht und keine offensichtlich leeren Drohungen ausspricht. Ferner, daß man Drohungen nicht mit langen Fristen verbindet, die sich als Einladung zum schnellen gegenteiligen Handeln darstellen.

Im Bosnien-Konflikt hat der Westen jede einzelne Lehre aus diesen Übungen mißachtet. Für dieses taktische Fehlverhalten gibt es theoretisch nur zwei Erklärungen: Entweder war man zu ungeschickt oder man wollte unter keinen Umständen eingreifen. Da weder NATO noch UNO für Dummheit bekannt sind, bleibt nur der Schluß, daß die westliche Welt von vornherein am Schicksal der Bosnier desinteressiert war und nur eines wirklich wollte: Nicht eingreifen müssen. Daß es künftig einen muslimischen Staat in Europa geben sollte, das war und ist dem Westen weiß Gott kein Opfer wert!

Man mag einwenden, daß der Westen sich Bosnien gegenüber kaum anders verhielt als 1453 gegenüber Ostrom bei der Belagerung von Konstantinopel durch die Osmanen. Steven Runciman hat schön geschildert, wie man auch damals nichts tat, weil man mit sich selbst beschäftigt war und - vor allem - nicht bereit war, für die Leute im ach so fernen Byzanz echte Opfer zu bringen.

Das wäre ebenfalls eine menschliche, allzumenschliche Erkärung.

Doch da gab es auch damals noch ein weiteres Motiv zum Untätigbleiben: Die Byzantiner waren aus westlicher Sicht keine Rechtgläubigen, sondern verhaßte Orthodoxe, die sich beharrlich weigerten, mit der Katholischen Kirche zu fusionieren. Also führte auch damals letztlich ein religiöses Vorurteil zur Katastrophe: 1453 Konstantinopel, 1995 Sarajewo: Wohin soll die Angst vor dem Islam, der Haß auf den Islam, der Neid auf den Islam, die Unkenntnis des Islam noch führen?

Der Schluß, den die Muslime aus dieser mißlichen Lage ziehen müßten, ist scheinbar einfach: Auswandern bzw. zurückwandern nach dem Vorbild der *hidschra* des Propheten von Mekka nach Medina im Jahre 622. Doch dies wäre eine Scheinlösung; denn die muslimische Welt ist nicht so islamisch wie sie sein könnte. Im übrigen verfolgt uns der westliche Materialismus bis in die letzte Hütte.

Den Muslimen bleibt also keine andere Wahl, als den Versuch zu machen, durch das bloße Vorbild ihrer Lebensart, aber auch durch ihre demonstrative Religiosität und Dialogbereitschaft, die negative europäische Grundeinstellung zum Islam langsam, Schicht für Schicht abzutragen. Dafür trägt jeder Muslim Verantwortung.

EUROPA AUS MUSLIMISCHER SICHT

I. Kennen wir uns überhaupt?

Europa ist von der islamischen Welt durch das Mittelmeer nicht getrennt, sondern verbunden. Die europäische Verbindung war mit keiner anderen Region über so lange Zeit so intensiv wie mit Nordafrika und dem Nahen bzw. Mittleren Osten. Dies war nicht nur so während des auf Nordafrika ausgedehnten römischen Imperiums, dessen zweitgrößte und kulturell bedeutendste Stadt lange Zeit Alexandria war, sondern selbst unter der Herrschaft des Islam.

Es wäre jedenfalls falsch zu glauben, daß Okzident und Orient vor, während und nach den Kreuzzügen durch eine Mauer getrennt gewesen wären. Der Handel jedenfalls - und damit auch ein gewisser Kulturaustausch - kam nie zum Erliegen.

Schaltstellen dafür waren Toledo im Westen, Sizilien und das von Genuesern besiedelte Stadtviertel Galata bzw. Pera in Konstantinopel. Franz von Assisi (+1226), der Staufferkaiser Friedrich II. (+1250), Dante Alighieri (+1321) und Leo Africanus (+1550) mögen als Beispiele der gegenseitigen geistigen Befruchtung im Mittelalter ebenso dienen wie Al-Farabi, Avicenna und Averroës.

In der Neuzeit, deren Beginn mit Napoleons Exkursion nach Ägypten 1798 anzusetzen ist, intensivierte sich der Ost-West-Austausch, zumindest quantitativ. Beispielhaft dafür war 1826-31 die Erkundungsreise des Ägypters Rifa´al-Tahtawi nach Paris, wohin es später auch andere muslimische Persönlichkeiten wie Al-Afghani und Muhammad Abḍuh zog.

Seit dem 19. Jahrhundert - als Begleiterscheinung der imperialistischen Kolonisierung fast der gesamten muslimischen Welt - blühte die Orientalistik an europäischen Universitäten auf - Leiden als Stadt und Nöldecke als Wissenschaftler mögen als pars pro toto - stehen. Aber auch die Populärliteratur à la Karl May nahm sich kräftig des Orients an.

Heute schließlich ist der Austausch zwischen Nord und Süd zum Medienverbund geworden. Im Zeichen des World Wide Web sind wir alle digital vernetzte Brüder vor dem Bildschirm. Zehntausende arabischer, türkischer, persischer und indo-pakistanischer Akademikern haben inzwischen im Westen studiert und Millionen von Muslimen kennen ihn als Touristen oder Gastarbeiter.

Vor diesem Hintergrund stellt sich die Frage, wie die zeitgenössische islamische Welt Europa sieht und ob ihr Urteil der Realität nahekommt. Denn dann könnte Europa daraus etwas lernen. Vorab läßt sich feststellen, daß es sich beim Bild Europas in arabischen bzw. muslimischen Augen nicht um ein Feindbild handelt, sondern eher um eine von Haßliebe gekennzeichnete Vorstellung, wie sie sich bereits im Bericht al-Tahtawis fand, der von der französischen Zivilisation ebenso angezogen wie abgestoßen worden war. Und wie er bewundert und beneidet man Europa im islamischen Orient noch heute - und verachtet, verdammt und fürchtet es zugleich.

Dieses gemischte Urteil hat einiges Gewicht; denn der Westen ist heutzutage im Orient besser bekannt und verstanden als umgekehrt, zumal westliche Medien islamische Dinge geradezu systematisch entstellen.

Damit soll nicht gesagt sein, daß nicht auch die arabische Linse getrübt sein kann. Auch im Orient werden manche westlichen Phänomene fehlgedeutet. So halten z.B. viele ausländische Muslime Europa noch immer für christlich motiviert. Daher schieben sie dem Christentum zu Unrecht zahlreiche Fehlentwicklungen der Industriegesellschaft in die Schuhe und bemühen sich um einen islamisch-christlichen Dialog - mit einem Partner also, der für die Zukunftsentwicklung weniger maßgeblich ist als das Heer der Atheisten, Agnostiker und Materialisten.

Das Ausmaß der De-Christianisierung Europas und der fortschreitenden De-Konstruktion der orthodoxen Christologie können sie schon deshalb nicht begreifen, weil es im islamischen Raum kaum jemand gibt, der sich als Agnostiker oder Atheist bekennt. (Der algerische Schriftsteller Rashid Boujedra ist insoweit eine große Ausnahme.)

II. Wie sieht der Okzident in arabo-islamischen Augen aus?

Beginnen wir mit positiv gesehenen Aspekten:

1. Fast grenzenlos wird westliche Technologie bewundert, überschätzt und - dämonisiert. Kaum jemand wird einem technischen Produkt, das in einem muslimischen Land hergestellt wurde, mehr trauen als einem aus den USA oder Deutschland importierten. So berechtigt diese Wertschätzung sein mag, ist sie doch mit dem Mißverständnis verbunden, Europäer seien von Natur aus - sozusagen genetisch - technisch begabt. Man begreift zu selten, daß Technologie ein zivilisatorisches Produkt ist, das man kaufen, aber nicht beherrschen kann, wenn man den Weg nicht nachschreitet, auf dem Technologie gewachsen ist.

Das Ergebnis davon ist das gleiche von Casablanca bis Dubai: Man leistet sich, zumal wenn man am Petrodollar-Tropf hängt, elektronische Spitzentechnologie, bildet aber weiterhin keine Klempner aus, welche die in wasserarmen Ländern ständig laufenden Toiletten dauerhaft reparieren könnten, ohne dabei etwas anderes kaputt zu machen.

Ebenso wenig versteht man häufig die Notwendigkeit von Ausbildung und Wartung (Maintenance). Ein Volkswagen läuft eben und läuft - bis er stehenbleibt; auch dann wird er wohl nicht repariert, sondern ausgeschlachtet.

Diese Situation hat die Tendenz, sich zu verewigen, weil das Studium der Geisteswissenschaften (adab) nebst Medizin in der muslimischen Welt weiterhin mit dem höchsten Sozialprestige verbunden ist; ferner, weil arabische Ingenieure und Architekten es aus soziologischen Gründen oft ablehnen, ihre Finger am Bau schmutzig zu machen, und stattdessen an einen prestigeträchtigeren Schreibtisch streben.

Dies sind einige der Gründe dafür, daß sich die technologische Schere trotz aller Bemühungen der Dritten Welt nicht schließt. Im Gegenteil, das sog. technological gap weitet sich zur Totalabhängigkeit aus.

Die sog. "Islamisierung der Wissenschaften" bleibt meist Gerede, und so wartet die islamische Welt noch immer auf ihren zweiten Nobelpreisträger in den Naturwissenschaften.

Diese Entwicklung erklärt, warum manche junge muslimische Aktivisten aus Wut und Verzweiflung Technophobie entwickeln. Aus Gründen der Würde und Selbstbestimmung suchen sie aus der technologischen Konkurrenz auszusteigen. Sie dämonisieren und verwerfen westliche Technologie als gefährlichen Fremdkörper in ihrer hermetischen Welt. Das erinnert daran, daß Trauben, die man nicht bekommen kann, zu sauer sind.

Aber Maryam Djamila - die in Pakistan lebende Muslima amerikanisch-jüdischer Herkunft - hämmert nicht ohne Grund ständig ein, daß man der Technik des Westens nicht einmal den kleinen Finger reichen könne, ohne längerfristig seine Seele zu verlieren; importiere man doch mit technischen Produkten zugleich die dahinter stehende, krass materialistische, atheistische Weltsicht.

Ähnlich stark und unverholen bewundert man in der islamo-arabischen Welt den anglo-amerikanischen, skandinavischen und westeuropäischen Rechtsstaat, einschließlich seiner relativ effizienten und noch immer weitgehend bakschisch-resistenten Bürokratie, sowie den tatsächlichen Schutz der klassischen Menschenrechte. Wer einmal mit Banken, Behörden und der Polizei in der arabischen Welt oder der Türkei zu tun hatte, versteht diese Hochschätzung ohne weiteres. Bürger arabischer Staaten verlassen sich auf die Großfamilie mehr als auf den Staat, den sie im Zweifel als Räuber betrachten, vor dem man sich in Acht zu nehmen hat. Auch der Unabhängigkeit der Richter trauen sie aus schlechter Erfahrung meist nicht.

Diejenigen Prinzipien, welche die Bürokratie zur denkbar effizientesten Verwaltungsmethode machen - die routinemäßige Gleichbehandlung gleichartiger Fälle - werden in der gesamten Dritten Welt vermenschlicht und damit ineffektiv.

Familiensinn, der Nepotismus zur Tugend macht, und Gleichheit vor dem Gesetz schließen sich gegenseitig aus. So kann der Umgang mit Behörden im Orient für den einfachen Bürger zu einem kafkaesken Geduldsspiel werden, zumal wenn man das Unglück hat, nichts in der Tasche und keinen gutplazierten Onkel in der Armee zu haben.

Kein Wunder, daß unter den Asylanten in Europa und in den USA, sich eine nicht eben kleine Anzahl hochgebildeter, tiefgläubiger Ulama findet, welche in ihrer Heimat ohne Gefahr für Leib und Leben nicht arbeiten - und schon garnicht publizieren - könnten. Ihre Forschungsergebnisse mögen das Bild des Islam im Westen ebenso verändern wie das Bild des Westens in der islamischen Welt.

Ähnlich breite Wertschätzung genießt das europäische Erziehungssystem.

Selbst Minister, die ihrem Land ein arabisiertes Schulsystem zur Ablösung des französischen oder englischen aufgezwungen haben, schicken ihre eigenen Kinder noch immer nach Paris, Genf oder "Oxbridge". Man schätzt am westlichen System vor allem, daß es selbständiges Denken fördert; denn unhinterfragte Autoritätsgläubigkeit und Auswendiglernen sind weiterhin für die arabische Schule typisch. Ich nenne dies das "qala...qala...qala..." ("er sagte...")-Syndrom. Viele arabische Fachleute beneiden die Deutschen insbesondere wegen unseres dualen Systems der handwerklichen Berufsausbildung, der Verknüpfung von Theorie und Praxis.

III. Und nun zur Kritik

Damit nun zu den zahlreichen kritischen Aspekten Europas aus arabo-islamischer Sicht:

Bis ins Irrationale kann die verständliche Angst vor neuen Kreuzzügen reichen, welche durch die Kriegszüge gegen den Iraq und Bosnien-Herzegovina neu angefacht wurde. Die islamische Welt war schließlich vom 11. Jahrhundert bis zum griechischen Anatolien-Feldzug 1922 Kreuzzügen ausgeliefert, zu denen auch der europäische Imperialismus gezählt wird. Wenn man anstelle des fränkischen Königreichs Jerusalem 700 Jahre später ein britisches Völkerbundsmandat Palästina errichtet und an zionistische Juden ausliefert: Kann man dann Muslimen zumuten, zwischen beidem einen wesentlichen Unterschied zu entdecken?

Wenn nicht die Kreuzzüge, so hat doch die europäische Kolonisierung das kollektive Bewußtsein der Muslime mindestens so stark geprägt wie die Türkenzüge nach Wien seinerzeit das europäische. Man muß sich klar machen, welch eine Beleidigung des Selbstwertgefühls die Kolonisierung darstellte.

Die muslimische Welt war nicht mit der indianischen Nordamerikas zu vergleichen, die noch nicht einmal das Rad erfunden hatte, als sie von der europäischen Zivilisation überrollte wurde. Im Gegensatz dazu wußten die Muslime, als die Kolonisatoren kamen, daß sie ihnen einmal - vor nicht all zu langer Zeit - auf allen Gebieten zivilisatorisch überlegen gewesen waren. Nicht nur Salah ad-Din, sondern auch Andalusien und das abbasidische Baghdad sind in der muslimischen Erinnerung (verklärt) präsent.

Dies muß man in Rechnung stellen, um zu ermessen, welche Erschütterung Napoleon und alle, die nach ihm kamen, in der muslimischen Welt bewirkten.

Das Erlebnis, daß der Westen einschließlich Rußland dem Islam Länder entreißen konnte, die 700 Jahre dar al-Islam gewesen waren, hat ein Trauma hinterlassen: Die islamische Welt hat vor der Expansion Europas und Amerikas Angst, und handele es sich "nur" um den sich de facto fortsetzenden Kulturimperialismus im Zeitalter der globalen Massenkommunikation.

Wenn in einer solchen Situation Bücher erscheinen wie diejenigen von Francis Fukuyama (The End of History) oder Samuel Huntington (The Clash of Civilizations) schrillt bei Muslimen eine Alarmglocke: Spricht man ihnen bereits das Recht ab, anders zu sein? Sind sie dazu verdammt, "globalisiert" zu werden - nicht nur von Marlboro, McDonalds und CNN, sondern via Internet?

Mit dieser verständlichen Angst ist eine muslimische Befindlichkeit verbunden, die ebenfalls ins Irrationale reichen kann: das bekannte Verschwörungsdenken der Muslime. Hinter allem Bösen wird der Mossad vermutet (keine ganz schlechte Hypothese) oder die CIA (eine wesentlich schlechtere). Überhaupt sieht man sich gerne von weltverschwörerischen, anti-islamischen Kräften, Zionisten und Freimaurern umzingelt.

Dieses Verschwörungsdenken erhält leider ständig neue Nahrung durch die tatsächliche Diskriminierung, welcher Muslime durch Europäer ausgesetzt sind und durch die zielgerichtete Diffamierung des Islams und seiner Anhänger in pro-israelischen Medien.

Schlimm daran ist, daß Verschwörungsdenken von eigenem Versagen ablenkt und zu monokausalem Denken verführt.

Doch es gibt auch durch und durch rationale Kritik. So wirft die islamische Welt dem Westen völlig berechtigt vor allem dreierlei vor, nämlich Vernachlässigung, Behandlung nach zweierlei Maß sowie Atheismus mit allen seinen Folgen:

Für "Vernachlässigung" ein einfaches Beispiel: Jahr für Jahr erscheinen Gesamtdarstellungen der Philosophiegeschichte, bis hin zu Jostein Gaardners köstlichem Bestseller "Sofies Welt". In keiner wird islamische Philosophie angemessen gewürdigt. Ibn Rushd und Ibn Sina mögen erwähnt werden, jedoch nicht als Araber, sondern als Averroës und Avicenna latinisiert und in die Scholastik vereinnahmt. Al-Kindi, ar-Razi, al-Farabi, al-Asch´ari, die Schule der Mu` tazila, al-Ghazali, al-Suhrawardi, Ibn ´Arabi - sie kommen nicht vor. Der Beitrag der islamisch-arabischen Kultur zur Entwicklung der europäischen, die Übermittlung und Vermittlung der griechischen Klassik und des Hellenismus durch Muslime nach Europa, werden verschwiegen, so als habe sich die Renaissance ohne Anstoß durch die islamische Geisteswelt entwickelt. Über Islam und seine Spiritualität nichts zu wissen, gilt in Europa nicht als Bildungslücke.

Der härteste Vorwurf an die europäische Adresse betrifft die systematische Diskriminierung alles Islamischen unter Anlegung zweierlei Maßstäbe.

Wenn Medien über Attentate, Anschläge oder Entführungen außerhalb der islamischen Welt berichten, hören oder lesen wir, daß "militante" Mitglieder der IRA oder "radikale" Mitglieder der separatistischen Organisation ETA dafür verantwortlich waren - niemals ist die Rede von "fanatischen Katholiken" oder "fanatischen Protestanten".

Ebenso unfair - und gleichwohl allgemeine Praxis - ist es, jeden Übeltäter in der muslimischen Welt als Produkt, ja Repräsentant seines Glaubens darzustellen.

Das westliche Verhalten im Bosnienkrieg hat dieser Kritik mehr Nahrung denn je gegeben. Bosnien ist kein

Schnee von gestern. Die Erinnerung einer Milliarde Muslime daran wird die Nord-Süd-Beziehungen auf unabsehbare Zeit belasten; denn der schlimme Verdacht wird bleiben, daß die Europäer lieber den Tod eines Volkes als einen islamischen Staat in Europa dulden.

Das (aus ihrer Sicht) damit gerechtfertigte Mißtrauen gegen die wahre Moralität des Westens hat leider die Zynik verstärkt, mit der ein Teil der islamischen Jugend inzwischen den westlichen Idealen von Demokratie, Völkerrecht und Menschenrechten begegnet. Das geht so weit, daß man in der arabischen Welt mit bitterem, höhnischem Unterton hören kann, das Völkerrecht sei wohl "blond und blauäugig".

Damit komme ich zum letzten Punkt scharfer muslimischer Kritik an Europa: dem Abfall Europas von seinem Glauben bzw. seinen krassen Materialismus, eine Kritik, welche im wesentlichen mit derjenigen übereinstimmt, die von hellsichtigen europäischen Kulturkritikern, etwa Ulrich Wickert (Der Ehrliche ist der Dumme - Über den Verfall der Werte, 1994) vorgebracht wird. Sie wird an Symptomen festgemacht wie Alkoholismus, Drogensucht, Gewaltkriminalität, Korruption, Pornographie, Sex mit Kindern, massenhafte Abtreibung, Zerfall der Familie in "Singles" und "alleinerziehende Mütter", Erkalten der sozialen Beziehungen, Abschieben der Alten, Gleichmacherei und Libertinage, mangelnde Solidarität gegenüber der Gemeinschaft. Dies sind Symptome des zum System erhobenen Individualegoismus eines total diesseitigen Menschen ohne transzendentale Bindung. Wenn der Mensch sich als Maß aller Dinge sieht - sich selbst vergötzt - muß es zum Streben nach grenzenlosem irdischen Glück - und damit auch zur Vergötzung der Wirtschaft - kommen. Damit aber, daß im Konsumwahn alle Lebensbereiche ökonomisiert werden, setzt die beobachtete Entmenschlichung der westlichen Gesellschaft ein.

Die Muslime sind über diese Krisenentwicklung im Westen beunruhigt, weil der Westen in triumphalistischer Grundstimmung seit dem Kollaps des Kommunismus verstärkt darauf aus ist, sein System - letztlich den "American Way of Life", als maßgebliches Modell zu exportieren.

Die Muslime gestehen sich immerhin ein, daß ihre eigene Misere auch auf Glaubensschwäche zurückgeht. Der Westen aber gesteht sich dies nicht ein. Ganz im Gegenteil: Er demontiert seine Glaubensgrundlagen immer rasanter.

In diesem Zusammenhang waren die konsequenzlose Verunglimpfung ihres Propheten durch Salman Rushdie und die zuerst in Dänemark erschienenen Karikaturen negative Schlüsselerlebnis der muslimische Welt. Man weiß, daß der Westen nicht bereit war, gegen die monumentale Beleidigung der religiösen Gefühle einer Milliarde Menschen mit den Blasphemie-Paragraphen der Strafgesetzbücher vorzugehen, obwohl der Europäische Gerichtshof 1996 den britischen Film "Visionen der Ekstase" verboten hatte, weil er sexuelle Phantasien der heilig gesprochenen katholischen Mystikerin Theresia von Avila thematisiert hatte.

Daß der deutsche Bundespräsident Herzog 1995 im Zusammenhang mit der Rushdie Affäre zugunsten von Frau Prof. Dr. Annemarie Schimmel intervenierte, empfand die muslimische Welt als beruhigend; daß er intervenieren mußte, als beunruhigend.

V. Schlußfolgerung

Ich fasse zusammen: Die arabo-muslimische Welt ist Europa in Haßliebe verbunden. Bewunderung mischt sich mit Kritik, Verbitterung und Furcht. Das sind keine guten Voraussetzungen für einen Brückenschlag - und selbst diese haben sich im Gefolge von Golfkriegen, Bosnienkonflikt, Bürgerkriegen in Algerien, Tschetschenien, Kaschmir und Afghanistan, der Rushdie-Affäre und dem palästinensisch-israelischen Konflikt noch verschlechtert.

Leider handelt es sich bei den meisten Kritikpunkten nicht um Fehlperzeptionen myopischer Araber, also bloß subjektive Feindbilder, denen man durch bessere Information beikommen könnte. Im Gegenteil, was Vernachlässigung, Diskriminierung und Kulturkrise anbetrifft, sieht uns die islamische Welt schärfer als die Europäer sich selbst.

Es handelt sich also ganz real um eine potentielle Konfrontation zwischen zwei alternativen Methoden zur Lebensbewältigung - Theismus und Atheismus -, um einem echten Zielkonflikt.

GLOBALISIERUNG UND TERRORISMUS

I.

Wenn Muslime über Globalisierung sprechen, geschieht dies meistens mißbilligend, als sei Globalisierung eine speziell gegen den Islam gerichtete, ausnahmslos schädliche Verschwörung. Es lohnt sich daher, das Phänomen mit Abstand und leidenschaftslos zu analysieren. Dabei stellt man zumindest fünferlei fest:

Globalisierung ist nicht neu. Im Gegenteil: Globalisierung hat es immer und überall gegeben.

Wohl dokumentiert ist zum Beispielt die Hellenisierung des römischen Reiches mit griechischer Religion, Philosophie, Naturwissenschaft, Kunst und Sprache. Mit seiner Graecisierung passierte Rom damals, was uns mit unserer Amerikanisierung heute passiert. Und das ausgerechnet, nachdem die Römer 146 B.C. Korinth erobert hatten. Die militärischen Eroberer wurden ihrerseits kulturell erobert - mit Auswirkungen auf das ganze, immer stärker lateinisch bestimmte Europa, bis nach England.

Eine Spätfolge dieser Globalisierung Europas war z.B., daß ich für meine Promotion in Jura noch das Große Latinum brauchte und mein bayrisches Staatsstipendium in einer Prüfung in Römischem Recht verteidigen mußte, mit einem Exemplar des Corpus Iuris Civilis (534), 1735 gedruckt, auf dem Schoß.

Ähnliches wie den Römern passierte den Mongolen zu Anfang des 2. Jahrtausend. Kaum hatten sie die islamische Welt überrannt - Anatolien, Iraq, Syrien und Ägypten -

islamisierten sie sich bereits religiös und kulturell bis über beide Ohren.

Die NPD sorgte sich kürzlich in ihrer Zeitschrift "Deutsche Stimme" mit Schlagzeilen wie "Ausländerrückführung statt Integration" und "Nein zur Islamisierung und zum EU-Beitritt der Türkei". Dabei übersieht sie wie viele in Mitteleuropa, daß die Deutschen schon längst vom Orient globalisiert worden sind, nämlich vom Christentum. In der Form, in der das von Paulus und Augustinus geformte nahöstliche Christentum hier ankam, stellte es ein synkretistisches Amalgam aus orientalischem Gedankengut ägyptischer und iranischer Herkunft dar, darunter jüdische, neoplatonische, gnostische und manichäische Vorstellungen sowie Riten aus dem in den römischen Legionen populären mystischen Mithras-Kult.

Die Globalisierung Europas ging weiter, als es sich vom Frühmittelalter bis zur Renaissance für die arabische Transmission der alten griechischen Philosophie und der modernen islamischen Naturwissenschaften über Andalusien und Sizilien öffnete.

Diese grandiose Geschichte ist schon oft erzählt worden, und die heutigen Muslime sind darauf - ohne eigenes Verdienst - eben so stolz sind wie Fußball-Fans - ebenfalls ohne Verdienst - auf ihre Nationalmannschaft in der Weltmeisterschaft. Es genüge daher, in Erinnerung zu rufen, daß Europa dank seiner arabischen Nachbarn die aristotelische Philosphie, arabische Medizin, Biologie, Chemie und Landwirtschaft sowie generell wissenschaftlichen Empirirmus kennenlernte, ja erst dann das indisch-arabische Zahlensystem einführte.

Ohne die als Averroismus bekanntgewordene rationalistische Philosophie des Andalusiers Ibn Rushd wäre der konkrete Verlauf der Renaissance mit ihren Auswirkungen auf die Aufklärung des 18. Jahrhunderts nicht möglich gewesen.

Genauso reizvoll ist es nachzuzeichnen, in welch hohem Maße die Vereinigten Staaten von Nordamerika ein Produkt der Globalisierung europäischer Provenienz sind - angefangen mit dem Sekten(un)wesen und der Hexenverfolgung in Salem, Massachusetts, im sehr späten 17. Jahrhundert.

Beispiele genug für die Feststellung, daß die gesamte Weltgeschichte als eine Geschichte der Globalisierung begriffen werden kann.

Ein zweites Mißverständnis betrifft den Charakter der Globalisierung, wenn sie als ein gelenkter Vorgang verstanden wird. Als säßen da eine Gruppe von Männlein, darunter Bill Gates und Steven Jobs, in einem Hinterzimmer und schmiedeten einen Globalisierungs-master plan. Denn wenn Globalisierung überhaupt einem Gesetz folgt, dann den Marktgesetzen und naturwissenschaftlichen Konstanten, wonach billigere und bessere Produkte die teuereren und schlechteren automatisch verdrängen - so wie Wasser unaufhaltsam nach unten fließt.

Das macht die Folgen der wirtschaftlich-technologischen Globalisierung nicht geringer oder akzeptabler. Aber es befreit uns von einem uns lähmenden, falschen Verschwörungsdenken. Hinter dem ersten PC stand als stärkstes Motiv der Spieltrieb.

Oft wird übersehen, daß Globalisierung auch ein intra-westliches, innerwestliches Phänomen ist. Wenn Franzosen Anglizismen in Werbung und Musik verbieten oder die Rede von MacDonaldization ist, sehen wir eine europäische Gegenreaktion im Spiel, die sogar zu defensivem Partikularismus wie in Wales, auf Korsika, in Flandern oder im Baskenland führen kann. Dahinter steckt Angst um Verlust von Identität, wie sie sich auch in den Protestveranstaltungen von Attac gegen Weltbank und Währungsfonds niederschlägt.

Wenn dieses Gefühl der Belagerung in Wut umschlägt, haben wir einen ersten Zusammenhang zwischen Globalisierung und Terrorismus.

Ein weiteres Mißverständnis betrifft den Umfang und damit auch die generelle Richtung der Globalisierung.

Wenn man, wie meist, unter Globalisierung nur die Verbreitung wirtschaftlich-technologischer Phänomene sieht, ist seine heutige Richtung klar: Sie verläuft von Nord nach Süd und von West nach Ost, vom Okzident in den Orient und damit ins Herz der muslimischen Welt.

Wenn man hingegen unter Globalisierung ein auch die Kultur umfassendes Phänomen versteht, sieht es anders aus. Dann begreift man, daß Globalisierung keine Einbahnstraße, sondern a two way street ist.

Das gilt bereits für die innerhalb des Westens ablaufende Globalisierung. Viele hier tragen Jeans und Sneakers, essen Hamburgers, trinken Coca Cola, rauchen Marlboros (Gott sei`s geklagt), schicken sich "Mails" und Short Messages (SMS) während sie sich - ständig mit Pop oder Heavy Metal im Ohr auf ihren MBA vorbereiten und - den Game Boy in der Hand - auf George Bush, jr. schimpfen.

Meine These ist, daß keiner dieser Amerikanismen auf amerikanischer wirtschaftlich-technologischer Überlegenheit beruht, sondern auf einer zivilisatorischen Dominanz.

Dies erklärt denn auch, daß der Islam mitten in der ihn einseitig treffenden wirtschaftlich-technologischen Globalisierung erstaunliche Fortschritte mitten im Westen macht. Schließlich ist auch die Migration von Millionen von Muslimen von Ost nach West und Süd nach Nord - einschließlich couscous und döner kebap - ein Stück Gegen-Globalisierung - so wie die ständig wachsende Präsenz des Islam im INTERNET, von palästinensischen Professoren in Amerika und indo-pakistanischen IT *whizz kids* mit Green Cards bei uns.

Man mache sich klar, daß der Islam, obwohl er sich von Anfang an als universelle Religion für die gesamte

Menschheit verstand, erst in den letzten 50 Jahren de facto universell geworden ist. Schon seit 1400 Jahren lasen die Muslime in der 21. und 34. Sure, daß zu Muhammad gesagt wurde: **Und Wir entsandten dich fürwahr als eine Barmherzigkeit für alle Welt** (21: 107) sowie "**Doch Wir haben dich zur gesamten Menschheit nur als Freudenboten und Warner gesandt...**" (34: 28).

Doch erst heute gibt es als Folge der Globalisierung 15 Millionen Muslime allein in Westeuropa und acht Millionen in den Vereinigten Staaten. Selbst im britischen House of Lords gibt es drei Muslime. Das französische Staatsfernsehen sendet jeden Sonntag vormittag ein islamisches Programm. In Wien werden Imame und islamische Religionslehrer an einer staatlich finanzierten Akademie ausgebildet. Und in Deutschland gibt es eine schon am Kiosk zu kaufende "Islamische Zeitung".

Heute ist jeder zehnte Mediziner in den islamischen Zentren der USA Muslim, in Los Angeles, Chicago, New York und Washington. Kürzlich war ich zu Vorträgen in Greater Detroit (Michigan), dessen Islamic Association von einem der wenigen Stars der Gehirnchirurgie, Ghuss Malik, geleitet wird.

Globalisierung ist wirklich keine Einbahnstraße.

II.

Trotzdem will ich Globalisierung nicht verniedlichen. Es ist in der Tat beunruhigend, daß heutzutage sämtliche naturwissenschaftlichen Fortschritte im Westen erzielt werden - von Mikro- und Makrophysik über Astronomie, Neurochirurgie bis hin zu Nano-Technologie. Alle richtungsweisenden Geister der letzten zweieinhalb Jahrhunderten kamen ausschließlich aus dem Westen: Immanuel Kant, Georg Friedrich Hegel, Auguste Comte, Ludwig Feuerbach,

Karl Marx, Charles Darwin, Friedrich Nietzsche, Sigmund Freud, Max Weber, Max Planck, Albert Einstein, Gottlob Frege, Werner Heisenberg, Ludwig Wittgenstein, etc.

Dieser Umstand ist für Menschen in der Dritten Welt, darunter die muslimische, entwürdigend. Er wirkt wie eine zweite Welle der Kolonisierung, die zudem weitaus totaler umgestaltet als die erste. Damit berühren wir einen zweiten Zusammenhang von Globalisierung und Terrorismus.

Als Napoleon kurzzeitig Kairo besetzte und die Briten langfristig Indien regierten, berührte dies das tägliche Leben der Muslime, ihr *forum internum,* kaum. Heute penetriert die westliche Lebensform schier alles bis ins Schlafzimmer, zumal in Form von pornographischen TV-Programmen.

Symptomatisch dafür war es, als ich während meiner letzten Pilgerfahrt erlebte, daß ein Pilger während des tawwaf auf dem Handy angerufen wurde (und antwortete). Auch vom Berge Arafat riefen Pilger zuhauhause an - in der anderen Hand womöglich die Zigarette... Das Pilgergewand besteht also nicht mehr nur aus zwei einfachen Tüchern, sondern auch aus einer Handy-Tasche darin...

Diese Entwicklung ist umso gravierender als sich die heutige Globalisierung von den früheren auch durch ihre Geschwindigkeit unterscheidet. Unsere gesamte materielle Umwelt ist im Fluß. Was heute "in" ist, ist morgen "out". Ähnliches spielt sich in den Wissenschaften ab. Innerhalb von drei Jahren lernten wir von unseren Astronomen, (i) daß das Weltall kontraktiert, es also zu einem "Big Crunch" kommen wird, (ii) daß es - ganz im Gegenteil - seine Expansion beschleunigt, und (iii) daß es sich manchmal schnell und manchmal langsam ausdehnt.

Dank INTERNET und e-mail können sich nicht nur Nachrichten und Ideen, sondern auch Kapitalflüsse in "real time" um den Erdball bewegen, mit atemberaubenden Konsequenzen. Dabei scheint nur noch die Logik des Marktes zur Gewinnoptimierung zu zählen und für das

Menschliche kein Platz mehr zu sein. Fortschritt und Reichtum wachsen gleichzeit mit Armut und Ungleichheit. Große Teile der Menschheit fühlen sich marginalisiert.

Noch John Maynard Keynes hatte geglaubt, in einer vorangeschrittenen Volkswirtschaft werde der Mensch die Freiheit gewinnen, sich von den traditionellen wirtschaftlichen Imperativen zu lösen, um sich auf ein würdiges Leben in Weisheit, Wohlstand und Zufriedenheit zu konzentrieren.

Davon kann heute keine Rede mehr sein.

Vielmehr leidet die Menschheit heute - wie von Mahatma Ghandi vorausgesehen - zunehmend unter "Sieben Sozialen Sünden", nämlich

* Politik ohne Prinzipien
* Wirtschaft ohne Moral
* Reichtum ohne Arbeit
* Erziehung ohne Charakterbildung
* Vergnügen ohne Gewissen
* Glauben ohne Hingabe.

Folge dieser Entwicklung ist es, daß viele Menschen das Gefühl haben, den Boden unter den Füßen zu verlieren, fremdbestimmt auf einer Reise ins Nichts zu sein, unter die Räder zu geraten in einem nicht mehr durchschaubaren System. Konsequenz davon ist nicht nur Wahlenthaltung wie bei den Europawahlen, sondern eine dumpfe Angst, die in Aggression umschlagen kann.

Damit haben wir eine dritte Verbindung von Globalisierung zu Terrorismus.

III.

Ich bin allerdings der Ansicht, daß Armut, Rückständigkeit und Marginalisierung alleine in aller Regel nicht zu Terrorismus führen, jedenfalls solange nicht das Gefühl von Ungerechtigkeit hinzutritt. Ohne diesen Funken leben

Menschen über Jahrhunderte mit ihrem Schicksal irgendwie versöhnt, ohne zu rebellieren.

So kam und kommt es zu Aufständen meist erst dann, wenn es einer Bevölkerung objektiv besser geht als früher, sobald sie dann subjektiv an ihrer Lage Anstoß nimmt, zum Beispiel weil sie sich als Proletariat zu empfinden gelernt hat.

Überhaupt setzt Führerschaft zum Aufstand ein relativ hohes "social standing" und gehobenen Lebensstandard voraus. Dies läßt sich anhand der Lebensläufe der Protagonisten der französischen Revolution gut nachweisen. Auch Marx, Engels und Lenin nagten nicht am Hungertuch, so wenig wie Fidel Castro - und so wenig wie die Attentäter des 11. September 2001. Sie stammten nicht aus den Slums von Kairo oder aus der Kasbah von Algier und auch nicht aus den Elendsvierteln von Karachi, sondern aus begüterten Familien.

Ich möchte daher als Haupttriebfeder für Gewaltbereitschaft, auch von Muslimen, den Finger auf das Gefühl legen, Opfer zu sein: Opfer von Ungerechtigkeit und Demütigung. Es gäbe gewiß keineTerroranschläge durch Muslime - weder in Algerien, noch in Tschetschenien, noch in Kaschmir und Palästina, wenn sie dort nicht Tag für Tag himmelschreiendes Unrecht ertragen müßten.

Dagegen mag man einwenden, daß ein Muslim, der Terrorakte begeht, gar kein Muslim sei. Doch so einfach kann man Brüder im Glauben nicht loswerden, zumal der Qur`an es verbietet, jemand das Muslimsein abzusprechen, der sich für einen Muslim hält. Auch ein katholischer Terrorist in Nordirland bleibt schließlich Katholik.

Allerdings ist es für alle Muslime wichtig, zwischen der soziologischen Ursachenermittlung von Terrorakten und ihrer theologischen Rechtfertigung zu unterscheiden.

Wir dürfen nicht daran rütteln, daß Qur`an und Sunna Gewaltanwendung nur in zwei Fällen zulassen:

* als Verteidigung gegen einen Angriff von Außen (2: 190; 4: 91; 8: 61; 22: 39; 42: 41; 60: 8 f.) und
* als Widerstand gegen ein despotisches Unrechtsregime von Innen (8: 39; 42: 42)

Neben dieser mit westlichem Völkerrecht völlig übereinstimmenden Regelung der Zulässigkeit der Eröffnung von Feindseligkeiten - dem ius ad bellum - regeln Qur`an und Sunna auch das ius in bello, also das humanitäre Kriegsvölkerrecht: Nicht des ob, sondern des wie der Kriegsführung.

Danach ist es untersagt

* Unbeteiligte, Frauen, Kinder, Priester oder Mönche zu töten;
* einen Wirtschaftskrieg zu führen, so durch Abhacken von Palmen, Olivenbäumen oder - heute - Zerstörung von Ölquellen;
* Kirchen, Synagogen und Tempel zu zerstören.

Kritisch ist dabei die Definition des Nichtkombattanten; denn al-Qa`ida geht davon aus, daß alle Amerikaner Kriegspartei sind, weil die amerikanische Regierung den ungerechten Krieg Israels gegen die Palästinenser finanziert, durch Waffenlieferungen unterstützt und im Sicherheitsrat der V.N. deckt.

Entsprechend gehen Palästinenser davon aus, daß alle Israelis, die sich in den illegal besetzten Gebieten der Westbank und des Gaza-Streifens befinden, zu bekämpfende Kombattanten sind, einschließlich Frau und Kind.

Wenn man dem folgt, hebelt man den qur`anischen Schutz von Nichtkombattanten ebenso aus, wie die Alliierten dies bei ihrem Bombenterror gegen deutsche Städte im 2. Weltkrieg taten.

Ähnliches gilt für die Verteidigung mittels Selbstmordattentaten; denn der Qur`an untersagt im 29. Vers der 4. Sure an-Nisa den Selbstmord ohne Einschränkung, in

Übereinstimmung damit, daß wir, die wir uns das Leben nicht selbst gegeben haben, auch nicht selbst nehmen dürfen, weil wir sonst gegen unseren Schöpfer rebellieren.

Gegen diese Auffassung gibt es zwar gewichtige Stimmen, so von Scheich Yusuf al-Qaradawi und dem Scheich al-Azhar, al-Tantawi. Diese argumentieren allerdings mehr praktisch als theologisch, indem sie die Waffenungleichheit zwischen Israelis und Palästinensern heranziehen. Den Palästinensern bleibe so nur der Selbstmordanschlag oder die Kapitulation.

Ich bestreite dies. M.E. gibt es einen Unterschied zwischen der legitimen Bereitschaft, ein praktisch aussichtsloses "Himmelfahrtskommando" und ein als aussichtslos hingenommenes Selbstmordattentat auszuführen; denn im ersteren Fall stellt der Kämpfer sein Überleben in Gottes Hand, im zweiten Fall in seine eigenen Hände.

Mit diesem theologisch-juristischen Urteil fälle ich kein moralisches Urteil über Palästinenser, die für eine gerechte Sache das Wertvollste opfern, ihr Leben: aus Verzweiflung über das ihnen von Israel systematisch zugefügte Unrecht, über das der Westen doch nur, wenn niemand zusieht, den Kopf ein wenig schüttelt.

Allah ist der Gütige, der Barmherzige und der Gerechte, Er straft, wen Er will und Er belohnt, wen Er will.

IV.

Wir können gegen Terrorismus aus muslimischer Hand zweierlei unternehmen:

a) Gegen die Wurzeln der ihn auslösenden Konflikte vorgehen, indem wir Gerechtigkeit für Palästina, Tschetschenien, Kaschmir und Algerien einfordern und gegen das ständige Messen mit zweierlei Maß protestieren. Brutales Vorgehen, auch Israels, muß auch in der Öffentlichkeit als völkerrechtlicher und humanitärer Skandal bezeichnet werden.

b) Gleichzeitig müssen wir klarstellen, daß der Islam keinen blinden Terror, sondern nur Verteidigung nach engen Regeln erlaubt. Der Islam ist keine pazifistische, aber eine das Kriegsvölkerrecht stützende Religion.

Und was können wir gegen die Globalisierung unternehmen?

a) Wir müssen lernen, mit westlicher Technologie selektiv umzugehen, statt ihr Sklave oder sogar Handy-und INTERNET-süchtig zu werden. Wenn unsere Kinder online zu Autisten werden, ist es unsere eigene Schuld.

Allerdings ist der Versuch, unsere Kinder von den Versuchungen der Globalisierung physisch fernzuhalten, unsinnig. Vielmehr müssen wir versuchen, sie durch intelligenten Umgang damit zu immunisieren.

Das ähnelt dem Problem, die eigene Tochter vor den Gefahren des Umgangs mit bösen Buben zu schützen, die unser Haus wie hungrige Wölfe umschleichen. Einsperren hilft da nichts. Vielmehr kommt es darauf an, Kinder adäquat auf ihre Umwelt und deren Gefahren vorzubereiten.

So kann man Kinder einigermaßen drogenfest machen, indem man mit ihnen möglichst viele Situationen durchspielt, in die sie geraten können, wenn ihnen jemand einen "Joint" anbietet oder sagt: "Du Feigling, Du traust Dich wohl nicht. Wir machen das alle."

b) Längerfristig ist den Gefahren der Globalisierung nur beizukommen, wenn die Erziehung in der muslimischen Welt umfassend reformiert wird, vom Nachplappern und Auswendiglernen von Nichtrelevantem zur Anerziehung von Skepsis und eigenständigem Denken. Wir mögen dabei viele Muslime verlieren, aber der Rest wird dem Islam umso besser dienen. Und wir werden endlich mehr als wie jetzt nur einen einzigen muslimischen Nobel-Preisträger in den Naturwissenschaften haben.

c) Am schwierigsten wird es sein, sich gegen die areligiösen Unterstellungen der westlichen Technologie zu wehren - gegen die von ihr transportierte total materialistische Botschaft, daß es in dieser Welt nur um Konsum und Vergnügen, genannt Spaß, gehe. In dieser Hinsicht besteht unsere Hoffnung in dieser erschreckend entchristlichten Welt vor allem in der Entwicklung der modernen Naturwissenschaft.

Bekanntlich hat sich der Okzident aus dem antiklerikalen, aufgeklärten, aber deistisch gebliebenen 18. Jahrhundert über das agnostische bis atheistische 19. Jahrhundert und das ideologische 20. Jahrhundert naturwissenschaftlich so weiterentwickelt, daß wir vor einer Rückkehr von Geist und Religion stehen.

Viele haben das noch nicht bemerkt.

Dabei sind wir doch längst in einem Jahrhundert angekommen, in dem Wissenschaftlern nicht mehr der Geist, sondern die Materie abhanden zu kommen scheint. Nicht nur Max Planck, Albert Einstein und Werner Heisenberg waren gläubige Menschen, ja auf ihre Art Mystiker. Die Theoreme vieler heutiger Naturwissenschaftler basieren auf purem Glauben. Ob ich mit schwarzen Löchern und negativer Energie oder mit 9 -11 Dimensionen arbeite - alles läuft darauf hinaus, daß ich vor der Intelligenz des Universums wieder zu staunen gelernt habe und wieder mit Hypothesen arbeite, die man genauso gut Gott oder Allah nennen könnte.

Dies müssen wir bewußt machen, damit die Umma versteht, daß ihr Glauben an einen transzendenten und zugleich immanenten, über alle Erklärungsversuche erhabenen Gott keinesfalls rückständig, sondern ungemein fortschrittlich ist. Warum sollten wir uns schämen, dort zu bleiben, wo Martin Heidegger und Ludwig Wittgenstein schließlich wieder angekommen waren: Im Glauben an eine höhere Realität.

Wittgenstein kam zu der Erkenntnis, daß man schweigen müsse, worüber man nicht reden könne. Doch wir können "darüber" reden, dank der göttlichen Offenbarung des Qur`an.

Lassen wir uns daran nicht irre machen, trotz Globalisierung und Terror.

TERRORISMUS UND DIE MUSLIME

I. Kritische Vorbemerkungen

Ich bin dankbar dafür, hier[1] als Muslim sprechen zu dürfen, spricht man doch lieber über Muslime als mit ihnen. Kein Nichtjude würde sich gestatten, den mosaischen Glauben zu interpretieren. Hingegen wimmelt es in deutschen Medien von nicht-muslimischen Autoritäten des Islam, wie der große Vereinfacher Scholl-Latour.

Welche Religionsgemeinschaft in Deutschland würde es dulden, daß man ihren Glauben von Anders- oder Nichtgläubigen unterrichten ließe? Undenkbar, daß ein muslimischer Okzidentalist katholische Theologie unterrichtet. Aber daß protestantische Orientalisten Islamologie lehren, ist hier gang und gebe.

Diese Tagung befaßt sich angeblich mit dem Weltterrorismus. Allerdings suchte ich im Programm vergeblich nach einem Referenten, der sich mit "Der Weltterrorismus und die Christen" oder "Der Weltterrorismus und die Juden" befassen würde. Im Gegenteil, es handelt sich beim Gesamtthema um das, was man auf englisch "a loaded question " nennt. Denn obwohl weder Staaten noch Terror eine Religion haben können, wird unterstellt, daß es eine spezifische Beziehung zwischen Islam und Terrorismus gebe. Gegen diese Tendenz, das Gesicht des Terrors zu islamisieren (Ali Masrui), sollten wir uns alle wenden, im Namen der Rationalität.

Als Muslim bin ich indessen Diskriminierung und Vorverurteilung gewohnt. Es wird Sie nicht wundern, daß ich

---

1. In Aachen.

die Sicht des Themas zu widerlegen suche, zumal statistisch betrachtet die weitaus größte Zahl terroristischer Akte weltweit bisher nicht von Muslimen, sondern von Lateinamerikanern begangen worden sind. Mit Albert Einstein weiß ich allerdings, daß "es schwieriger ist, eine vorgefaßte Meinung zu zertrümmern als ein Atom".

II. Definitorisches

Ich sehe, daß es in weiten Teilen der Welt Terrorismus gibt, glaube aber nicht, daß es Weltterrorismus gibt. Dieses Wort legt einen nicht nachweisbaren inneren Zusammenhang, eine Art Vernetzung der fraglichen Gewalttätigkeiten nahe. Doch es gibt keine zentrale Führung oder Zielsetzung, auch wenn die eine oder andere Organisation, wie etwa al-Qa`ida, international agiert. Die Leute vom "Leuchtenden Pfad" in Südamerika haben operativ nichts mit der I.R.A. zu tun und die Kämpfer in Kaschmir nichts mit der Front Islamique du Salut (F.I.S.) in Algerien.

Einen weltweiten Zusammenhang gibt es allenfalls hinsichtlich der ähnlichen Motivierung der Täter durch ungerechte politische, wirtschaftliche und soziale Verhältnisse.

Unter Terrorismus verstehe ich die quasi private Anwendung von Gewalt, auch gegen Unbeteiligte, um auf die Willensbildung staatlicher Organe Einfluß zu nehmen. Es handelt sich also hinsichtlich der wahren Adressaten um mittelbare Gewaltanwendung. Diese Definition schließt kriminelle Akte im engeren Sinne aus, also z.B. den Terror mafioser Gesellschaften gegen Familienangehörige ihrer Gegner.

Sie schließt ferner Kriegshandlungen einer Guerilla-Truppe aus, sofern sie sich in asymmetrischer Kriegsführung gegen staatliche Organe richtet. Dabei handelt es sich - wenn nicht de jure, so doch de facto - um Kombattanten, die lediglich verdeckt kämpfen. Aus diesem Grunde ist es oft schwierig, zwischen Terroristen sowie Freiheits- bzw. Widerstandkämpfern zu unterscheiden. Wohin man die zionistische Irgun, die irische IRA oder die deutsche RAF einordnet, hängt letztlich vom Standpunkt des Betrachters ab.

Des einen Terrorist ist des anderen Held. So auch bei ´Usama b. Laden.

Schließlich deckt meine Definition nicht das ab, was als Staats- oder Polizeiterrorismus bezeichnet wird, also das völkerrechtswidrige Vorgehen eines Unrechtsstaates, nach innen oder außen. Partiell, nämlich im Verhältnis zur palästinensischen Bevölkerung, handelt beispielsweise Israel staatsterroristisch, indem es palästinensisches Territorium illegal besetzt hält und völkerrechtswidrig besiedelt, Folterung duldet, Privateigentum Unbeteiligter zerstört sowie serienweise Menschen ermordet - auch wenn dies in unseren Medien höflicher umschrieben wird.

Terrorismus ist die Waffe der Armen, da ungemein kosteneffektiv. Weil Terroristen keine Angriffsfläche bieten, sind sie mit konventionellen Truppen kaum zu bekämpfen. Die Kosteneffizienz wird dadurch gesteigert, daß der angegriffene Staat durch seine Vorsichtsmaßnahmen mithilft, die Auswirkungen des Terrors zu maximieren. Eine kleine Explosion, und schon wimmelt es von Polizisten, welche die Bevölkerung daran erinnern, gefährdet zu sein. Diese demoralisierende Angst wird von den Medien kostenlos verstärkt. Die Bevölkerung wird schließlich gegen ihre Regierung aufgebracht, da man sich über ihre Unfähigkeit, Ordnung zu wahren, empört.

So kehrt sich das vom Terror verursacht Chaos gegen den Staat und nicht gegen die Terroristen. Sobald sich die Bevölkerung einschüchtern läßt, vervielfätigt sich die Wirkung eines Attentats. Indem sie Konsumverzicht übt und das Land in eine Rezession treibt, verursacht sie milliardenschwere Folgeschäden, die Terrorismus betriebswirtschaftlich betrachtet zu einem unheimlich effektiven Verbrechen macht.

III. Islam und Terror

1. Die Theorie

Damit sind wir bei der Frage angelangt, was die Religion des Islam mit Terrorismus zu tun hat, wenn überhaupt. Ich sage Religion des Islam, um in Erinnerung zu rufen, daß wir es beim Islam nicht mit einer politischen Ideologie, sondern mit einer Weltreligion zu tun haben, die in ihrer Spiritualität, Intellektualität und zivilisatorischen Prägekraft keinen Vergleich mit anderen Religionen scheuen muß.

Qur`an und Sunna enthalten die jeden Muslim bindenden normativen Maßstäbe. Danach wird Mord, d.h. die vorsätzliche, durch keine Notwehr gerechtfertigte Tötung, als das schlimmste Verbrechen überhaupt mit der Todesstrafe bedroht (2: 178). In der 5. Sure, Vers 32, setzt Allah den Mord an einem einzigen Menschen mit Tötung der gesamten Menschheit gleich.

Der Qur`an verbietet auch den Selbstmord ohne Einschränkung. Die 4. Sure sagt dazu in Vers 29 schlicht: **Und bringt euch nicht selbst ums Leben; siehe, Allah ist barmherzig gegen euch.** Der Mensch hat sich sein Leben nicht selbst gegeben und darf es sich daher auch nicht nehmen. Dies entspricht der Auffassung, daß der Muslim wortwörtlich ein "Gott Hingegebener" ist, der gemäß der 1. Sure, Vers 5, Gott allein anbetet und Ihn allein um Hilfe anruft.

Konkret bedeutet dies, daß ein Muslim sich nicht selbst in die Luft sprengen darf. Wohl aber darf er an einem "Himmelfahrtskommando" teilnehmen, bei dem die Überlebenschancen nach menschlichem Ermessen gleich null sind.

Der Qur`an erlaubt Gewaltanwendung nur zur Verteidigung (2: 194). Sure 22, Vers 39, sagt knapp: **Erlaubnis** [zur Verteidigung] **ist denen gegeben, die bekämpft werden, weil ihnen Unrecht angetan wurde...** Verteidigung ist jedoch nur maßvoll, also verhältnismäßig, zulässig (42: 40), solange der Angriff anhält: **Sind sie aber zum Frieden geneigt, so sei auch du ihm geneigt,** sagt die 8. Sure in Vers 81.

Der Qur`an verbietet ausdrücklich jede Gewaltanwendung gegen Nichtkombattanten, Frauen, Kinder und Mönche, Klöster, Kirchen, Synagogen und Moscheen, selbst im Rahmen legitimer Verteidigung (22: 40).

Als Verteidigung gilt nicht nur die Abwehr eines Angriffs von außen, sondern auch der Widerstand im Inneren, nämlich gegen die Unterdrückung durch ein despotisches Unrechtsregime (8: 39). Dazu sagt die 42. Sure in ihrem 41. und 42. Vers: **Wer sich gegen erlittenes Unrecht zur Wehr setzt, den trifft kein Vorwurf. Vorwurf trifft nur die, welche die Menschen unterdrücken und auf Erden ohne jede Rechtfertigung Gewalttaten verüben.**

Dies sind die zwei Fälle erlaubter Gewaltanwendung im Islam.

Der Qur`an verbietet im übrigen jede Form des Extremismus, wie jede Übertreibung im Religiösen (4: 171). Er beschreibt denn auch die Gemeinschaft der Gläubigen als eine ummah wassatiya, d.h. als Gemeinschaft des mittleren Wegs.

Der Islam verbietet ferner ausdrücklich jede Gewalt in Glaubensfragen: La ikraha fi-d-din (kein Zwang im Glauben) sagt die 2. Sure, Vers 256, dazu. Dieses Toleranzgebot steht im Einklang mit dem vom Qur`an geforderten religiösen Pluralismus (5: 48).

Ich kann mir denken, daß mancher meine bisherige Darstellung bezweifelt, weil er davon gehört hat, daß der Qur`an u.a. in der 9. Sure kriegerische Verse enthalte. Tatsächlich wird auch von manchen Muslimen daraus eine aggressive Doktrin herausgelesen. Doch dies beruht auf einem Irrtum, nämlich der Verwechselung von Vorschriften, welche die Kriegführung in einem legitimen Verteidigungsfall regeln, mit solchen, welche Kriegführung überhaupt erlauben.

2. Die Praxis

Die Praxis der muslimischen Welt widersprach dem qur`anischen Ideal ähnlich oft wie die christliche Praxis dem Liebesgebot der Evangelien. Woraus zu schließen ist, daß Religionen in der Regel nur in beschränktem Maße in der Lage sind, menschliches Verhalten zu bestimmen. Heilige bleiben stets in der Minderheit. Und ein Krieg, der sich Kreuzzug oder justum oder sogar sacrum bellum nennt, muß nicht wesentlich religiös motiviert sein. Auch bei den osmanischen Feldzügen in Richtung Wien ging es nur vordergründig um die Ausbreitung des Islam, in Wahrheit aber um Machtausdehnung und Beute.

Eine besondere Schwierigkeit bei der Beurteilung des Religiösen an der Willensbildung liegt darin, daß wir gewöhnlich von ganzen Motivbündeln bestimmt werden, uns gerne selbst betrügen und das Religiöse zum forum internum einer Person gehört.

Schon bei der Schlacht am Berge Uhud bei Medina in der islamischen Frühgeschichte war kaum zu unterscheiden, ob die muslimischen Verteidiger gegen die belagernden Mekkaner mehr von militärischem Ehrgeiz, Beutegier oder gläubiger Opferbereitschaft beflügelt waren.

Selbst die Massakrierung der muslimischen Bosnier durch orthodoxe Serben stellte trotz der religiösen Rhetorik der serbischen Kirchenfürsten letzlich nur "ethnische Säuberung" dar, also keinen religiösen, sondern einen rassistischen Exzeß, bei dem die muslimischen Slaven einfach zu Türken umdefiniert wurden.

Bemerkenswert bleibt jedoch, daß man ausschließlich Muslimen unterstellt, daß ihr Fehlverhalten etwas mit ihrer Religion zu tun habe, statt ihnen das Muslimsein abzusprechen, wenn sie kriminell werden. Im Gegensatz dazu hört man fast nie von einem katholischen oder hinduistischen oder buddhistischen oder gar jüdischen Terroristen.

Daß ich dieses Messen mit zweierlei Maßstab rüge, soll nicht dahin mißverstanden werde, daß ich mich unangenehmer Glaubensgenossen durch Exkommunikation entledigen wollte - nach dem Motto: "Was der tut, ist falsch; ergo kann er kein Muslim sein." Denn gegenseitige Exkommunikation ist Muslimen untersagt. In der 4. Sure, Vers 94, heißt es nämlich: **Sagt zu keinem, der euch den Friedensgruß** [as-salamu ´alaikum] **entbietet, "Du bist ja gar kein Gläubiger!".** In der 49. Sure, Vers 11, heißt es sogar: **Schlimm ist es, jemand als sündhaft zu bezeichnen, nachdem er den Glauben angenommen hat.**

Dies bedeutet: Zu entscheiden, ob jemand Muslim ist oder nicht, steht Gott alleine zu. Als Muslim kann ich ein Urteil nur über eine Tat, nicht über den Täter fällen. Ich kann, ja muß, also die Attentate des 11. September als schlimmes Unrecht geiseln, darf mich aber nicht zum Richter über ´Usama bin Laden aufschwingen.

IV. Ursachenforschung

Damit führt uns die Ursachenforschung für unrechtes Handeln von Muslimen über die Religion hinweg auf andere Motive, vor allem Armut und Ungerechtigkeit - also Motive, die in allen Menschen wirksam werden können, wenn sie aus Armut und Ungerechtigkeit in Verzweiflung gestürzt werden.

Wenn wir die heutige muslimische Welt, einstmals ein zivilisatorischer Höhepunkt der Menschheit, unter diesem Gesichtspunkt betrachten, kommen wir zu unangenehmen Feststellungen:

Mit Ausnahme des Inneren von Saudi Arabien war die gesamte muslimische Welt ein Opfer der europäischen Kolonisierung. Bis heute leidet sie unter der künstlichen Grenzziehung ihrer von Imperialisten geschaffenen, ebenso künstlichen Nationalstaaten. In vielen Fällen - wie in Algerien, Indien und Ägypten - taten die Besatzer alles, um den Islam zu marginalisieren. Sie konnten ihn zwar nicht beseitigen, aber die Kenntnis dieser Religion oft auf abergläubische Aspekte reduzieren.

Auch nach der oft blutig errungenen Unabhängigkeit setzte sich die wirtschaftliche und kulturelle Kolonisierung fort. Die wenigen akademisch gebildeten Einheimischen waren extrem europäisiert. Sie versuchten, ihren islamisch geprägten Ländern westliche Gesellschaftsmodelle, darunter sozialistische und kommunistische, brutal aufzuzwingen. Beispiele dafür waren Houari Boumedienne in Algerien und Gamal ´Abd an-Nassr in Ägypten.

Zu dieser Fremd- und Mißwirtschaft gab es schließlich nur eine einzige Alternative: Die islamische, islamistisch werdende Opposition, prototypisch dafür die Muslim-Bruderschaft von Hassan al-Banna. Das bedeutet, daß die postkoloniale Wiederbelebung des Islam zwangsläufig mit seiner Politisierung verknüpft war. Jetzt erst tauchte das Schlagwort auf, der Islam sei "din wa daula", Religion und Staat.

Die Reaktion der demokratisch nicht legitimierten arabisch-sozialistischen Regime auf die Re-islamisierung von unten war ebenso verhängnisvoll wie die westliche Reaktion auf dieses Phänomen. Bis heute hat es in keinem dieser Länder einen Durchbruch zu einem demokratischen islamischen Staat gegeben. In der ganzen muslimischen Welt werden oppositionelle Muslime blutig verfolgt. Und all diese despotischen Regime erfahren westliche Unterstützung, offenbar weil man sie für einen Hort der Stabilität hält und Stabilität in der Nähe von Ölquellen wichtiger als die Menschenrechte nimmt.

Es ist ein circulus vitiosus: Je geringer die Ventile für demokratische Partizipation, umso größer die Wahrscheinlichkeit eines gewaltsamen politischen Widerstands. Und um so mehr gewaltsamer Widerstand, um so größer die Gefahr, daß der Islam als Widerstandsideologie instrumentalisiert und manipuliert wird.

Dies erklärt die konkrete Krisenlage in Plätzen wie Kaschmir, Algerien und Tschetschenien - um nur diese drei Fälle herauszugreifen.

a) Kaschmir:

Bekanntlich wurde Pakistan 1948 nach religiösen Kriterien von Indien getrennt. Nur hinsichtlich Kaschmir mit einer damals fast 100%-igen muslimischen Bevölkerung (unter einem hinduistischen Herrscher) wurde eine Ausnahme gemacht. Indien besetzte den attraktiven Teil der Region und weigert sich bis heute, einer V.N.-Resolution folgend ein Referendum abzuhalten. Daher greifen kaschmirische Muslime immer wieder zur Waffe.

b) Algerien:

Als Frankreich 1830 Algerien besetzte, war es ein muslimisches Land mit bewundernswerten Persönlichkeiten wie dem Sufi, Staatsmann und Krieger ´Abd al-Qadir. Die Franzosen wandelten die Freitagsmoschee der Hauptstadt in eine Kathedrale um, bauten "Notre Dame d`Afrique" geweihte Basiliken über den Häfen von Oran, Alger und ´Annaba, und gliederten einen Großteil des Landes als "Départements métropolitains" in den französischen Staatsverband ein.

Als sich Frankreich trotz der Blutopfer algerischer Soldaten im 1. und 2. Weltkrieg weigerte, das Land freizugeben, erkämpften sich die Algerier ihre Freiheit in einem achtjährigen Befreiungkrieg (1954-1962), dem 15% der Bevölkerung zum Opfer fielen. Ich war damals Attaché am deutschen Generalkonsulat in Algier und kann die von Frankreich begangenen Scheußlichkeiten bezeugen.

Doch obwohl dieser Krieg für die algerische Bevölkerung ein gerechter Krieg im Sinne des Islam war - ein echter Dschihad gegen eine Aggression von außen - konfiszierte eine entschlossene Gruppe kommunistisch gesinnter Politiker die Früchte des Widerstands und zwang dem Land mit westlicher Billigung ein atheistisch-sozialistisches Regime auf.

Die davon 1988 unvermeidlich ausgelöste Explosion mit Wahlsieg der muslimischen Opposition (FIS) wurde von einer Militärclique brutal niedergeschlagen. (Auch dieses Mal war ich Augenzeuge, diesmal als Botschafter in Algier.) Die westliche Welt applaudierte diesem Staatsstreich, unter dem Tisch. Er löste einen jahrzehntelangen Guerilla-Krieg zwischen der muslimischen Opposition und dem Militärregime aus, das nicht davor zurückschreckte den Muslimen Massaker zuzuschreiben, die der Geheimdienst selbst begangen hatte.

c) Tschetschenien:

Tschetschenien ist die einzige kleine muslimische Kaukasus-Republik, welcher 1990 der Wunsch nach Unabhängigkeit russischerseits verweigert wurde. Die russische Soldateska treibt es dort mit kaum vorstellbarer Willkür und Brutalität, bis zur Entvölkerung. Im Gegenzug tragen tschetschenische Guerillas ihren Widerstand terroristisch bis in Nachbarstaaten. (Allerdings war der spektakuläre Anschlag in Moskau nicht von Tschetschenen, sondern nach algerischem Vorbild offenbar vom russischen Geheimdienst inszeniert).

c) Palästina:

Kein Land trägt indessen größere Verantwortung für die Verbreitung von Terrorismus als Israel. Um dies zu verstehen, muß man sich die palästinensische Perspektive zu eigen machen. Aus ihrer Sicht bezahlen sie für einen Holocaust, den die Deutschen begingen und an dem die arabische Welt völlig unbeteiligt war. (Bei dieser Deutung wird allerdings übersehen, daß Theodor Herzl und seine zionistische Bewegung die Umsiedlung der europäischen Juden nach Madagaskar oder nach Palästina schon vor der Nazi-Zeit geplant hatten. Fand doch der Jude Muhammad Asad 1926 in Jerusalem zum Islam: Aus Empörung über die schon damals manifeste anti-arabische Arroganz der jüdischen Neusiedler.)

Was sich seither ereignet hat, ist für Palästinenser eine einzige Katastrophe.

Sie wurden zu Millionen vertrieben. Ihr Land wurde in Bantustans geteilt.

Ihr Wasser wurde abgeleitet. Ihre Hauptstadt mit den drittheiligsten Stätten des Islam okkupiert. Die völkerrechtswidrige Besiedelung der besetzten Westbank durch fanatisierte jüdische Einwanderer wurde unter allen Regierungen fortgesetzt. Palästinensische Israelis sind Bürger dritter Klasse. Palästinenser in den besetzten Gebieten sind vogelfreie Opfer endloser Schikanen.

Nur wer diese Perspektive nachvollzieht, kann die Verzweiflung verstehen, welche immer wieder Palästinenser zu Gewaltakten treibt, bei denen ihnen jedes Mittel und jedes Ziel recht ist. Für sie ist jedes israelische Baby als illegaler Besatzer ein Aggressor. In Selbstmordattentate sehen sie die einzig mögliche Form wirksamen Widerstandes.

Bekanntlich erließ der Sicherheitsrat der Vereinten Nationan Dutzende von Resolutionen, in denen das israelische Vorgehen verurteilt und Israel zu bestimmtem Verhalten aufgefordert wurde. Es hat keine dieser Resolutionen je befolgt. Folgenlos.

Schlimmer noch, im Laufe der Zeit haben sich die Vereinigten Staaten so bedingungslos zum Finanzier, Waffenlieferanten und diplomatischen Beschützer Israels entwickelt, daß Washington aus arabischer Sicht ein Hund ist, der von seinem Schwanz - Israel - gewedelt wird. Dabei überschätzen viele Araber und sonstigen Muslime den allerdings riesigen Einfluß der zionistischen Lobby in Washington: Leute wie Podhoretz, Krauthammer, Perle, Wolfowitz, Kristol und Pipes, die in Washington in vieler Hinsicht das Sagen haben, förden tatsächlich Israel vor allen anderen Dingen. Wichtige amerikanische Medien sind tatsächlich jüdisch dominiert. Daher ist der Eindruck berechtigt, daß die amerikanische Nahostpolitik fast grenzenlos "israelisiert" sei (Dr. Naseer Arui).

Gleichwohl sind die erzkonservativen christlichen Zionisten in Amerika noch wirksamer als die zionistische Lobby; denn für diese christlichen Fanatiker ist der Bestand Israels eine Voraussetzung für die ersehnte Wiederkehr des Messias. Der in den USA ständig wachsende evangelikale und rechtsextreme politische Flügel sichert die bedingungslos israel-freundlichen Politik Washingtons weitaus stärker als die jüdische Lobby.

Wie dem auch sei: Aus der Sicht vieler Muslime ist Israel ein später Kreuzfahrerstaat, eine westliche Kolonie auf einem Land, das 1400 Jahre unangefochten muslimisch war.

Die westliche Welt achtet peinlich und bei Strafe darauf, daß muslimische Staaten an sie gerichtete Resolutionen der V.N. befolgen. Gleichzeitig duldet der Westen mit großer Regelmäßigkeit, daß Resolutionen zugunsten muslimischer Länder ignoriert werden. Den Vereinigten Staaten wird Doppelzüngigkeit zum Vorwurf gemacht, weil sie angeblich der Hort von Demokratie und Menschenrechten sind, sich aber weigern, Israel in den Arm zu fallen.

2003 machte die Tageszeitung "The Plain Dealer" in Cleveland, Ohio, darauf aufmerksam, daß zwei jüdische Terroristen in Amerika, Earl Krugel und Robert Goldstein, welche Sprenstoff- und Waffenarsenale gesammelt hatten, um 50 Moscheen damit zu sprengen und "Muslime zu liquidieren", nicht wegen versuchtem Terrorismus angeklagt wurden, sondern lediglich wegen versuchter Verletzung von Bürgerrechten (16. 07. 2003).

Kein Wunder, daß Araber und Mulime nicht nur in den Vereinigten Staaten sich immer häufiger in George Orwell`s "Animal Farm" wähnen, wo die Maxime gilt: "Alle Tiere sind gleich, aber einige Tiere sind gleicher als andere."

Bei all dem geht es nicht darum zu klagen, sondern lediglich darum, die Gründe freizulegen, welche immer wieder Muslime so zur Verzweiflung treiben, daß sie zu Gewalttätern werden, vor allem gegen die Hauptverursacher der ihnen zugefügten Ungerechtigkeiten. Religion spielt dabei eine allenfalls zweitrangige Rolle. Das wichtigste Antriebsmoment des Terrorismus von Muslimen weltweit ist das ihnen angetane schreiende Unrecht.

Gegen so motivierte Gewalt hilft keine Gegengewalt à la Scharon.

Gegen so motivierte Gewalt hilft nur Gerechtigkeit.

ZUM 11. SEPTEMBER 2001

I.

Es gibt Ereignisse so entsetzlich, daß wir darüber vor Entgeisterung stumm werden - und manchmal an der Güte Gottes, ja Seiner Existenz zweifeln möchten.

Dies war auch der Fall bei dem fürchterlichsten aller Erdbeben, das 1755 Lissabon zerstörte und 30.000 Opfer forderte. Nicht anders war es bei der unvorstellbaren Verwüstung San Franciscos durch Erdbeben und Feuer im Jahre 1906.

In der Ursachenkette dieser Unglücksfälle gibt es keine Menschen. So konnten sie als "Höhere Gewalt", als *Act of God*, verstanden werden, nicht zuletzt dank Schriften zur "Rechtfertigung Gottes", Theodizee genannt, wie erstmals von Gottfried Wilhelm Leibniz 1697 vorgelegt.

Man fragte damals: Will Gott solche Katastrophen nicht verhindern - oder kann Er es nicht? Sind sie göttliche Strafen? Wofür? Passen sie in Seinen Heilsplan?

Noch betroffener sind wir, wenn - wie am 11. September 2001 - Mitmenschen ein Desaster auslösen. Schlimm genug, wenn dies unabsichtlich geschieht.

Aber jeder ist empört, wenn unfaßliche Katastrophen wie 1945 die militärisch unnötige Zerstörung von Hiroshima und Nagasaki durch amerikanische Atombomben absichtlich herbeigeführt werden. Die Tötung von 274.000 japanischen Zivilisten war der bisher schlimmste Fall von staatlichem Terror.

Nun hat die Vereinigten Staaten selbst der schlimmste Terrorangriff getroffen, der je von einer nichtstaatlichen

Organisation ausgeführt wurde. (Es ist eine Freud`sche Fehlleistung, daß der Platz, an dem das World Trade Center gestanden hatten, heute mit einem Fachbegriff der Nuklearstrategie als *"ground zero"* bezeichnet wird.)

II.

Es gibt Verbrechen wie der Holocaust, die so greulich sind, daß man sich gegen eine Analyse ihrer Ursachen sperrt. So fürchten jüdische Organisationen, daß die Beschäftigung mit den historischen Wurzeln des deutschen Anti-Semitismus auf eine Art Rechtfertigung hinauslaufen könnten: Sagt man nicht, wenngleich zu Unrecht: "Alles verstehen, heißt alles verzeihen"? Daher will man den Holocaust wie eine Ureruption des Bösen unerklärt stehen lassen, dokumentiert, aber nicht erläutert.

Mit dem Terrorangriff vom 11. September verhält es sich ähnlich. Im Gegensatz zur Diskussion im europäischen Fernsehen fragt man sich in den Vereinigten Staaten bis heute, Jahre danach, nicht nach den Ursachen und Zielen der Anschläge. Sie waren unverzeihlich böse; das genügt.

Obwohl die getroffenen Objekte höchsten Symbolwert hatten, wurden die Angriffe darauf als "sinnlos" bezeichnet - als seien offenbar intelligente Attentäter bereit, ihr Leben ziellos zu opfern.

In Washington forderte man Rache, keine Analyse, und zwar so massiv, daß 21 in den USA studierende oder arbeitende Araber des Namens Bin Ladin vom FBI in Schutzhaft genommen und nach Saudi Arabien repatriiert werden mußten. (Inzwischen hat sich das amerikanische Rachebedürfnis an anderer Stelle, im 'Iraq und in Afghanistan, ausgetobt.)

Die Einengung der Medien-Perspektive hatte jedenfalls zum Erfolg, daß niemand in den Vereinigten Staaten öffentlich die Frage stellte, ob möglicherweise die amerikanische Israel-Politik Quelle des gezeigten Hasses gegen Amerika ist. Das erinnert an Aldous Huxley`s Feststellung, wonach Wahrheit etwas großes sei, größer in der Praxis jedoch das Verschweigen der Wahrheit. Glücklicherweise haben dann doch einige amerikanische und britische Publizisten wie Naum Chomsky, Robert Fisk, Prof. Judd, Seumas Milne, Jonathan Power und Susan Sonntag das Stille-Schweigen der Wahrheit gebrochen und mit dem Finger auf die empörend parteiische amerikanische Nahostpolitik gezeigt.

Das wirkte jedenfalls glaubhafter als die von Präsident George Bush jr. immer wieder unehrlich und pathetisch gestellte rhetorische Frage; *"Why do they hate us?"* (Warum hassen sie uns so?)

III.

Das, was am 11. September geschah, ist unter keinem Gesichtspunkt zu rechtfertigen, auch nicht als eine Kriegshandlung zur Verteidigung in einem unerklärten Krieg gegen Amerika.(Es war trotzdem nicht klug von Präsident Bush, nach dem 11. September von einem "War on Terror" zu reden; denn damit unterstellte er seine Gegner als Kombattanten den Schutzbestimmungen des Kriegsvölkerrechts und setzte sich mit Guantanamo Bay doppelt ins Unrecht.)

Trotzdem müssen wir uns bemühen, den Mechanismus zu verstehen, der zu dem Greuel geführt hat, schon um Wiederholung zu vermeiden. Solches Bemühen darf nicht als Versuch der Billigung diffamiert werden.

Es ist auch durchaus verständlich, daß man eine Religion unter die Lupe nimmt, wenn man die Ursachen politischer Gewalt dingfest machen will; war doch Religion im Laufe der Geschichte immer wieder zumindest als Vorwand Mitursache staatlicher und nichtstaatlicher Gewalt. Man denke nur an die Assassinen, die Kreuzzüge, die Reconquista, die Türkenzüge oder die gewaltsame Christianisierung von Sachsen und mittelamerikanischen Indianern.

Gottlob liegt das meiste davon heute, im postmodernen Zeitalter der Ökumene und des religiösen Pluralismus weit hinter uns.

Muß man ´Usama bin Laden in die Genealogie des muslimisch gefärbten Terrors der Assassinen einordnen? Wir können als Muslime unseren Kopf nicht einfach aus der Schlinge ziehen, indem wir behaupten, daß es zwischen dem Islam und Terror keinen Zusammenhang geben könne. Das stimmt zwar: Der Islam als Religion kann einfach für den 11. September nicht ursächlich gewesen sein. Ebenso richtig ist es jedoch einzuräumen, daß dieser Anschlag - wie die Folgeanschläge in Madrid und London, auf Bali und in ´Amman - aus einem muslimischen Umfeld wuchsen.

So schrieb Fatih Güllapoğlu gut beobachtend in einer İstanbuler Zeitung, daß er am Fernsehen von ´Usama bin Ladin positiv beeindruckt worden sei - von seinem Charisma, seiner milden Art und ruhigen Gestik, seiner leisen Sprechweise und seinen beseelten Augen. Kein kläffender Eiferer wie Hitler, Musssolini, Trotzki oder Castro. So unangenehm es ist: Bin Ladins grenzenlos wirkendes Gottvertrauen, seine jenseitsorientierte Opferbereitschaft, sein Sendungsbewußtsein und seine islamische Diktion erinnern stark genau an diejenigen Tugenden, welche die Gefährten des Propheten Muhammad moralisch auszeichneten, die ja ebenfalls damals einen Gegenpol zur mekkanischen Konsumgesellschaft darstellten.

Bin Ladin hat damit das Zeug, zum muslimischen Robin Hood zu werden.

Und doch - und das ist fürwahr erschreckend - ruft der gleiche Bin Ladin zum Töten auf und läßt Selbstmordkader schulen. Er und seine Mitarbeiter gehören gewiß nicht zu dem von Allah gewünschten Volk der Mitte (2: 142), sondern sind in kontraproduktiven Extremismus abgeglitten. Damit verstoßen sie gegen ein weiteres kardinales Verbot des Qur`an: *La taghlu fi-dinukum!* **Übertreibt nicht in euerer Religion** (4: 171).

Der 11. September hat niemand mehr geschadet als den Muslimen weltweit, indem sie seither allesamt dem Generalverdacht der Gewaltbereitschaft unterliegen. Das erinnert mich an die Nachkriegsjahrem, als quasi das ganze deutscheVolk unter Anklage stand und - Mann für Mann - "entnazifiziert" werden mußte. Weniger in der Theorie, aber doch in ihrer Praxis gingen die Siegermächte damals von einer deutschen Kollektivschuld aus.

Besonders gefährlich ware es, wenn sich die Deutschen jetzt das Gerede des früheren Ministerpräsidenten Berlusconi von einer überlegenen westlichen Zivilisation und von einem islamischen Anschlag auf diese Zivilisation zu eigen machen würden. Die Deutschen sollten sich vielmehr den britischen Premierminister zum Vorbild nehmen, der sich schon am 27. September 2001 verbat, als Christ für in Nordirland begangene Verbrechen in Haftung genommen zu werden.

Denn mit pauschalen Verdächtigungen betriebe man lediglich das Geschäft der Terroristen, die ja nur allzu gerne den Huntingtonschen "Zusammenprall der Zivilisationen" provoziert sähen. Trotz der Konfrontation zwischen Selbstmordattentätern und der amerikanischen Nuklearmacht, zwischen palästinensischen Steinewerfern und israelischen Panzern, geht es nicht um einen "monumentalen Kampf zwischen Gut und Böse" (George Bush,jr.), sondern um gemeinsame Anstrengungen für globale Gerechtigkeit für Muslime und Nichtmuslime.

IV.

Wenn es nicht die Religion ist, die das heutige Gewaltphänomen erklärt, und auch keine Konflikte um Grenzen, Bodenschätze und Wasser, was dann?

Die Antwort darauf ist leicht, sofern man in der Lage ist, über seinen europäisch-amerikanischen Tellerrand hinauszublicken, hinein in die von Armut, Unfreiheit und Ungerechtigkeit geplagte Dritte Welt.

Armut ist gewiß ein besonderer Nährboden für Gewaltbereitschaft. Man bedenke, daß 1,3 Milliarde Menschen täglich mit weniger als einem Dollar auskommen müssen. Derzeit verfügen 20% der Weltbevölkering über 85% des Welteinkommens und der Ressourcen der Welt. Zynisch könnte man feststellen, daß ein Norweger dank der Petroleumrente seines Landes jährlich doppelt so viel für seine Lieblingskatze ausgeben kann wie Menschen in Schwarzafrika für ihre Kinder.

Daher wird kein Krieg gegen Terrorismus gewonnen, solange bittere Armut unter einer unablässig wachsenden Weltbevölkerung grassiert.

Ungerechtigkeit ist weltweit die zweite Hauptursache für politische Gewalt. *Pars pro toto* weise ich hier erneut auf Kaschmir, Tschetschenien und Palästina hin.

In allen drei Fällen bewahrheitet sich, worauf meine Großmutter immer wieder mich aufmerksam machte: Daß Böses fortwährend Böses gebären müsse.

Tun Israelis nicht heute Palästinensern vieles von dem Bösen an, was ihnen in Deutschland zugefügt worden war? Tut es dies nicht, um einem zweiten Holocaust zu entgehen, und macht genau dies dadurch wahrscheinlicher -wie eine sich selbst erfüllende Prophezeiung; denn wen ich als meinen Todfeind behandele, der wird dazu.

Kurz vor dem 11. September 2001 nahm ich an der Schlußveranstaltung der 38. ISNA-Konferenz[1] in Chicago teil, die von 33.000 amerikanischen Muslimen besucht wurde. Vor mir sprach Paul Findley, 22 Jahre lang republikanischer Kongreßabgeordneter aus Illinois. Er verlaß einen Offenen Brief, den er an Präsident Bush addressiert hatte. Darin machte er ihn darauf aufmerksam, daß sich die USA aus Sicht der arabischen Nation in einem unerklärten Krieg mit ihnen befänden, und forderte er Bush auf, die

1. ISNA: Islamic Society of North America.

bedingungslose Unterstützung Israels durch eine der Gerechtigkeit dienende, ausgewogene Nahost-Poitik abzulösen. Dem fügte er hinzu:

"Es kann doch nicht sein, daß ein Land wie die Vereinigten Staaten, das seine Freiheit gegen eine Kolonialmacht erkämpft hat, jetzt im Nahen Osten eine moderne Kolonialmacht darin unterstützt, einem Volk seine Freiheit vorzuenthalten."

Als ich wenige Tage danach die Bilder der Zerstörung im südlichen Manhattan sah, lief es mir in Erinnerung an die Worte Findley`s kalt den Rücken herunter. Hatte er die Katastrophe nicht geradezu vorhergesagt, indem er den Finger auf die Hauptursache des internationalen Terrors gegen amerikanische Einrichtungen gelegt hatte?

Der damalige Bundeskanzler Schröder stimmte dieser Analyse in einer gemeinsamen Presseerklärung mit Präsident Mubarak am 25. September 2001 in Berlin mit der Feststellung zu, daß der Nahe Osten der hauptsächliche Nährbodern für Terrorismus sei, und daß dieser nicht militärisch, sondern politisch und wirtschaftlich bekämpft werden müsse. Bundespräsident Johannes Rau hatte schon am 14. September quasi das Gleiche gesagt:

"Der beste Schutz gegen Terror... ist eine gerechte internationale Ordnung. Frucht der Gerechtigkeit wird der Friede sein."

Auf seine Weise formulierte dies ´Usama bin Ladin um den 8. Oktober 2001:

"Solange die Palästinenser nicht in Sicherheit sind, sollen sich auch die Amerikaner nicht sicher fühlen können."

Rache ist eine dritte, nichtreligiöse Ursache für Gewalt, obwohl man annehmen möchte, daß es in der Politik rationaler zugeht und obwohl der Schrei nach Vergeltung in der christlichen Welt verpönt sein sollte. Man vergißt dabei, daß "Aug für Auge und Zahn für Zahn" für Juden gemäß Exodus XXI, 23 ff. ein Glaubenssatz ist, Rache also nicht nur gebilligt, sondern gefordert wird.

Dies erklärt den Eskalationsmechanismus im palästinensich-israelischen Konflikt, erklärt allerdings nicht, warum 10 oder 100 Palästinenser für einen einzigen Israeli getötet werden.

Der Qur`an distanziert sich übrigens im 45. Vers der 5. Sure al-Ma´ida und im 178. Vers der 2. Sure al-Baqara ausdrücklich vom mosaischen Vergeltungsgebot des "Leben um Leben, Auge um Auge, Nase für Nase, Ohr für Ohr und Zahn für Zahn".

Auch in der christlichen Welt hält man selten die andere Wange hin, sondern übt gerne Vergeltung nach dem amerikanischen Motto *"tit for tat"*. Daher war es klar, daß sich die amerikanische Nation nach dem 11. September erst nach einem großen Militärrundumschlag wieder wohlfühlen würde, möge er auch völkerrechtswidrig, militärisch zweifelhaft, politisch kontraproduktiv und moralisch bedenklich sein.

V.

Abschließend will ich die wichtigsten Thesen zusammenfassen:

1. Terrorismus ist ein zeitloses, weltweites Phänomen.

2. Es gibt nicht nur individuellen, sondern auch staatlichen Terror.

3. So wie Staaten keine Religion haben, hat auch Terror keine.

4. Der Islam erlaubt Widerstand gegen Unrecht, verbietet jedoch das Töten Unschuldiger, Selbstmord, Rachsucht und Extremismus.

5. Terroristen im muslimischen Umfeld stellen eine kleine Minderheit dar.

6. Hauptwurzeln von nichtstaatlichem Terrorismus sind Armut und Ungerechtigkeit.

7. Terrorismus kann militärisch nicht beseitigt werden.

8. Solange es keinen gerechten Frieden in Palästina gibt, wird es Attentätergeben.

ISLAM IN DEUTSCHLAND

In Preußen fing es an

Zwar gab es zwischen Karl dem Großen und dem berühmten abbasidischen Kalifen in Baghdad, Harun ar-Raschid, diplomatische Kontakte mit Geschenkaustausch. Dennoch kann von echten bilateralen Beziehungen zwischen Deutschland und der muslimischen Welt frühestens ab 1731 die Rede sein. In diesem Jahr rekrutierte der Preußenkönig Friedrich Wilhelm I. 20 türkische Soldaten für seine Garde. Für sie wurde 1732 in Potsdam die erste Moschee auf deutschem Boden improvisiert. Schon unter seinem Nachfolger, Friedrich dem Großen, wuchs die Anzahl muslimischer Soldaten in preußischem Sold - Tataren, Bosnier und Albaner - auf etwa 1000 an, so daß bereits ein Vorbeter (Imam) für sie ernannt werden mußte. Aus dieser Zeit, der 2. Hälfte des 18. Jahrhunderts, datiert auch der älteste muslimische Friedhof Deutschlands bei Berlin.

Während der Napoleonischen Kriege zogen baschkirische Soldaten des russischen Zaren Alexander I. durch Deutschland. So gewann Johann Wolfgang von Goethe in Weimar 1814 unmittelbaren Kontakt mit gelebtem Islam.

Im 19. Jahrhundert verstärkten sich die deutsch - islamischen Kontakte. Helmuth von Moltke. der spätere Generalissimus, leistete als einfacher Hauptmann dem osmanischen Sultan in Istanbul von 1835-39 außerordentlich gute Dienste auf vielen Gebieten.

Ein anderer zum Islam übergetretener Deutscher, Dr. Eduard Schnitzer, machte als ziviler Berater eine bemerkenswerte Karriere im osmanischen Dienst. Als Mehmet Emin

Pascha fungierte er als Gouverneur von Äquatorial-Afrika. Ein anderer abenteuerlicher deutscher Konvertit, Karl Detroit aus Brandenburg, brachte es als Mehmet Ali zum Feldmarschall der osmanischen Streitkräfte.

Der Reisekaiser

Den Vogel schoß jedoch Kaiser Wilhelm II. mit seinem Bemühen ab, als Beschützer der islamischen Welt zu glänzen. Seine spektakulären Reisen 1895 nach İstanbul, 1898 nach Damaskus und 1905 nach Tanger hinterließen dort bleibende Eindrücke.

Daß die treibende Kraft der Jungtürken, Enver Pascha, die Türkei auf die Seite der Mittelmächte in den 1. Weltkrieg führte, war kein Zufall; war er doch zuvor Militärattaché in Berlin. Die türkischen Streitkräfte standen in diesem Krieg an beiden Hauptfronten unter deutschem Befehl. Generalfeldmarschall Colmar Freiherr von der Goltz Pascha befehligte an der Dardanellen-Westfront und General Liman von Sanders im Nahen Osten.

Während des 1. Weltkriegs mußte man für die rund 15.000 muslimischen Kriegsgefangenen aus Rußland, Nordafrika und Senegal eine weitere Moschee bei Berlin bauen, diejenige von Wünsdorf bei Zossen. Sie wurde 1915 im Beisein des türkischen Botschafters eingeweiht.

Von einer ersten deutschstämmigen muslimischen Gemeinde kann man aber erst seit 1922 sprechen. Sie scharte sich um den Inder Maulana Sadr ud-Din, der 1925 die noch immer sehenswerte Kuppelmoschee in Berlin-Wilmersdorf übernehmen konnte.

Nazis flirten mit dem Islam

Im 2. Wetkrieg nahm die Betreuung der rund 60.000 sowjetischen und jugoslawischen Kriegsgefangenen islamischen Glaubens größere Proportionen an. Angestachelt von dem in Berlin residierenden Großmufti von Jerusalem, Amin el-Husseini, ließen sich viele dieser Gefangenen darauf ein, auf Seiten des Deutschen Reichs gegen den sowjetischen Atheismus zu kämpfen.

Partei, Wehrmacht und Waffen-SS duldeten damals nicht nur ein "Islamisches Zentralinstitut" in Berlin, sie ließen sich die Gelegenheit nicht entgehen, Tataren, Turkmenen, Kirgisen, Bosnier, Montenegriner und Albaner für ihre Zwecke einzuspannen. Dafür errichtete die Wehrmacht 1944 sogar eine Heeresschule zur Ausbildung eigener Imame und Mullahs. Die deutschen muslimischen Einheiten trugen Heeresuniformen mit Schulterwappen in den palästinensischen Farben mit der aufgestickten Aufschrift "Freies Arabien" auf deutsch und arabisch.

Erneut gerierte Deutschland sich also als Beschützer der islamischen Welt.

Dieses Abenteuer nahm 1945 für viele der Wehrmachts-Muslime ein jähes, trauriges Ende. Immerhin gelang es dem deutschen Muslim Mahmoud Heitmann (später in saudi-arabischen Diensten), den palästinensischen Großmufti von Berlin ein gutes Stück in Richtung Jerusalem zu begleiten.

Deutsche Orientalisten

Seit dem 18. Jahrhundert (mit Johann Jakob Reiske in Leipzig 1716-1774), besonders aber im 19. Jahrhundert, hatten sich die deutsche Orientalisten einen guten Namen gemacht, zumal sie sich - anders als ihre britischen, französischen und niederländischen Kollegen - nie als Agenten des Kolonialismus verstanden oder so handelten. Sie studierten den Islam um seiner selbst willen, im positivistischen Geist ihrer Zeit. Die von Theodor Nöldecke 1860 vorgelegte preisgekrönte Geschichte des Qur`an befaßte sich im Westen erstmals eingehend mit der Datierung der Qur`an-Verse. Der Tübinger Orientaist Rudi Paret, der dem Qur`an ebenfalls sein ganzes Leben widmete, war sein würdiger Nachfolger.

Ebenso bemerkenswert wie Nöldecke war sein Zeitgenosse, der orientalistische Dichter Friedrich Rückert, der 1888 den Qur`an in deutsches Versmaß zu übertragen versuchte. Seither sind über 20 Qur`an-Übersetzungen ins Deutsche erschienen, darunter im 20. Jahrhundert endlich auch sechs aus muslimischer Feder (Muhammad Rassoul; Fatima Grimm et al.; Murad Hofmann; Ahmad von Denffer; Amir Zaidan; Nadim Elyas / Abdullah Bubenheim).

Die muslimische Immigration

Die 2. Hälfte des 20. Jahrhunderts stellte nach Quantität und Intensität alles in den Schatten, was es zuvor an deutschstämmigen Kontakten gegeben hatte. Heute begegnet man Muslimen in Deutschland nicht nur gelegentlich wie Goethe, sondern auf Schritt und Tritt. Heute wohnen 15 Millionen Muslime innerhalb der Europäischen Union, davon 3,4 Millionen in Deutschland.

2005 hatten 950.276 von ihnen einen deutschen Paß; mindestens 14.352 davon waren deutschbürtig.

In allen europäischen Ländern konvertieren jetzt Europäer in wachsender Zahl zum Islam, In Deutschland mehr als 1000 pro Jahr, 60% von ihnen Frauen. Früher waren dies außerordentliche Einzelfälle wie Muhammad Asad (Leopold Weiß) oder der Mystiker Frithjof Schuon. In der 2. Hälfte des 20. Jahrhunderts zog der Islam schließlich Persönlichkeiten aus allen Bereichen an: Popstars wie Cat Stevens (Yusuf Islam), Choreographen wie Maurice Béjart, Boxer wie Cassius Clay (Muhammad Ali), Politiker wie Roger (Raja) Garaudy, Psychologen wie Mihriban Özelsel, Anwälte wie Norbert Müller und Abu Bakr Rieger, Journalisten wie Abdulhadi Hoffmann und Agrarwissenschaftler wie Dr. Peter Khalil Kirmsse.

Über die Wege, welche Europäer zum Islam führen, liegen Materialsammlungen wie "D`une fois à l`autre" von Lisbeth Rocher und Fatima Cherqaoui vor (Seuil, 1986).

Danach gibt es keinen typischen Weg zum Islam, sondern unzählige individuellen Pfade. Dennoch lassen sich die meisten deutschen Konvertiten in vier, allerdings überlappende Gruppen einteilen:

* Gastarbeiter: Damit sind deutsche Beamte, Geschäftsleute und Fachkräfte gemeint, die den Islam bei Arbeitsaufenthalten in der muslimischen Welt kennen- und lieben lernen.
* Ehemänner: Viele deutsche Männer verlieben sich in eine schöne Muslima und nehmen den Islam als notwendige Bedingung der Eheschließung zunächst in Kauf, bevor sie durch die Nestwärme einer intakten muslimischen Großfamilie wirklich zum Islam finden.
* Grüne: Dabei handelt es sich um meist junge Menschen, die aus Protest gegen die Entgleisungen der modernen Industriegesellschaft, ihren Konsumrausch und Turbo-Kapitalismus schließlich dem Islam begegnen.
* Islamologen: Dabei handelt es sich um Studenten, die an einer der 19 deutschen Universitäten mit entsprechendem Lehrstuhl Orientalistik studieren, weil sie eine Affinität zum arabo-islamischen Raum empfinden. Aus dem Studium wird für viele von ihnen mehr: ihre Berufung zum Islam.

Die Muslime in Deutschland nahm man lange Zeit nicht als einen kulturellen Faktor war. Sie genossen eine Art subkultureller Narrenfreiheit und belebten mit Döner Kebap und Couscous die gastronomische Szene mit etwas Exotik.

Aus diesem Schlummer sind sowohl die deutsche Öffentlichkeit wie ihre Muslime inzwischen erwacht. Der Islam verlor seine Exotik und wurde zum Problem.

Und da sind wir jetzt.

INTEGRATION: JA - ASSIMILATION: NEIN[1]

Wir befinden uns hier in einer zur Akademie aufgewerteten Domschule. Dies verpflichtet zur Wissenschaftlichkeit. Daher werde ich mich bemühen, so objektiv zu sein, wie dies subjektiven Menschen möglich ist. Insbesondere verspreche ich, jeweils zu unterscheiden zwischen

* Vergangenheit und Gegenwart
* Theorie und Praxis
* Regel und Ausnahme.

Im übrigen möchte ich mit dem Ausräumen einer Unterstellung beginnen, nämlich der selbst von Professor Christian Troll, S.J. vertretenen These, daß die Muslime im Westen wähnten, im "Haus des Krieges" (dar al-harb) zu leben. Ich kann Sie versichern, daß das unqur`anische, mittelalterliche Begriffspaar dar al-Islam (Haus des Isam) und dar al-harb weder im Denken noch im Diskurs zeitgenössischer Muslime eine Rolle spielt. Es handelt sich dabei um Kategorien, an denen Orientalisten festhalten, die keinen wirklichen Kontakt zur islamischen Lebenswirklichkeit haben.

Damit wird nicht geleugnet, daß es kleine bornierte und radikalisierte muslimische Randgruppen gibt, welche in moralischer Überheblichkeit und mit triumphalistischer Qur`an-Auslegung den Okzident in Pausch und Bogen verwerfen. Seltsamerweise finden sich solche Gruppen ausgerechnet in den Vereinigten Staaten, im Vereinigten Königsreich und auch in Deutschland, wie die hier inzwischen verbotene Hizb at-Tahrir (Partei der Befreiung).

---

1. Vortrag gehalten in Würzburg am 5. April 2004.

In ihren muslimischen Heimatändern müßten solche Gruppen mit Einkerkerung und Folterung, wenn nicht Hinrichtung rechnen. Sie profitieren also von der im Westen herrschenden Rechtsstaatlichkeit, Religionsfreiheit und Hochachtung der übrigen Menschenrechte, ohne indessen von der Dämonisierung des Westens abzulassen.

Die überwältigende Mehrheit der emigrierten Muslime - erst recht die meisten Konvertiten - sehen die Welt jedoch nicht in schwarz und weiß, sondern als grau. Sie wissen, daß die früher als dar al-Islam bezeichnete muslimische Welt diesen Titel aus zahlreichen Gründen nicht mehr verdient, zumal sie in mancher Hinsicht westlicher als der Westen geworden ist. Beispiele dafür bieten Dubai und Jiddah. Jedenfalls werden in vielen Teilen der muslimischen Welt grundlegende Gebote des Islam mißachtet, wie Gerechtigkeit, politische Partizipation und Zinsverbot. Beispielsweise sind islamische Banken am arabischen Golf so selten wie in Europa.

Des weiteren wissen die hiesigen Muslime, daß die westliche Welt trotz vieler das Überleben ihrer Zivilisation gefährdenden Fehlentwicklungen sehr positive Seiten hat, darunter Gewaltenteilung, politische Rotation aufgrund freier Wahlen, religiöser Pluralismus, Gleichberechtigung der Geschlechter und soziale Sicherheit. Dies ändert zwar nichts daran, daß sich der Westen in erschreckendem Maße moralisch fehlentwickelt - man denke nur an Pornographie, Kinderprostitution, Ehescheidungen, Abtreibung, gleichgeschlechtliche "Ehen", grassierende Drogensüchtigkeit und Jugendkriminalität bei immer leerer werdenden Kirchen. Gleichwohl ist die Gemengenlage von gut und schlecht im Westen derart, daß man ihn nicht dämonisieren kann, ohne zum Utopisten zu werden.

Dies bedeutet, daß die große Mehrheit der im Westen lebenden Muslime bereit sind, die lokale Rechtsordnung zu beachten und sich in die hiesige Zivilisation zu integrieren. Die "Islamische Charta" des Zentralrats der Muslime in Deutschland beschrieb dies 2002 wie folgt in Ziffer 10:

"Muslime dürfen sich in jedem beliebigen Land aufhalten, solange sie ihren religiösen Hauptpflichten nachkommen können. Das islamische Recht verpflichtet Muslime in der Diaspora, sich grundsätzlich an die lokale Rechtsordnung zu halten. In diesem Sinne gelten Visumserteilung, Aufenthaltsgenehmigung und Einbürgerung als Verträge, die von der muslimischen Minderheit einzuhalten sind."

Man hat sich darüber mokiert, daß die Muslime sich nicht nur aufgrund des deutschen, sondern auch aufgrund des islamischen Rechts an die hiesige Rechtsordnung gebunden fühlen, aufgrund des auch im Qur`an verankerten Grundsatzes pacta sunt servanda. Dabei kann die Verankerung der Vertragstreue in göttlichem Recht sich doch nur positiv auswirken. Nach al-Baqara: 177 ist das Einhalten eingegangener Verpflichtungen ein Teil der Frömmigkeit. Die 5. Sure al-Ma´ida beginnt sogar: **O ihr, die ihr glaubt, haltet die Verträge.**

Im übrigen zeigte man sich befremdet über die Formulierung, daß sich die Muslime "grundsätzlich" an die lokale Rechtsordnung gebunden fühlten. Dabei sollte es nach den Exzessen der Nazi-Zeit und dem mutigen formalen Rechtsbruch des deutschen Widerstandes um Graf Stauffenberg doch offenkundig sein, daß es Unrecht auch in Gesetzesform geben kann. Deutsche Verfassungsrechtler gehen sogar davon aus, daß es "verfassungswidriges Verfassungsrecht" geben könnte.

Die Anerkennung nicht-islamischer Rechtsordnungen ist islamgeschichtlich nichts besonderes. Das Problem entstand erstmals nach der Besetzung von ganz Andalusien durch die katholische Reconquista, abgeschlossen im Jahre 1492. Damals stritten muslimische Rechtsgelehrte darüber, ob Muslime unter diesen Umständen in Spanien bleiben dürften. Die Malikitische Rechtsschule forderte den Exodus; die Hanafiten sahen im Verbleiben kein grundsätzliches Problem; und die Schafi´iten sahen in der Implantierung muslimischer Inseln im christlichen Westen einen Vorteil.

Emigrieren müßten die Muslime aus Deutschland nur, wenn sie ihren religiösen Hauptverpflichtungen hier nicht nachkommen könnten. Doch es hindert sie doch niemand daran, sich hier zum Islam zu bekennen, zu den Gebetszeiten zu beten, im Ramadan zu fasten, die islamische Gemeinde finanziell zu unterstützen und während ihres Urlaubs auf Pilgerfahrt nach Mekka zu gehen. Und niemand zwingt sie, Alkohol zu trinken oder Schweinefleisch zu essen. Damit steht zwar noch nicht alles zum besten. Aber ein Zwang zur "Hidschra", zum Auswandern nach Vorbild des Propheten und seiner Urgemeinde von Mekka nach al-Madina besteht hier derzeit keineswegs.

Damit ist die Integrationsfähigkeit der Muslime gegeben, wohl auch ihre Integrationswilligkeit. Fraglich bleibt indessen ihre Integrationsmöglichkeit.

Spätestens jetzt gilt es, eine Definition von Integration und Assimilation vorzuschlagen. Auch dafür liefert die "Islamische Charta" Material.

a) Unter Integration der Muslime ist ihr Verhalten als ein Baustein der Mehrheitsgesellschaft zu verstehen. Die muslimische Minderheit soll sich also nicht ausgrenzen bzw. selbst ghettoisieren, sondern zum Wohl des Ganzen sich darin einbringen, ohne ihre Identität aufzugeben. Ein Baustein mag eine mehr oder minder tragende bzw. stabilisierende Funktion haben, ja er mag im gesellschaftlichen Gebäude eine spezifische Funktion ausüben, die nur er ausüben kann.

Dies ist in der Tat die Haltung der meisten Muslime zur Integration. Sie möchten als Muslime etwas Spezifisches zur Gesellschaft beitragen, nicht etwa in ihr wie in einem Schmelztiegel bis zur Unkenntlichkeit aufgehen; denn dies wäre die von den meisten Muslimen abgelehnte Assimilation. Es gibt allerdings eine viel zu ernst genommene Gruppe von Kulturmuslimen - in Frankreich nennen sie sich Mohamed Arkoun und in Deutschland Bassam Tibi - die alles an

Islamischem zurücklassen wollen, was ihrer vorbehaltlosen Anerkennung als "richtige" Franzosen oder "richtige" Deutsche entgegensteht. Solche Menschen mit muslimischem Hintergrund sind bereit, sich so "domestizieren" zu lassen, wie die ehemalige Baden-Württembergische Kulturministerin Schavan das wünschte. ("Domestizieren" ist ihre Vokabel.)

Dabei müssen assimilierungswillige Muslime allerdings feststellen, daß sie unter gar keinen Umständen "richtige" Deutsche oder Franzosen werden können, solange sie zum Beispiel Mohamed heißen oder aussehen als könnten sie so heißen.

Im übrigen richten Kulturmuslime viel Unheil an, weil sie als Medienlieblinge immer wieder Dinge sagen, welche die islamisch gebliebene Mehrheit schlecht aussehen läßt. Das gleiche gilt, wenn türkische Aleviten sich deutschen Behörden als besonders pflegeleichte Muslime anbieten, die keine Moschee, keinen Gebetsruf, kein islamisches Begräbnis, kein Schächten und auch keinen Hadsch brauchen. Da wirken orthodoxe Muslime wie Spielverderber.

Zur Integration gehören allerdings zwei. Damit stoßen wir auf die Frage, wie es denn mit der Integrationsbereitschaft der deutschen Gesellschaft und Behörden im Sinne einer Rezeptionsbereitschaft steht.

Wenn ich mich dazu vor dem 11. September geäußert hätte, wäre meine Antwort weniger pessimistisch als heute ausgefallen. Doch haben die Anschläge in New York, Washington, Madrid, London und auf Bali das Integrationsklima nachhaltig verschlechtert. Die Muslime stehen seither unter Generalverdacht. Je gesetzestreuer sie sich verhalten, um so eher werden sie als gefährliche "Schläfer" verdächtigt. Auf beiden Seiten herrscht nunmehr Furcht vor einander. Da kann eine Domschule mit einer Veranstaltung wie heute sogar in den Verdacht geraten, naiv das Geschäft des bösen Feindes zu betreiben.

An dieser Stelle kann ich, wen wundert's, Altmeister Johann Wolfgang von Goethe bemühen, der in Nr. 131 seiner

"Maximen und Reflexionen" das Entscheidende bereits vorweggenommen hat. Dort heißt es:

"Toleranz sollte eigentlich nur eine vorübergehende Gesinnung sein: sie muß zur Anerkennung führen. Dulden heißt beleidigen."

In der Tat geht es den Muslimen hier nicht darum, daß man sie gnädig, aber im Grunde mißbilligend, gewähren läßt; denn das drängt eine Minderheit in eine Bettlerpose, obwohl es sich nicht um Gnade, sondern um Rechtsansprüche nach dem Grundgesetz und den Pakten der Vereinten Nation über politische, wirtschaftliche, kulturelle und soziale Menschenrechte handelt. Damit rufe ich zugleich die Muslime im Westen dazu auf, ihre Opferrolle aufzugeben und selbstbejahend - auf englisch "assertive" - aufzutreten, auf Augenhöhe mit den westlichen Behörden.

Dazu haben sie in der Tat genug Anlaß; denn der Islam ist

* erstens eine Weltreligion, nicht eine bloße Ideologie und auch nicht bloß eine Sekte.
* Zweitens ist er eine Religion, die nicht weniger europäisch oder nicht orientalischer als das Christentum ist; denn beide stammen aus dem Mittleren Osten, die Rationalität des Islams wird von keiner Religion übertroffen, und Spanien war z. B.800 Jahre muslimisch, bedeutend länger als christlich.
* Drittens steht die Spiritualität des Islam, ausgewiesen in seiner starken mystischen Komponente, keineswegs gegenüber der christlichen zurück, wie Prof. Troll dies in seinem letzten, Muslime stark verletzenden Buch "Als Christ dem Islam begegnen" durchgängig behauptet hat.
* Viertens sind die Muslime, wenn sie denn gute und praktizierende Muslime sind, fähig, dazu beizutragen, daß die hiesige Gesellschaft ihre existenzgefährdende moralische Krise überwindet.

Was damit gemeint ist, haben nordamerikanische Muslime herausgestellt, indem sie sich als die möglicherweise letzten Amerikaner präsentierten, die nach wie vor an den Grundwerten der Gründungsväter der Vereinigten Staaten festhalten.

Ein amerikanischer Konvertit wies darauf hin, daß noch in seiner Jugend im Mittleren Westen jederman ausnahmslos am Sonntag zur Kirche ging. Die Frauen trugen ihre Haare unter einem Bonnet bedeckt und nahmen auf der linken Seite des Kirchenschiffs Platz. Alkohol wurde so stark mißbilligt, daß er - ebenso wie Rauchen - im Dorf fast unbekannt war. Eine Ehescheidung wäre sensationell gewesen und niemand hätte gewagt, homosexuelle Verhältnisse als gleichwertige Option zu propagieren. All dies noch vor 50 Jahren...

Ich weiß, daß ich damit nicht nur grüngesinnten Zeitgenossen kaum imponieren kann, denen es mit der Aufgabe bestimmter Grundwerte garnicht schnell genug geht. Auch spreche ich mich nicht gegen jede Wandlung gesellschaftlicher Verhältnisse aus. Es geht den Muslimen vielmehr nur um Verteidigung zeitloser Werte und einer transzendentalen Einstellung anstelle der aufklärerischen Aufwertung des Menschen zum Maßstab aller Dinge. Es geht um Verhinderung einer grenzenlosen Relativierung aller moralischen Vorstellungen nach dem postmodernen Motto "Anything goes!"

Und worum geht es den integrationsbereiten Muslimen nun im einzelnen, beim Kleingedruckten?

Die Muslime wollen ihre Religion im Rahmen der Gesetze, ja, aber auch unter Ausschöpfung des Gesetzesrahmens entfalten können.

Die Erfahrungen, die sie dabei machen, sind oft deprimierend.

* Den gesellschaftlich so wichtigen islamischen Religionsunterricht hat man bis heute systematisch, z.T.

mit fadenscheinigen Argumenten verhindert, obwohl es gemäß der aus der Weimarer Verfassung in das Grundgesetz übernommenen Religionsartikel darauf einen Rechtsanspruch gibt. Drei Dekaden behauptete man gegen alle Evidenz, daß die Muslime ja nur vorübergehend hier seien. Dann lehnte man ihre Vertretungen als nicht ausreichend repräsentativ ab. Dann fehlte es an einem Curriculum, das man aber ohne die Muslime erstellen wollte. Dann fehlte es an akademisch gebildeten muslimischen Religionslehrern. Und so weiter und so fort.

Ähnlich verläuft es meist beim Moscheebau. Grundstücke dafür gibt es prinzipiell nur hinter den Bahngeleisen. Die Baugenehmigung braucht Jahrzehnte. Das Minaret muß viel niedriger sein als der benachbarte Fabrikschornstein. Und zum Gebetsruf darf es schon garnicht nicht benutzt werden. Er könnte Autofahrer ja so verwirren, daß es zu Kollisionen kommt.

Wenn es wie beim Urteil des Bundesverfassungsgerichts zum Schächten dazu kommt, daß die Muslime obsiegen, wird die Umsetzung des Urteils administrativ boykottiert.

Absurde Züge nehmen die Auseinandersetzungen über das Kopftuch an. Hier kann man sich grundsätzlich soweit ausziehen, wie man will, kann also mit Spaggheti-Trägern, einsichtbarem Busen und bauchfrei zur Schule gehen. Aber was man anziehen darf, wenn man sich bekleiden will, das bestimmt das Kultusministerium.

Besonders empörend empfinden es Muslime, wenn deutsche Behörden und auch einzelne Verfassungsrichter sie darüber belehren wollen, was ihr Glaube ihnen vorschreibt und was nicht. Hat man schon erlebt, daß man ähnliches gegenüber Juden gewagt hätte?

Niemand nimmt daran Anstoß, daß noch immer die meisten hier verstorbenen türkischen Mitbürger zur Bestattung in die Türkei überführt werden. Man macht sich einfach keine Gedanken darüber, wie beschämend dies für den deutschen Staat ist: weil er die religiösen Bedürfnisse von Millionen seiner Bewohner negiert.

Geht Deutschland unter, wenn Leichen rituell gewaschen und dann sarglos mit Blick auf Mekka bestattet werden?

Erst wenn Muslime hier als normal empfunden werden, werden sie wirklich integriert, wirklich angekommen sein. Und dies wird um so schneller gehen, je stärker sie als eine Bereicherung empfunden werden. Daran mitzuarbeiten ist eine Aufgabe, die sich jedem einzelnen Muslim und jeder einzelnen Muslima in ihrer Funktion als Nachbar und Nachbarin stellt. Insofern ist der Ball immer wieder auch im muslimischen Feld.

DEN ISLAM EINBÜRGERN

Es ist nicht fraglich, ob der Islam in Deutschland sich einbürgert. Fraglich kann nur sein, wie und wann das erfolgt. Schließlich ist der Islam schon seit über einer Generation hier präsent und auch in England, Frankreich, Spanien und Italien, ja selbst in Skandinavien, eine feste Größe. In Mitteleuropa leben ständig rund 30 Millionen Muslime.

Von ihnen ist nur ein geringer Prozentsatz als politischer Flüchtling gekommen. Auch Kulturflüchtlinge machen nicht die Mehrheit der muslimischen Immigranten aus. In ihrer großen Mehrheit wurden sie als in den 60er und 70er Jahren des 20. Jahrhunderts als notwendige Arbeitskräfte in die damals florierenden Industriegesellschaften angeworben. Dem entsprach es, daß jedenfalls die 1. Generation der Türken bei uns die feste Absicht hatte, in absehbarer Zeit in ihre Heimat zurückzukehren und dort ein Haus zu bauen oder ein Taxi zu kaufen.

Aus der Rückkehr wurde in vielen Fällen nichts, zumal die 2. Generation, die zwischen zwei Kulturen sitzend die Zeche des Experiments zahlt, sich der Rückkehr in ein für sie eher fremdes Heimatland verweigerte.

Diese beide Sprachen, deutsch und türkisch, fehlerhaft sprechende, in der Türkei "almancılar" genannte 2. Generation sind Doppelstaater im kulturellen (und oft auch staatsrechtlichen Sinne). Vor allem die Frauen unter ihnen wissen nicht so recht, wohin sie gehören. (Dies ist der Hintergrund des als "Zwangsehen" mißverstandenen Phänomens.)

Doch inzwischen ist bereits eine 3. Generation von Muslimen in Deutschland herangewachsen. Diese Generation verlangt Anerkennung und Gleichbehandlung vor dem Gesetz, auch dem Grundgesetz. Daß diese Generation dabei immer häufiger den Weg durch alle Instanzen bis zum Bundesverfassungsgericht in Karlsruhe nimmt, wird oft mißbilligt. Dabei ist es ein gutes Zeichen: Ein Zeichen der Integrationsbereitschaft unter deutschem Recht.

Diese Gruppe von Menschen - etwa 3, 5 Millionen - in Deutschland einzubürgern, einschließlich ihrer Kultur, ist ein Gebot der politischen Vernunft, eine verfassungsrechtliche Pflicht und ein humanitäres Anliegen zugleich. Andernfalls fördern wir die Bildung von Ghettos, muslimischen Jugendbanden und religiös - sozialer Konflikte gefährlichen Ausmaßes.

Einbürgerung ist allerdings ein gefährlich vager Begriff, den es als Zielvorstellung zu definieren gilt. Die Stichworte dafür sind Integration und Assimilation.

Integration bedeutet, daß eine ethnisch, sprachlich, kulturell oder religiös verschiedene Volksgruppe - wie etwa die Wenden im Havelland bei Berlin - ihre charakteristischen Merkmale behält, sich aber konstruktiv in die Mehrheitsgesellschaft einfügt.

Assimilation hingegen bedeutet, daß eine solche Volksgruppe durch immer größere Anpassung nach und nach verschwindet, so wie Millionen Deutsche in den Vereinigten Staaten und seinerzeit die französischen Hugenotten in Preußen.

Wenn nicht alles täuscht, besteht in dieser Hinsicht ein geschichtlich fundierter Dissens:

Die Deutschen sind zwar insgesamt bemerkenswert tolerant gesinnt. Aber diese Toleranz hat Grenzen, die sich in dem Begriff "Leitkultur" schön ausdrücken. Danach sind Fremde willkommen, solange sie sich dem deutschen Lebensstil anpassen. Was damit gemeint ist, kommt beim Moscheebau oft zum Ausdruck, wenn z.B. behauptet wird, ein Minaret passe einfach nicht in die deutsche Mittelgebirgs- oder Voralpenlandschaft.

Diese Einstellung ist weniger harmlos als es zunächst scheinen mag. Sie gipfelt nämlich in der Behauptung, daß die Religionsparagraphen der Weimarer Verfassung, die ins Grundgesetz übernommen wurden und Religionsfreiheit garantieren, sich nur auf christliche Religionen und das Judentum bezögen. Man kann sogar die absurde Behauptung hören, der Bezug auf Gott in der Präambel des Grundgesetzes gehe vom christlichen Gottesbegriff, d.h. von einem dreifaltigen Gott, aus.

In dieser Einstellung widerspiegeln sich Reste der Konfrontation zwischen Kirche und Islam im Mittelalter. Man muß einfach wissen, daß die christliche Kirche bis ins letzte Jahrhundert - bis zum 2. Vatikanischen Konzil - die Auffassung vertrat, daß es außerhalb von ihr kein Heil, keine Erlösung, gebe: extra ecclesiam nulla salus.

Daraus entstand nicht nur das Ideal, sondern die Realität religiös einheitlicher Staaten mit Staatskirchen, wie heute noch in England und Skandinavien. Im 30-jährige Krieg massakrierten sich Katholiken und Protestanten mit diesem hehren Ziel. Nach dem Westfälischen Frieden galt der Grundsatz *cuius regio, eius religio*: Alle Untertanen haben sich nach der Religion ihrer Monarchen zu richten.

Die christliche Geschichte war somit von struktureller Intoleranz gekennzeichnet, deren vorletzte Opfer die Juden wurden und deren letzte Opfer die Muslime werden könnten. Diesen Hintergrund müssen sie kennen, weil sie sonst nicht verstehen können, welchen Kulturschock ihre Anwesenheit hierzulande bedeutet: Eine Landschaft, welche ein Jahrtausend monoreligiös war, wird nicht über Nacht religiös pluralistisch.

Dies zu wissen, bedeutet, behutsam vorzugehen; denn der Islam wird als eine Bedrohung empfunden - nicht nur vor dem historischen Hintergrund, sondern auch angesichts der iranischen Revolution (1979), der Schrecken eines Saddam Hussein, der Eskapaden eines Ghaddafi, des Steinzeitislam der afghanischen Taliban und der terroristischen Kriegsführung von al-Qa'ida, deren Höhepunkt die Anschläge vom 11. September 2001 waren.

Dialog zwischen Leuten, die sich vor einander fürchten, hat nun einmal kaum eine Chance.

Deshalb finde ich es geradezu peinlich, wenn ich immer wieder auf türkische Moscheen treffe, die sich "Fatih-Moschee" - also Moschee des Eroberers - nennen; denn ein Deutscher weiß kaum etwas von Sultan Mehmet II Fatih, dem Bezwinger von Istanbul. Doch wenn er darum weiß, ist es nicht viel besser. Schließlich hat Mehmet 1453 die Hauptstadt eines christlichen Weltreiches bezwungen, des oströmischen Byzanz. Kommt als nächstes Berlin dran, fragt sich der verängstigte Deutsche?

Kurzum, die Muslime müssen beim Ausbau ihrer Infrastruktur Geduld und Augenmaß zeigen und kluge Prioritäten setzen, also nicht alles gleichzeitig durchsetzen wollen: Schulunterricht, Moscheebau, Muezzin-Ruf, Schächten, Kopftuch, islamisches Bestattung...

Wie gesagt, die muslimische Vorstellung von Einbürgerung geht nicht auf Assimilierung, sondern auf Normalisierung ihrer Ausnahmesituation.

Dies setzt zwei Einstellungen voraus:

Erstens Integrationsbereitschaft: Die Muslime müssen, auch innerlich, vorbehaltlos bereit sein, Staatsbürger dieses Landes mit allen Rechten und Pflichten zu werden, dürfen also keine Verweigerungshaltung pflegen. Wir kennen Muslime, ob sie nun Hizb at-Tahrir angehören oder anderen Gruppierungen, die den Westen pauschal so verteufeln, daß man sich fragt, wie sie es denn hierzulande oder in den USA überhaupt aushalten? Unter ihnen gibt es leider manche, die allen Ernstes meinen, alle Christen seien als kuffar zur Hölle verdammt. Andere bezeichnen z.B. die Teilnahme an Bundestagswahlen als Abfall vom Glauben (schirk).

Die Mehrheit der türkischen Muslime vertritt zwar keine so radikalen Ansichten. Aber auch ihre Integrationsbereitschaft ist gering, soweit sie sich noch immer auf die Türkei und deren Reislamisierung konzentrieren. In manchen hiesigen türkischen Moscheen hat man das Gefühl, die Bundesrepublik verlassen zu haben und wie auf einem Fliegenden Teppich in Anatolien gelandet zu sein. Alles ist türkisch: Der Geruch, das Fernsehen, die Musik, die Inneneinrichtung, die Bücher, die Küche und die Sprache. Man hat dann den Eindruck, daß die zwei Millionen hiesiger Türken keinen Islam in Deutschland zurücklassen würden, wenn sie über Nacht nahhause gingen. Integrationsbereitschaft würde für sie bedeuten, sich ihren Nachbarn zu öffnen und für den Islam nicht nur unter sich, sondern auch in ihrer deutschen Umwelt zu werben.

Ich weiß allerdings, daß dies nicht leicht ist. Kürzlich hielt ich in Offenbach einen Vortrag, zu dem 200 deutsche Nachbarn eingeladen worden waren. Keiner kam. Nicht jedes Ghetto ist selbstgewählt.

Integrationsbereitschaft ist nicht nur vernünftig und zielführend. Integrationsbereitschaft ist islamisch, ja ein Gebot der Scharia. Wenn Muslime sich grundsätzlich an die deutsche Rechtsordnung halten, tun sie dies auch aufgrund des islamischen Rechts (iqh), das außerhalb des dar al-Islam lebenden Muslimen gebietet, die Rechtsordnung ihres Gastlandes zu honorieren.

In einem Staatswesen wie der Bundesrepublik mitzuarbeiten, das Muslimen größere Freiheiten läßt als viele despotische Staaten in der muslimischen Welt, entspricht übrigens auch dem Grundsatz der islamischen Jurisprudenz, daß ein kleineres Übel einem größeren Übel vorzuziehen ist.

Das Zweite was die Muslime neben ihrer generellen Integrationsbereitschaft leisten müssen, ist für ihre Rechte einzutreten, also sich nicht mehr zu verstecken, sondern zu sich und ihrer Rolle als Muslime in diesem Lande "ja!" zu sagen.

Dies hat der Zentralrat der Muslime Anfang 2002 mit seiner "Islamischen Charta" zum Ausdruck gebracht. Sie ist nicht nur ein Integrationsangebot und zeigt, was die Muslime der Gesellschaft an Kostbarem bringen können.

Die Charta enthält auch eine Liste von Forderungen: was sich die Muslime im Interesse der Herstellung von Normalität in Deutschland wünschen.

Es geht darum, die Muslime aus ihren Hinterhöfen herauszuholen, wo sich noch manche unwürdige Moschee verbirgt, heraus an das Tageslicht der Innenstädte.

Daß muslimische Lehrerinnen Kopftuch tragen, hat Schüler noch nie gestört. Doch wenn man ihnen dies verbietet, dann sollte Deutschland mit der angeblichen Trennung von Kirche und Staat wirklich ernst machen. Dann sollte es keine Kirchensteuer und kein Schulgebet mehr geben, keine Nonnen im Schuldienst, kein offizielles Weihnachts- und Osterfest, keinen staatlichen Religionsunterricht, keine Militärgeistlichen, kein Konkordat und keinen Nuntius als Doyen des Diplomatischen Corps.

Ich sage nicht, daß die Muslime dies wünschen. Aber wenn schon Religion im Staat, dann für alle großen Religionen gleichermaßen.

Kurzum: Der Weg zur Einbürgerung führt über Integration zur Normalisierung der gesellschaftlich-staatlichen Beziehungen zum Islam. Dabei können die Kirchen behilflich sein, sofern sie zu einer positiveren Einstellung zum Islam finden als der derzeitige EKD-Vorsitzende, Bischof Huber. Wie soll es denn zur Einbürgerung der Muslime kommen, solange noch nicht einmal die Kirchenvertreter den Islam als eine Offenbarungsreligion anerkennen? Sie sollten sich dazu durchringen; denn sie sitzen mit den Muslimen im gleichen Boot. (Hat nicht Kardinal Lehman richtig festgestellt, daß die Katholische Kirche hinsichtlich des Kopftuchstreits in einem Glashaus sitze?).

(WIE) KANN DER ISLAM IN DEUTSCHLAND HEIMISCH WERDEN?[1]

Nach (unmaßgeblichem) menschlichen Ermessen spricht manches dafür, daß der Islam in Deutschland heimisch wird; doch ebenso viel spricht dagegen.

I. Was spricht dagegen?

Aus meiner Sicht sprechen die folgenden sieben Gründe dagegen, daß der Islam in absehbarer Zeit in Deutschland heimisch wird:

1. Mangelnde Vorbildsfunktion der muslimischen Welt.

Wie jederman weiß, ist es hinsichtlich Demokratie und Menschenrechten, aber auch hinsichtlich Analphabetismus und Alkoholismus in weiten Teilen der muslimischen Welt nicht gut bestellt. Jeder Tourist kann sich davon überzeugen, daß diese Welt fast überall sich nicht gerade vorbildlich islamisch verhält. Auch mit der Verwirklichung der im Qur`an verankerten Rechte der Frau, steht es in der muslimischen Welt schlecht. Sie wirkt auf viele genau so stark als eine "Männerwelt" wie die chinesische, japanische oder südamerikanische Gesellschaft.

Unter den Muslimen besteht ja noch nicht einmal volle Einigkeit darüber, wie ein wahrhaft islamischer Staat und wie eine wahrhaft islamische Wirtschaft hier und heute auszusehen hätten[2]. Wenigstens das könnte sich allerdings bald zum besseren wenden, dank der hervorragenden Arbeit des International Institut for Islamic Thought in Washington und Islamabad.

---

1. Vortrag 1995 gehalten für das Islamische Konzil im Maritim-Hotel in Bonn.
2. Ich empfehle zwei bahnbrechende Studien auf diesen Gebieten: Imran Ahsan Khan Nyazee,"Theories of Islamic Law - The Methodology of Ijtihad" (1994) und Umer Chapra, "Islam and Economic Development" (1993).

2. Rolle der nominellen Muslime.

Leider geht aber von den vielen bloß nominellen Muslimen in Deutschland keine Vorbildfunktion aus. Für manche Gastarbeiterkinder wird der Islam zwar wichtiger als er für ihre Eltern zuhause war. Viele schütteln ihn aber leider in ihrem Streben nach Integration und Lebensgenuß ab, jedenfalls in ihrem äußeren Verhalten. Was christliche Missionare während eines Jahrhunderts in Nordafrika nicht geschafft haben, schafft die amerikanische Lebensart innerhalb weniger Jahre: Muslime ihres Glaubens zu entfremden. Sie glauben angeblich noch an Gott, aber dies ist ein Glaube ohne Konsequenz. Ein Gott, der keine Konsequenzen auslöst - ein "inconsequential God" - ist versteckter Unglaube.

3. Zersplitterung der Muslime.

Doch auch die "praktizierenden" Muslime in Deutschland[3] arbeiten bisweilen für ihren Glauben in kontraproduktiver Weise, indem sie sich bis zu sektiererischer Feindschaft. zersplittern. Manchmal hat man den Eindruck, die Muslime seien ein Volk von Einzelkämpfern. Alle Bemühungen um organisatorische Einheit der Muslime in Deutschland sind bisher an Gruppenegoismen, Persönlichkeitskonflikten, ethnischen Gruppierungen, dogmatischen Differenzen und politischen Präferenzen gescheitert. Übernehmen wir schon westliche Lebensformen, dann doch wenigstens auch positive wie "Team-Work"!

4. Kulturelle Inkompatibilität.

Der Islam erschöpft sich, weiß Gott, nicht in Normen wie dem Verbot von Alkohol und sonstigen Drogen und dem Verbot von Schweinefleisch. Aber ein Muslim beachtet auch diese Vorschriften als von Gott zu seinem Besten verfügt. Damit kollidieren sie jedoch mit uralten Sitten und Gebräuchen der westlichen Zivilisation. Diese ist nun einmal, nicht nur im Karneval, eine Alhohol- und Schweinefleisch-Gesellschaft.

---

3. M.E. gibt es keine nichtpraktizierenden Muslime, weil diese keine Muslime mehr sind.

Die westliche Drogenabhängigkeit ist tatsächlich strukturell. Trinken ist zum Ritual geworden. Obwohl es immer mehr Vegetarier gibt, müssen Großmutters Kochbücher, in denen Alkohol und Schweinefleisch, - speck und -fett eine zentrale Rolle spielen, noch nicht umgeschrieben werden. Der durchschnittliche Deutsche verzichtet lieber auf die Dreifaltigkeit als auf sein Bier mit "Schuß" und seine Schweinshaxe.

Der Islam stößt hier auf kulturelle Hemmnisse erster Ordnung. Er ist vielen unserer Landsleute eine zu nüchterne, ja spaßverderbende Religion.

5. Dreifaltigkeit.

Es zeigt sich heute, daß die Christologie der christlichen Kirchen seit dem Konzil von Nizäa (325) fatale Spätwirkungen für die westliche Religiosität hat. Die komplizierte, rational nicht zu vermittelnde christliche Dogmatik hinsichtlich Erbsünde, Inkarnation, Erlösung am Kreuz und Trinität treibt Christen in Scharen nicht nur aus der Kirche, sondern aus jeglichem Offenbarungsglauben. Seitdem das Neue Testament durch die vernichtende historische Kritik christlicher Theologen entzaubert worden ist, trauen viele westliche Menschen keiner Heiligen Schrift mehr und machen Religion zu einem Ego-Trip. Der Verfall der Kirchen kommt nicht etwa dem Islam zugute, sondern verstärkt im Gegenteil das mehrheitliche agnostische und individual-religiöse Lager.

6. Die Frauenfrage,

Wir müssen uns klar darüber sein, daß die emanzipierte westliche Frau allgemein und Frauenbewegungen im besonderen sich einer Verbreitung des Islam geradezu leidenschaftlich widersetzen. Die meisten westlichen Frauen meinen, daß ihre hart erkämpften, freiheitlichen Errungenschaften auf dem Weg zur Gleichstellung mit dem Mann in einem muslimischen Umfeld wieder verloren gingen.

Diesem Befund widerspricht nicht, daß in Deutschland wie in ganz Europa und Nordamerika weitaus mehr Frauen als Männer zum Islam konvertieren.

7. Die anti-islamisch programmierte europäische Mentalität.

Damit bin ich beim 7. und wichtigsten Hindernis angelangt: Die europäische Mentalität, die aus mehreren Ursachen extrem islamfeindlich programmiert ist.

Dieser Punkt ist so wichtig, daß ich ihm einen eigenen Vortrag gewidmet habe.[4]

II. Was dafür spricht.

Im Gegensatz zu dem bisher Gesagten sprechen sechs Gründe trotz allem dafür, daß der Islam doch in Deutschland heimisch werden kann.

1. Die Einwanderungswelle.

Bekanntlich ist Deutschland gegen den erklärten Willen seiner Regierung de facto ein typisches industrielles Einwanderungsland geworden. Jederman weiß, daß die Türken bei uns bleiben, so wie die Nordafrikaner in Frankreich und die Muslime indo-pakistanischer Herkunft in England. Das wird unseren Städten nicht nur folkloristische Farbe verleihen, sondern auch den Islam zunehmend bodenständig verankern.

2. Kinderreichtum.

Dieser Prozeß wird durch den Kinderreichtum der Emigranten und die Kinderarmut der Deutschen beschleunigt, auch wenn sich die Geburtenrate irgendwann einmal wieder einpendeln mag. In Frankreich ist der meistgegebene Vorname von Jungen schon seit Jahren "Muhammad". Besonders gravierend ist die Tatsache, daß die deutsche Intelligentia sich nicht mehr reproduziert, weil die Mehrzahl der deutschen Akademikerinnen nicht mehr gebären. Daher stehen sich hierzulande eine vielfach dekadent

4. S. oben S. 206 ff.

gewordene deutsche Bevölkerung und eine viel vitalere und damit zukunftsträchtigere Emigrantenbevölkerung, darunter viele Muslime, gegenüber.

3. Der Petro-Dollar-Effekt.

Die strategische Rolle der arabischen Ölstaaten verleiht ihnen eine Rolle, welche dem Islam international zugute kommt. Man kann mit den Muslimen nicht mehr so umspringen, wie das andernfalls möglich (und nicht unwahrscheinlich) wäre. Zumindest in diesem Sinne und dank Organisationen wie OIC und Arabische Liga hat der Islam im Konzert der Mächte Sitz und Stimme, auch wenn dies viel effektiver sein könnte und die amerikanische Supermacht nicht neutralisieren kann.

Ohne die aus Saudi Arabien und vom Arabischen Golf kommende Hilfe wäre der Bau mancher islamischen Zentren - von London über Lyon und Wien bis Zagreb, Bonn und selbst Penzberg, zumindest weniger glatt verlaufen. Die Muslime haben weltweit Schutzmächte gewonnen.

4. Muslimischer Einigungsprozeß.

Die deutschen Muslime hatten sich 1995 mit Gründung des Zentralrats der Muslime in Deutschland" endlich einen Dachverband gegeben, der vom Ansatz her die Chance hat, zum Sprachrohr des Islam - und daher ernstgenommen - zu werden. Seit 2006 wird er von einem deutschbürtigen Muslim, Dr. Ayub Köhler, geleitet. Möglicherweise kommt es zur Gründung einer "Islamischen Religionsgemeinschaft in Deutschland" als oberster muslimischen Instanz. Die Bundes-und Länderbehörden hatten den Mangel einer Repräsentanz der Muslime früher oft zum Vorwand für negative Entscheidungen genommen.

5. Die neue Religiosität.

Mitten im Verfall der etablierten Kirchen zeigt sich immer stärker ein neues religiöses Bedürfnis und Engagement. Symptom dieser vagabundierenden Religiosität ist ein religiöser Supermarkt, wie er sich in der Esoterik-Abteilung der Buchhandlungen widerspiegelt.

Der religiöse Pluralismus, der sich da ausbreitet, zeigt uns, daß nicht alle, welche die Kirchen verlassen, sich auf eine agnostische oder individualistische Position zurückziehen. Vielmehr gibt es eine wachsende Suche junger Menschen nach einem Sinn, nach beständigen Werten und nach einer Glaubensgemeinschaft.

Viele dieser Suchenden werden letztendlich den Islam als die gültige Antwort auf ihre metaphysischen Fragen entdecken.

6. Die List Gottes.

Vielleicht war es eine List Gottes, daß er das serbische Massaker an Bosniern zuließ, welche in diesem Zeitpunkt zumeist nur proforma Muslime waren. Seither sind die meisten der Überlebenden zu wirklich praktizierenden Muslimen geworden.

Ein ähnlicher Effekt ist überall dort zu beobachten, wo der Islam im Westen verteufelt wird. Wie wäre sonst der "boom" an Konversionen zum Islam zu erklären, wie er sich nach dem 11. 09. 2001 in den USA oder nach den Muhammad-Karikaturen in Dänemark abgespielt hat?

III. Was tun?

Wir sollten nicht nur analysieren, sondern operativ vorgehen. Nämlich als Muslime, d.h. als Menschen, die sich Gott hingeben, indem sie glauben u n d gute Werke tun, das Gute fördern und das Schlechte zu verhindern suchen, und zwar wenn möglich mit Zunge und Hand, nicht nur im Herzen oder stillen Kämmerlein.

Auch dafür fallen mir acht Punkte ein; das meiste davon geschieht bereits.

1. Deutscher Islam.

Die bisher sprachlich ethnisch organisierten Muslime in Deutschland müssen dahin kommen, daß deutsch ihre gemeinsame Sprache wird, die auch - neben dem Arabischen - in den Moscheen bei der Predigt (al-khutba) verwandt wird.

Gleichzeitig müssen die muslimischen Immigranten ihre Rückbindung an Behörden ihrer Herkunftsländer lösen. Was muslimischen Kindern in Kreuzberg unterrichtet wird, darf nicht in Ankara entschieden werden. Muslimischer Religionsunterricht in Deutschland darf nicht länger auf türkisch erfolgen, zumal ein Drittel dieser Kinder keine Türken sind.

2. Anerkennung des Islam.

Der Islam kennt keine Kirchenstruktur und kein Priester- oder Papsttum. Daher passen die staatskirchenrechtlichen Bestimmungen in Deutschland nicht auf den Islam. Dies darf indessen nicht bedeuten, daß der Islam nicht eine ihm gemäße staatliche Anerkennung erfährt. Es kann einfach nicht sein, daß 80.000 Juden einen Status geniessen, der drei Millionen Muslimen vorenthalten wird.

3. Medienbeherrschung.

Die Islam-Feindlichkeit und Islam-Ignoranz der Medien ist notorisch. Ihnen "verdanken" wir, daß das Eigenschaftswort "fanatisch" für Muslime reserviert und daß Islam mit Terror gleichgesetzt worden ist.

Wir müssen jedoch zugeben, daß die muslimische Welt sich oft besonders ungeschickt im Mediengeschäft verhält. Die Muslime müssen insgesamt auf dem Mediensektor kompetenter werden und nach dem Motto vorgehen: "If you can`t beat them, join them!" Jedenfalls müssen wir bei unserer Selbstdarstellung besser werden.

4. Christlich-islamischer Dialog.

Dieser oft so frustrierende Dialog muß zumindest im sozialen Bereich fortgesetzt werden. Sprachlosigkeit ist nie von Vorteil. Wir dürfen uns aber keine Illusionen darüber machen, daß der christlich - islamische Dialog im Grunde ein Dialog mit dem falschen Partner ist; denn wir haben keine wirklichen Probleme mit gläubigen Christen, sondern mit der wesentlich agnostisch und materialistisch gewordenen westlichen Gesellschaft.

Der christlich-islamische Dialog leidet im übrigen darunter, daß uns wohlwollende Partner wie Prof. Hans Küng in ihrer eigenen Kirche abgeschrieben werden und daß sich alle Kirchen mehr oder weniger verschleiert in einer dogmatischen Krise befinden.

5. Die Bildungsmisere.

Die Arbeit an einer verbesserten islamischen Schubildung muß verstärkt weitergehen. Die muslimische Welt ist in ihre Bildungsmisere geraten, weil sie seit dem 19. Jahrhundert aus dem wissenschaftlich-technologischen Wettbewerb ausgestiegen war, den sie Jahrhunderte lang dominiert hatte. Ausgerechnet die "Leute des Buches" (âl-kitab) wurden wissensfeindlich. Unsere Kinder werden schließlich die 1. Generation von Muslimen sein, die in einer lebendigen Demokratie aufgewachsen sind und ganz natürlich in einer islamischen Demokratie leben wollen, in der die islamischen Menschenrechte, einschließlich der Rechte der Frau, geachtet werden, wie es der Qur`an befiehlt.

6. Stärkung der Infrastruktur.

All dies setzt die Stärkung der lokalen Gemeinden, die Arbeit an der "Grasnarbe", den *grass roots,* voraus. Der Islam braucht auch in Deutschland eine noch viel dichtere Infrastruktur.

7) Parteien beitreten.

Wichtig ist dabei, daß Muslime deutscher Staatsangehörigkeit sich als Mitglieder politischer Parteien in Stadtparlamente und Kreisräte wählen lassen, um dort als eine Art islamischen Gewissens zu wirken.

8. Präsenz zeigen.

Schließlich ist es essentiell, daß die Muslime aus den Hinterzimmern und den Stadtvierteln jenseits der Bahngeleise hervorkommen und echte Moscheen in den Ortszentren bauen, damit der Islam zur sichtbaren Normalität und der Geruch der Subkultur abgeschüttelt wird.

V. Was nicht tun?

Aus dem, was die Muslime tun sollten, ergibt sich ohne weiteres, was sie derzeit besser lassen sollten. Ich nenne davon fünf Punkte:

1. Exotik vermeiden.

Der Islam leidet darunter, für eine Gastarbeiterreligion gehalten zu werden. Wir sollten alles vermeiden, was dieses Vorurteil verstärken könnte. Das heißt konkret, daß wir uns am 50. Breitengrad nicht so kleiden sollten wie es im 7. Jahrhundert im Hidschaz üblich und zweckmäßig war. Zuhause oder unterwegs in der arabischen Welt trage ich gerne meine Dschellaba: Wegen des Klimas und weil dies für die rituale Reinigung und das Gebet praktisch ist. Ich bin froh, mich in den Subtropen nicht mit einer Krawatte strangulieren zu müssen. Doch in Deutschland sollten deutsche Muslime als das auftreten, was sie sind: Muslimische Deutsche in Deutschland. Vermeiden wir also, als eine folkloristische Bewegung mißverstanden zu werden.

2. Kein Proselytentum.

Vermeiden wir ferner, uns die Zeugen Jehovas zum Vorbild zu nehmen. Wir vertreiben den Islam nicht an

Straßenecken. Gottes eigene Religion ist ein Angebot, keine Ware. Und Gott führt auf Seinen Pfad, wen immer Er will. Das gibt unserer *da´wa* Würde und Gelassenheit. Wir brauchen keinen Massenerfolg, um von der Wahrheit unseres Wegs überzeugt zu sein.

3. Nicht erschrecken.

Hüten wir uns vor radikalen, agressiven Äußerungen. Ich denke dabei an eine Leserbrief-Diskussion in der ehemaligen Münchner Monatszeitschrift "Al-Islam" darüber, ob die Beteiligung an demokratischen Wahlen Abfall vom Glauben (schirk) sei. Schon solche Fragestellung muß unsere Umgebung erschrecken.

4. Keine islamische Partei.

Hüten wir uns aber auch davor, nach dem zweifelhaften Vorbild englischer Muslime eine islamische Partei zu gründen. Das hieße, das Pferd vom Schwanz her aufzuzäumen und muslimische Wahlstimmen verschwenden. Zwar vertritt keine der existierenden Parteien den islamischen Standpunkt. Die Antwort darauf kann aber nicht sein, sich zur politischen Bedeutungslosigkeit zu verurteilen, indem man das muslimische Stimmpotential auf eine aussichtlose Splitterpartei lenkt. Die Kunst des Möglichen ist auch ein islamisches Prinzip.

5. Unabhängig bleiben.

Mein letzter Rat ist, daß wir nicht in einem Maße von muslimischen Staaten finanziell abhängig werden dürfen, daß wir wie Filialen von Tripolis oder Ryadh wirken. Die Deutschen haben im 19. Jahrhundert zu Recht irritiert auf die ultramontanen, d.h. transalpinen Bindungen der Katholiken zum Vatikan reagiert. Die grundsätzliche Loyalität deutscher Muslime zu ihrem Staatswesen darf nicht in Zwielicht geraten.

ANSCHRIFTEN

Deutsche Muslim-Liga Bonn e.V. (ML)
Hans-Böckler-Allee15
53177 Bonn

Gesellschaft islamischer Geisteswissenschaftler
Osteratherstr. 7
50739 Köln

Haus des Islam
Schillerstr. 46
64750 Lützelbach

Institut für die Geschichte der arabisch-islamischen Wissenschaften
Westendstr. 89
60325 Frankfurt

Islamische Akademie Deutschland e.V.
Schöne Aussicht 36
22085 Hamburg

Islamische Gemeinschaft Jama´at un-Nur
Neustr. 11
51063 Köln

Islamische Gemeinschaft Milli Görüş (IGMG)
Boschstr. 61-65
50171 Kerpen

Islamische Zeitung (IZ)
Marzahner Chaussee. 192
12681 Berlin

Islamrat für die Bundesrepublik Deutschland (IR)
Osteratherstr. 7
50739 Köln

Muslime helfen, e.V.
Postf. 1607
85740 Garching

Muslimische Akademie in Deutschland, e.V.
c/o Werkstatt der Kulturen
Wissmannstr. 32
12049 Berlin

Muslimische Frauen e.V.
Muslimisches Frauenbildungswerk
Liebigstr. 120 b
50823 Köln

Muslimische Studenten Vereinigung e.V. (MSV)
Osteratherstr. 7
50739 Köln

Union der türkisch-islamischen Kulturvereine e.V. (ATIB)
Sachsenring 20
50677 Köln

Verband der islamischen Kulturzentren e.V. (VIKZ)
Vogelsangerstr. 290
50825

Schura- Rat der islamischen Gemeinschaften in Hamburg
Steindamm 62
20099 Hamburg

Schura - Rat der islamischen Gemeinschaften in Niedersachsen
Dieckbornstr. 11
30449 Hannover

Türkisch-Islamische Union der Anstalt für Religion (Ankara) (DITIB)
Venloerstr. 160
50823 Köln

Zentralrat der Muslime in Deutschland (ZMD)
Steinfeldergasse 32
50670 Köln

NAMENSVERZEICHNİS

- A -

- B -

- C -

- D -

- **E** -

- **F** -

- **G** -

- **H** -

- **J** -

SACHVERZEİCHNIS

- S -

- T -

- U -

- V -

- W -

- Y -

- Z -